民国时期医师法研究

Law of Medical Practitioners During the Republic of China

王启辉 著

东南大学出版社
·南京·

图书在版编目(CIP)数据

民国时期医师法研究/王启辉著. —南京：东南大学出版社，2018.10
 ISBN 978-7-5641-7987-8

Ⅰ.①民… Ⅱ.①王… Ⅲ.①医师-医药卫生管理-法规-研究-中国-民国 Ⅳ.① D922.162

中国版本图书馆 CIP 数据核字（2018）第 209196 号

民国时期医师法研究

出版发行	东南大学出版社
地　　址	南京市四牌楼 2 号　邮编：210096
出 版 人	江建中
网　　址	http://www.seupress.com
经　　销	全国各地新华书店
印　　刷	南京玉河印刷厂
开　　本	787 mm×1 092 mm　1/16
印　　张	15.5
字　　数	380 千字
版　　次	2018 年 10 月第 1 版
印　　次	2018 年 10 月第 1 次印刷
书　　号	ISBN 978-7-5641-7987-8
定　　价	54.00 元

本社图书若有印装质量问题，请直接与营销部联系。电话：025-83791830

摘　要

民国时期的医师立法经历了曲折、复杂的历史过程,初步建立了现代意义上的考医、执业认许、医师法律责任、医讼案鉴定、医师权益保障以及诊金规则等制度,其间发生了中西医之争、医师立法权之争、医讼案鉴定权之争、医疗的商业性和公益性之争、诊金标准的制定权之争等,其历史经验和教训,为当下中国医师法律体制改革提供了有益的借鉴。

民国时期,社会疾病构成以"贫困社会"为特征,而作为疾病防治活动的主要参与者,医师群体呈现为本土西医师初始萌发,传统中医师"自由执业",民间巫医、江湖游医盛行的基本样相。民国政府在"医学国家化"思想的指导下,推行"公医制"改革,在改革遇到困难的情况下又转向了医师法制化。在此过程中,民国政府逐步建立了国家和地方医政组织体系,进行了以"整顿医业"为目的的立法和执法活动,并取缔巫医和江湖游医。但是由于国家政局动荡、民众文化素质不高、医疗资源分布不均衡、地方政府"阳奉阴违"等原因,巫医和江湖游医屡禁不止。

民国政府在继承清末考医和取缔医师的基础上,效法西方医学建制,逐步实行考医制度和执业认许制度。在经历了医师执业资格认许、给照保证、废止中医、变通给证、医师甄训等波折过程后,中西医统一考试、统一认许的现代医师法律制度得以初步建立。在制度构建过程中,西医群体的精英凭借知识合法性和政治正确性掌握了医师立法权,中西医之间的冲突最终体现为立法上的权力斗争,但就法令颁行后西医界的反应、抗议来看,西医官僚的超前立法脱离了当时的社会实际。

民国医师职业法律责任明显区分了刑事责任、行政责任和民事责任。民国政府在借鉴传统社会医师刑事法律规制,尤其是清末医师业务犯罪刑法制度立法的基础上,设立了医师业务过失罪,而民国医师业务过失罪制度呈现以下两个特点:一是无论是1928年"刑法",还是1935年"刑法",其规定的医师业务过失罪的刑罚较普通过失犯罪的刑罚为重。二是由于医病纠纷频发等原因,1935年"刑法"加重了对医师业务过失犯罪的刑事处罚,提高了医师职业法律风险。行政责任包括罚金、停止执业和吊销执照;民事责任则无专门的法律规范,而是适用一般民事法律。

中国现代医讼案鉴定制度始于民国,其在建立之初就必须面对历史传统与现代制度的冲突问题。民国医讼案鉴定制度经历法医鉴定医讼案、西医师鉴定中医讼案等艰难历程后，最终形成了西医师鉴定西医讼案、中医师鉴定中医讼案、法医鉴定医讼案死亡原因的符合"专业问题同行鉴定"的现代医讼案鉴定制度。

民国时期，虽有刑事法律制度保障国民的人身自由、名誉等普通民权，但是，病家常以医病纠纷为由肆意扭控医师至警察机关，而警察机关、司法机关对该类侵犯医师基本民权的违法行为置若罔闻，甚至还随意拘提、羁押医师。民国时期的刑事诉讼法就医师业务过失罪实行"公诉"与"自诉"并行的刑事追诉制度，造成医师被刑事追究的现象泛滥。缘于医师的人身保障缺乏、名誉侵权多发、刑事追究泛滥、诊金收取困难等，以医师自律和维权为宗旨的医师职业团体纷纷成立，并通过直接参与医病纠纷的处理和医讼案的诉讼程序、受理医讼案鉴定、呼吁政府制定医师权益保障法案以及自行制定诊金标准等，维护医师群体人身权益和职业利益。

民国时期，社会处于传统与现代的巨大转型阶段，医业从传统的"医乃仁术"的道德行为，转向"医乃营业，乃职业"的市场交易行为，以市场化运行为主的医师行业必然损及普通民众的医疗权利。而民国政府，尤其是地方政府为体现医疗保健的国家责任，制定了相应的诊金标准，医师职业团体对地方政府的诊金规定做出了强烈的抗议，尤其以政府救济贫病的倡导为标靶，认为救济贫病是政府的责任，建议政府广设平民医院及施疗诊所，推行卫生访问、看护及筹办健康保险。

民国时期，围绕医师法若干重大问题所展开的激烈的学术讨论和有益的实践探索，既有惨痛的历史教训，也有宝贵的经验积累，值得我们反思和汲取。

关键词：考医；执业许可；医师业务过失罪；医讼案鉴定；医师职业保障

目 录

导　言 ··· 1
　一、选题 ··· 1
　二、学术回顾 ·· 3
　三、研究方法 ·· 6

第一章　民国医师法制化的肇兴 ······································· 8
　第一节　从医学国家化到医师法制化 ····························· 8
　　一、医学国家化的提出 ··· 8
　　二、医师法制化的路径 ·· 13
　第二节　民国医政体系的建立与演变 ···························· 16
　　一、中央医政体系 ··· 17
　　二、地方医政体系 ··· 21

第二章　民国医师群体的样相 ·· 26
　第一节　正式医师 ·· 28
　　一、中医师 ·· 28
　　二、本国西医师 ·· 30
　　三、外籍医师 ··· 36
　第二节　民间医师 ·· 39
　　一、巫医 ··· 39
　　二、江湖游医 ··· 48

第三章 民国考医制度 …… 56

第一节 清末考医的兴起 …… 56
一、考医之源 …… 56
二、清末考医 …… 57

第二节 民国考医制度的形成与发展 …… 62
一、考医的提出 …… 62
二、考医在西医的试行 …… 64
三、中西医考试的统一 …… 70

第四章 民国医师执业认许制度 …… 75

第一节 中医师的执业认许 …… 76
一、对中医师执业的限制 …… 77
二、中医师执业的存废之争 …… 82
三、中医师执业法律地位的确立 …… 91

第二节 本国西医师的执业认许 …… 94
一、西医师执业的核准 …… 94
二、西医师执业许可制度的刚柔之争 …… 97
三、西医师执业许可制度的确立与补充甄训 …… 108

第三节 外籍医师的执业认许 …… 111
一、自外交证明到医政许可 …… 111
二、外籍医师执业认许的规与从 …… 112

第五章 民国医师的权利与义务 …… 116

第一节 医师的权利 …… 116
一、开业权 …… 116
二、诊治权 …… 117
三、医疗文书签署权 …… 120
四、诊金收取权 …… 122
五、加入公会权 …… 123

第二节 医师的义务 …… 124

一、应招请义务 …………………………………………………… 124
二、遵从执业规范的义务 ………………………………………… 126
三、诚信义务 ……………………………………………………… 127
四、对官厅的报告与遵从义务 …………………………………… 128

第六章 民国医师的职业法律责任 …………………………………… 130

第一节 民国医讼案件的鉴定 ……………………………………… 131
一、法医解剖掀起医讼案件鉴定革命 …………………………… 131
二、西式法医、西医团体鉴定西医讼案 ………………………… 139
三、中医师、中医团体鉴定中医讼案 …………………………… 144
四、专家证人出庭证明协助医讼鉴定 …………………………… 150
五、观念、技术上的冲突与融合 ………………………………… 151

第二节 民国医师的刑事责任 ……………………………………… 152
一、民国前的庸医杀伤人罪 ……………………………………… 152
二、民国医师业务过失罪 ………………………………………… 155

第三节 医师的行政责任 …………………………………………… 160
一、罚金 …………………………………………………………… 160
二、停止营业、吊销执照 ………………………………………… 161

第七章 民国医师的职业保障 …………………………………………… 163

第一节 保障缘由 …………………………………………………… 163
一、人身保障缺乏 ………………………………………………… 163
二、名誉侵权多发 ………………………………………………… 167
三、刑事追究泛滥 ………………………………………………… 171
四、诊金收取困难 ………………………………………………… 176

第二节 保障手段 …………………………………………………… 178
一、医师保障法令 ………………………………………………… 178
二、医师维权组织 ………………………………………………… 181
三、医师维权行动 ………………………………………………… 184

第三节 诊金问题 …………………………………………………… 190
一、诊金的授受 …………………………………………………… 190

二、诊金的规制……………………………………… 198

三、诊金的反思……………………………………… 204

结　语…………………………………………………… 206

附录：民国医师法令……………………………………… 208

参考文献………………………………………………… 225

后　记…………………………………………………… 237

导 言

一、选题

(一)选题理由

医学不仅关乎科学和技术,更关系到社会、文化、政治和法律;它不仅涉及每一个人的生命健康利益,更关系到国家和社会的稳健运行与和谐发展。医师是医学的主要研究者和实践者,是国民生命健康权益的维护者,对个体、社会、民族和国家都负有特殊的责任、使命。对于医师这一社会群体的正确认识和合理规范具有极其重要的意义。在现代社会,这一目标主要通过法制化手段得以实现。随着现代医学及其医学建制[①]在中国的本土化,中国大陆地区形成了自己特有的医师法律体系。但新中国成立以来,国家经济结构、社会保障体系、社会文化心理结构、法治环境、医药卫生事业水平等都持续不断地发生着变化,甚至有时较为剧烈,这要求医师法律体系根据不同历史阶段的不同客观要求作出相应的调整。

就目前状况而言,中国医药卫生体系正处在一个矛盾与危机的交叉点上,这种矛盾与危机主要表现在:一是医师的质量甚至数量仍无法满足当前民众医疗保健之需求。二是医师分布不平衡,城乡之间、地区之间差距较大。三是民众医疗保健支付能力不足,且城乡、地区之间存在显著差别。四是医师执业规范尚未完善。五是医师的执业保障制度与措施严重短缺。六是医师职业法律责任追究机制仍不成熟等。这些矛盾与危机无不与医师法律体系的不完善紧密相关。

自1985年开始的医药体制改革已经过了30多年的发展,但中国大陆地区尚未形成"安全、公平、可及"的医疗服务体系。2005年,国务院发展研究中心研究认为,目前中国的医药卫生体制改革,从总体上讲是不成功的,[②]看病难、看病贵、看病远,仍

---

① 关于"医学建制"包括两方面内容:一是指机构,如医院、医学院校、研究所及专业学会等;二是指一种笼统的医疗卫生服务的行为方式,如医疗收费制度、职业管理等。参见张大庆:《中国近代疾病社会史(1912—1937)》,山东教育出版社,2006年,第78页。

② 国务院发展研究中心课题组:《对中国医疗卫生体制改革的意见和建议》,中国新闻网http://news.sina.com.cn/c/2005-07-29/12246561593s.shtml,2013年1月14日访问。

然是现行医药卫生体制下的突出矛盾。2000年，世界卫生组织对其成员国医疗卫生筹资和分配公平性进行了排序，在191个成员中，中国排名倒数第四位[①]，在191个成员国的卫生总体绩效评估排序中，中国位列144名[②]。华盛顿大学何汉理教授（Harry Harding）在其《对中国的再思考》一文中指出，"中国最大风险是生态和疾病"[③]。随着医药卫生体制改革的进一步深化，新的医药卫生法规不断出台，但与此同时，中国大陆地区城乡医疗不公、民众医疗保健支付能力不足、医疗保障制度不成熟等问题日益凸显，由此而引发的医疗暴力事件、医疗腐败等现象频频发生，严重影响着医师队伍的稳定和健康成长，阻碍了医药卫生事业的正常发展和改革的进一步深化，甚至成为影响中国文明发展的重要因素，这些都对医师法制建设提出了更高的要求。

鉴于此社会现实，涉医法律制度的研究已成为当前法学研究的热点领域之一，但更多倾向于对目前问题展开的法律研究，如对医疗服务合同、医疗侵权责任、医疗事故罪研究等，这些研究对于解决具体社会问题、反思目前法律体系有很重要的价值，但基本都是对目前法治的横断面研究，缺乏历史的纵深分析。因此，难以解释目前一些问题出现的根源。对医师法律制度的研究主要是法律专业技术视角，缺乏中国文化视角和历史反思，不能发现问题存在和出现的深层文化和历史根源。

民国医师法律制度是现代医学体系专业化的发展结果。在此发展过程中，"医学国家化"的政治诉求在民国法制体系中得以基本确立。当代医师法律制度仍是对现代医学的保障与规制，但是，当代医学较民国时期已经有了长足的发展，同时，当代医疗卫生及其法制发展等问题，对医师法提出了新的要求。研究民国医师法律制度对了解目前中国医师法制的历史渊源，揭示其历史演变过程及其存在的政治、经济、文化、科学技术等法制土壤，可为当下中国医师法制化进程进行一种理论准备。

（二）选题意义

为适应新的变化，国家卫生健康委员会（原国家卫生部）于2013年1月22日发布了《2013年卫生工作要点》，要求推动《中华人民共和国执业医师法》的修改工作。同时，中共十八届三中全会《关于全面深化改革若干重大问题的决定》提出统筹推进医疗服务改革，建立适应行业特点的人才培养、人事薪酬制度，完善合理分级诊疗模式，促进优质医疗资源纵向流动，完善中医药事业发展政策和机制，允许医师多点执

[①] 毕博：《世卫组织公布：中国医疗公平性位居倒数第四》，搜狐网http://business.sohu.com/20060320/n242366002.shtml，2013年1月14日访问。

[②] 国务院发展研究中心课题组：《对中国医疗卫生体制改革的意见和建议》，中国新闻网http://news.sina.com.cn/c/2005-07-29/12246561593s.shtml，2013年1月14日访问。

[③] 文懿铎：《中国面临的危险是什么？》，中国宏观经济信息网http://www.macrochina.com.cn/news_speed/hgjj/20070403084702.shtml，2013年1月14日访问。

业等重大深化医药卫生体制改革要求。这些目标的实现,需要法学界对医师法律制度问题开展更全面、更深入的研究。在这个过程中,法律史研究无疑具有基础性的地位。"我们研究法律史的目的,无非是再现法的历史,解释法的历史,反思法的历史,进而预测当下法的走向。"① 对民国医师法律制度的形成、发展规律以及医师法律制度本身的社会适应性等问题进行系统性、多维度的研究,首先是对目前研究的深化和对一些研究盲点的补充,对于深化人们对医师法律体系的理论认识,拓展法学研究的多学科交叉的方法体系,也具有一定的理论价值。

中国当代医师法律制度与民国时期医师法律制度有着必然的承接关系,对医学知识合法性确认等问题上,二者也曾有过惊人的相似。本书为制定一部适应当前社会发展的《中华人民共和国医师法》,形成符合"科学、公平、效率、发展"原则的医师法律制度,有着极为重要的参考意义。

二、学术回顾

目前有关民国医师的研究成果主要有以下三方面:一是关于医师的社会史学研究,例如:张大庆的著作《中国近代疾病社会史(1912—1937)》、尹倩的博士学位论文《民国时期的医师群体研究(1912—1937)——以上海为中心》、张斌的期刊论文《民国时期医事纠纷研究》。二是关于医师的政治学研究,例如:杨念群所著《"再造病人":中西医冲突下的空间政治(1832—1985)》、许三春的博士学位论文《清以来的乡村医生研究:从草泽铃医到赤脚医生》。三是关于民国卫生法的专题研究,例如:樊波的博士学位论文《民国卫生法制研究》、彭浩晟的博士学位论文《民国医事法与医事诉讼研究(1927—1937)》、龙伟的著作《民国医事纠纷研究(1927—1949)》等。

(一)关于医师的社会史学研究

疾病、医学几乎与人类生活形影不离。就目的性而言,医学和医师主要是因为人类对抗疾病而产生,对医师及其法律制度的研究可从疾病角度考察。对疾病的研究,则有疾病史研究,疾病史研究又包括疾病自然史、疾病文化史、疾病观念史、疾病社会史等研究子领域。《中国近代疾病社会史(1912—1937)》,以1912年中华民国的建立即中国新型卫生保健体系的建立为开端至1937年民国卫生行政体制、医疗保健制度及医疗服务制度的框架成形为时间区间,"从卫生保健、卫生服务制度、卫生知识传播、城市与农村的医疗卫生以及医疗纠纷等方面,来诠释中国近代社会在疾病预防和治疗及其相关领域的变革"②。其研究展现了近代中国基于公共卫生事件防控和政

---

① 张仁善:《法律社会史的视野》,法律出版社,2007年,第4页。
② 张大庆:《中国近代疾病社会史(1912—1937)》,山东教育出版社,2006年,第17页。

治运作而进行的医学知识合法性认定、医学的国家管制,以及疾病模式转变中的医病关系等。就民国医师法制而言,《中国近代疾病社会史(1912—1937)》的内容主要包括公共卫生行政体系的建立、中国传统医学模式到现代生物医学模式转变的公共卫生医师的形成和发展,以及医病关系的概况,缺少对民国医师法律制度的具体研究。

《民国时期的医师群体研究(1912—1937)——以上海为中心》是研究民国医师群体的社会史力作,其以上海为中心,勾勒了上海医师群体的"原生自由职业"的执业样态、医师职业的专业化过程、医师群体的主要活动,以及作为医师执业的主要社会关系等。在当时西潮东渐的历史大背景下,中国的医界格局受到了冲击,原本松散的医生队伍因之开始了向专业群体发展。一方面,受过西方专业制度熏陶和现代医学训练的西医师出现在中国社会中,开始努力构建中国现代的医疗卫生体系,确立自己的专业群体地位。另一方面,传统社会中的中医受到西医的冲击,开始有意识或无意识地以西医为标准,进行一系列变革以向现代专业制度靠拢并适应现代国家行政体系的需要。① 而在以医师为中心的社会关系上,民国时期的医师、国家与社会间形成了特殊的关系,即以社会代表身份面对民国政府,而面对民众时又诉诸政府,其目的则是维护医业团体的专业性、权威性和职业利益。该研究为本书提供了社会学、历史学研究的新视角。《民国时期医事纠纷之研究》一文概述了民国时期医事纠纷的特点,分析了医事纠纷的形成概因,其研究结果几乎可以与当下中国医病纠纷的成因一一对应。

(二)关于医师的政治学研究

无论在东方还是西方,医学历来包涵极大的政治意义。19世纪的流行病学家鲁道夫·佛尔楚甚至说:"医学就是政治,政治不过是更大的医学。"② 民国时期的俞松筠认为,在近代意义上的卫生行政没有建立以前,中国也有医药机关及其相应的制度,但是其性质大体只是"替君主及公卿士大夫当差"的,但这对普通民众而言几乎没有意义。③ 其实,古代、近代乃至当代,医学仍涉及政治问题。杨念群先生在《"再造病人":中西医冲突下的空间政治(1832—1985)》一书中,从医疗和身体入手,借助"空间""地方"与疾病隐喻等概念来梳理近代以来的一百多年中,主要源自西方的现代医疗卫生机制(或者说"空间")是如何植入中国社会,以及在这一过程中中国的政治

---

① 尹倩:《民国时期的医师群体研究(1912—1937)——以上海为中心》,华中师范大学博士学位论文,2008年,第274页。

② 转引自 Shao Jing(2004), Between Talk and Action: The Critical Predicament of Medical Anthropology. Horizons. Vol 13, pp106-129.

③ 参见俞松筠:《卫生行政概要》,正中书局,1947年,第20页。

和社会运作机制，①并最终得出结论，认为中国医疗卫生的每一次重大变革都是围绕某种政治运动的周期，成了各种频发的政治运动的外形显现。

《清以来的乡村医生研究：从草泽铃医到赤脚医生》描述了清代以来乡村医疗卫生的实践者即乡村医生，乡村医生经过了自"草泽铃医"到"赤脚医生"再到"乡村医生"的发展历程。许三春博士认为，清前期，国家对乡村的治理主要是通过地方社会精英来实现的，而乡村医疗是自由生存状态，除非发生重大疫病的防治，因此基本医疗制度缺乏；清末，为了实现国家的强大，政府需要加强对社会的控制，乡村医疗的国家化正是其实施手段，民国政府更需要实现统一、强力的中央政权，国家现代化需要民族现代化为重要路径。然而，由于中央政府未能真正实现国家的统一、强大，更未能有效控制整个社会，以实现国家强大、社会控制为目的的民国乡村医疗制度也只是体现在政府文本上，乡村医疗仍然主要以传统医疗模式为主。新中国成立后，巡回医疗制度、赤脚医生制度的实施，是建立在医疗卫生政治运动基础上的，其目的是为国家工业化、现代化提供劳动力和资金的支持。也就是说，自清末以来，民众身体的国家化的、工具化的"角色"一直相沿承袭，乡村医生制度只是为寻求廉价化的医疗资源，而其实现过程却是政治化的。

政治也是法学研究的重要内容，法律问题也可能是政治问题。以上研究成果，可为本书提供更多视角。但是，将医学及其建制问题归结为纯粹的政治问题，似乎忽略了医学和医师的原本意义。研究民国医师法律制度更应当从医学和医师的原本意义以及现实目的为主要路径切入。

（三）关于民国卫生法的专题研究

民国卫生法的专题研究主要有两种类型。一是对民国卫生法律制度进行制度层面的专题研究。二是对卫生法进行立法及其法律实施等方面的专题研究。《民国卫生法制研究》以1912至1949年期间南京临时政府、北洋政府、南京国民政府所颁行的卫生法令为研究对象，内容涉及医疗、药品、食品、公共卫生等多个领域。该研究认为，民国卫生立法是对卫生资源、权力的重新分配，建立了相对完备的卫生法律体系，并形成了独立的中央卫生行政机关，但是，民国中央卫生行政机关地位起伏异常、卫生法令废立过于频繁，严重影响了卫生法令的实施效果。

彭浩晟的《民国医事法与医事诉讼研究（1927—1937）》、龙伟的《民国医事纠纷研究（1927—1949）》均以1927年至1937年为时间区间进行研究，但研究侧重有所不同。《民国医事法与医事诉讼研究（1927—1937）》以医事法和医事诉讼两个领域为

---

① 参见余新忠：《另类的医疗史书写——评杨念群著〈再造"病人"〉》，《近代史研究》，2007年第6期，第92-104页。

研究对象,其中,民国医事法主要是研究民国医事立法的主体、形式及其主要内容,认为民国医事立法呈现系统立法、移植立法、继承立法三大特征;而民国医事诉讼则主要涉及医事诉讼的法律程序、诉讼中各方主体的诉讼行为等问题,认为民国司法制度相对于中国传统社会来说具有一定的公正性,而且是具有现代理性的诉讼机制,而病人可以借助公共权力,由检察官或法官(民国是纠问式为主的诉讼机制)调查真相、辨别责任,远比病人同医师直接交涉效果好。[①]《民国医事纠纷研究(1927—1949)》,以"民国时期医事纠纷"为中心探讨其时医事纠纷的特点及成因,并进一步分析国家、社会与医患之间的互动。该研究自历史学视角,深入研究了民国时期的医事纠纷、医事诉讼以及西方医师建制的本土化等问题。

以上三部研究成果从卫生或医事角度对民国卫生法制进行了专题研究,其研究方法值得借鉴,但其研究较为宏观。

三、研究方法

(一)史学方法

历史研究是要在纵向梳理民国医师法制的历史发展轨迹,为本书的主干。在时间跨度上为整个民国社会时期,在内容范围上涵盖医师制度和法律体系的社会历史条件两大领域。在方法论上,首先是借鉴了法国年鉴学派的历史研究方法,强调"全体部分构成"的历史观,将医师法制化进程放在整个社会环境和历史进程中进行综合考察,注重吸收和借鉴其他社会科学的理论与方法,深入探讨医师法律体系产生、发展、运行的社会历史整体变迁情况。其次,在布罗代尔"长时段"理论的指引之下,将民国医师法律制度的形成、发展,与中国传统文化联系起来,探索中国社会文化传统与中国医师法制的关系问题。

(二)法解释学方法

法学以处理规范性角度下的法规范为主要任务,它关切的是实证法的规范效力、规范的意义内容以及法院判决中包含的裁判准则。[②] 本书以民国医师法为中心,当然离不开法解释学的研究方法,在横断面上对民国医师法制的历史发展特征展开研究。本书遵循经典的法律解释学视角,从文义解释、逻辑解释、历史解释、体系解释等方面展开,探讨民国医师法律体系的法律规范内涵、立法和司法的基本逻辑,立法和司法的历史约束条件,厘清法律规范的实践模式和社会现实之间的关系。

---

① 彭浩晟:《民国医事法与医事诉讼研究(1927—1937)》,西南政法大学博士学位论文,2012年,第162页。

② [德]卡尔·拉伦茨:《法学方法论》,陈爱娥译,商务印书馆,2003年,第77页。

(三)法社会学方法

如果说法律解释学是以法律规范自身为对象由内向外展开研究,那么本书采取的法社会学研究方法,则遵循由外向内的研究路径。本书主要采取经验法社会学研究方法。首先,对法律与社会的关系进行研究,通过对当时社会疾病统计、医学人口统计、卫生人力资源状况、群众对医疗服务的需求及其满足程度等因素的分析,探讨社会历史因素对医师法律制度的形成、发展的影响模式。其次,对法律现象进行社会学的研究,即通过对涉医诉讼案件、媒体报道、民众对医疗行业的认知、态度等分析研究,发现法律制度的缺陷或明确法律需求。

第一章　民国医师法制化的肇兴

民国时期,社会疾病构成呈现"贫困社会"的特征,民国政府在"医学国家化"思想的指导下,推行"公医制"改革,在改革遇到困难的情况下又转向了医师法制化。在此过程中,民国政府效法西方医学建制,逐步建立了国家和地方医政组织体系。

第一节　从医学国家化到医师法制化

民国初期,积蓄已久的严重公共卫生问题亟需解决,在"保国强种"的政治动因下,"医学国家化"思想和"公医制"顺势生成,但是当时医疗卫生资源极度匮乏,就医师队伍而言,不仅数量严重不足,而且"品类纷杂",由此萌发了"正式医师"法制化。

一、医学国家化的提出

（一）民国社会疾病概况

近代以来,由于中国政局动荡、经济萧条、民众生活文化落后等原因,民众健康状况日趋恶化。自1842年至1910年,全国人口锐减近8 000万,除战争和灾荒外,还有一项重要的原因就是疾病造成的大量人口死亡。[1]政治动荡、经济萧条、社会不良习惯与卫生观念缺乏等因素,导致近代中国以"贫困社会"为特征的社会疾病构成,即疾病普遍表现为传染病、寄生虫病、营养缺乏性疾病等,而这些疾病严重威胁着民众的生命健康。1920年,时人"子震"评论道:"从前我听过美国医生德辉氏的卫生演讲:世界各国平均每年每千人里边死亡的人数,美国计十四人,英国计十五人,德国计十六人,日本计二十一人,印度计四十人,中国约四十五人。说到这里,不得不感谢,数千年来隆恩厚惠了。"[2]

时人"子震"反映的历史数据显示,就世界范围而言,当时中国的人口平均死亡

---

[1] 张大庆:《中国近代疾病社会史(1912—1937)》,山东教育出版社,2006年,第18页。
[2] 子震:《死亡数》,《通俗医事月刊》,1920年第4期,第43页。

率为45‰，这相当之高，较英国人口平均死亡率为其3倍之多。究其原因则为中国历代政府对医疗卫生的轻视，"数千年来隆恩厚惠"竟得了45‰的人口死亡率。

1927年，时人黄子方的调查研究认为，当时的中国缺乏生命统计的确切数据，但是，就大概数据而言，中国人口的死亡率约为30‰，而欧美等先进国家的死亡率一般为15‰，中国的人口死亡率较欧美国家的死亡率实际上超出一倍，即每一千人多死十五人；以当时中国人口计算，中国每年枉死的人应为600万人左右，而且这600万人如果有适当的医疗保健措施，不至于死亡。黄子方认为，"此不能不归咎于卫生事业之不振"①。黄子方鲜明地指出了当时民国医疗卫生事业建设的重要性和紧迫性。

实际上，直到1949年新中国成立之初，医疗卫生资源仍然极度匮乏。在1950年9月8日中央人民政府政务院第49次政务会议上，中央人民政府卫生部部长李德全在《关于全国卫生会议的报告》中指出，国民政府不重视人民健康事业，医疗保健机构简陋、分布不平衡，医疗保健工作脱离实际，农村普遍缺医少药，当时全国人口的发病数累计每年约1.4亿人，死亡率在30‰以上，其中一半以上是死于可以预防的急、慢性传染病，妇女生育绝大多数是由旧式的接生婆处理，造成了40%左右的婴儿死亡率。②1920年"子震"、1927年黄子方以及1950年李德全提供的中国人口的死亡率基本近似。建国初期的统计显示，当时中国人的平均预期寿命仅为35岁而已。这说明民国时期，尤其是自南京国民政府时期至新中国成立，中国医疗卫生保健的水平没有改善。

（二）民国医疗发展水平

民国时期，中西医并存。但是，无论是中医，还是西医，都有其发展水平上的严重不足，中医缺乏"西方医学的科学性"，难以完成当时"救亡图存"的政治理想，而西医虽然逐步走上了政治主导地位，但其医疗的数量、质量都比较落后，分布也极为不平衡。对此，新中国成立之初的调查数据可以佐证。1950年6月17日，时任中央人民政府政务院文化教育委员会主任的郭沫若在人民政协全国委员会第二次会议上的《关于文化教育工作的报告》中指出：根据卫生部不完全统计（西南、内蒙不在内），全国的公立医疗机构，包括普通医院、卫生院、专科医院及其他医疗机构，共1 285个单位，其病床数为30 000个，工作人员28 500人；私立医院和医疗机构尚未统计。③当时，全国卫生人员的分布是不合理的，西医绝大部分是在大城市，中小城市与农村寥

---

① 黄子方：《中国卫生刍议》，《社会学界》，1927年第1卷，第187-203页。
② 参见李德全：《关于全国卫生会议的报告——一九五〇年九月八日在中央人民政府政务院第49次政务会议上》，中央人民政府卫生部《卫生法令汇编》第1辑，1951年5月31日，第38页。
③ 郭沫若：《关于文化教育工作的报告——在1950年6月17日人民政协全国委员会第二次会议上》，中央人民政府卫生部《卫生法令汇编》第1辑，1951年5月31日，第30页。

寥无几，边疆地带为数更少，大城市的医生又大部分是在商业繁华的市中心区。①中国人民每年死亡五百多万人，有一万万人口断断续续地害着各种轻重不同的病，每年死亡的人口中，就有四百万人未得到正规的医药帮助，有八千万人未得到正规的治疗。②而中国需要的医师数量达几十万，正规医学校毕业的医师（笔者注：西医师）不到两万，从两万发展到几十万，绝不是旧制医学教育的办法和速度所能解决的。③当时全国仅有不到2万的西医，30万中医，人民得不到应有的医药卫生服务。④

以上史料显示了民国时期医师的数量和分布概况。但即使是为数极少的中、西医师，其执业水平也令人堪忧，即民国时期医师队伍更是品流杂芜、混乱不堪。对民国时期西医师和中医师的产生途径和执业水准，早在1915年，中华医学会的发起人伍连德⑤这样论述道：

>　　本国西医大抵分为四项：一为政府医校毕业，二为教会医院，三为德法日本所立，四为个人传授。政府医校毕业者程度各殊，课程文字亦不一致。而教会医院则自成为宗教团体。法与德之所设寥落晨星，日本医院与个人传授者品类更为纷杂矣。尤有一种或在医院或在药房及医寓供使令之役从旁认识数种西药，亦树一帜以营业，此辈污玷西医名誉，尤堪侧目，独我国亦无法律以取缔之。⑥

按照伍连德的分类，西医师无论是政府医校毕业、教会医院、德法日所立，还是个人传授，所产生的医师的基本特征是"品类纷杂"，实际上还有一种比以上四种产生途径更为糟糕的是，"在医院或在药房及医寓供使令之役从旁认识数种西药"的人也以西医师名义营业行医，而对此种从业人员，民国初期无法律规定予以取缔。

在伍连德医师看来，中医师品类之杂更为世界所仅有：中医师有"读书不成、学

---

① 贺诚：《第一届全国卫生会议总结报告——一九五〇年八月十九日在第一届全国卫生会议上》，中央人民政府卫生部《卫生法令汇编》第1辑，1951年5月31日，第47页。

② 贺诚：《中西医团结与中医的进修问题——五月三十日政务院卫生部副部长贺诚在北京中医学会成立时的讲词》，《人民日报》，1950年6月13日，第5版。

③ 贺诚：《第一届全国卫生会议总结报告——一九五〇年八月十九日在第一届全国卫生会议上》，中央人民政府卫生部《卫生法令汇编》第1辑，1951年5月31日，第46页。

④ 武衡：《东北区科学技术发展史资料——解放战争时期和建国初期》，中国学术出版社，1988年，第8-30页。

⑤ 伍连德（1879—1960），公共卫生学家，中国检疫、防疫事业的先驱，1910年末东北肺鼠疫大流行，受任全权总医官，1911年主持召开了万国鼠疫研究会议，在他竭力提倡和推动下，中国收回了海港检疫的主权，发起建立中华医学会并创刊《中华医学杂志》。

⑥ 伍连德：《医学现在之取缔及将来之挽救商榷书》，《中华医学杂志》（上海），1915年第1卷第1期，第8-13页。

贾不就而为医者",有"九流三教假借鬼神托而为医者",有"伪造丹药、妄采草木、鸣锣持械、折骨捶胸挟诈称医者"。①西医出身的伍连德对中国固有医学从业人员即中医师的出身认识更为深刻,由于中国传统社会缺乏制度化的医学教育、医师执业准入制度及执业规范,规制与取缔的实行自然障碍重重。

（三）"医学国家化"的动因

中医属于以治疗为本位的传统医学体系,其理论是建立在自然哲学的思辩和经验知识的积累之上,对于疾病的认识与解释始终未摆脱阴阳五行的框架,缺乏实证基础,因而存在着自身的局限性,尤其是在解释和处理近代社会所面临的传染病流行和控制方面明显不足,在疾病解释上均未能脱离三因学说、六气理论。②对于中医,时人西医师余云岫③评价认为：

> 今日之旧医,以言乎预备知识,则阴阳、五行、六气、八卦,乃古来之定想哲学,背乎自然科学之法则矣,以言乎基本知识,则五脏、六腑、十二经脉、奇经八脉,异乎解剖之实物矣。……以六气为致病之原,而不信微生物之传染,疫疠之行委之天行,则卫生防疫之法,遂无下手之策,混虚损于痨瘵,合种种热性病于伤寒温热,而不能识别病之个性,则调查统计之术,于是乎穷,更何论乎强种,更何论乎优生,是其对于民族民生之根本大计,完全不能为政治所利用,此等医学,保守之必要何在？④

在余云岫看来,中医乃旧医,其预备知识、基础知识,与自然科学相背,与解剖知识相异,诊断方法、治疗方法缺乏科学依据,中医之所以能够产生一部分治疗效果,不外乎"天功"和"经验",没有学理的支持；在卫生防疫方面,由于中医没有"微生物"的观念和调查统计措施,在当时"保国强种"的政治话语下,余云岫认为"其对于民族民生之根本大计,完全不能为政治所利用",而基于生物医学的公共卫生防控,正是当时民国政府及社会精英所推崇的。

作为中国固有医学,中医主要的关注对象是病人个体,关注自然因素、社会因素

---

① 参见伍连德：《医学现在之取缔及将来之挽救商榷书》,《中华医学杂志》（上海）,1915年第1卷第1期,第8-13页。
② 张大庆：《中国近代疾病社会史（1912—1937）》,山东教育出版社,2006年,第55页。
③ 余云岫（1879—1954）,浙江镇海人,1916年大阪医科大学毕业后回国,任公立上海医院医务长；曾任国民政府卫生部中央卫生委员会委员、内政部卫生专门委员会委员、教育部医学教育委员会顾问、中国医药研究所所长、上海市医师公会第一任会长、《中华医学杂志》主编等职。
④ 《余岩请教育部废除中医学校呈文》,《广东医药月报》,1929年第1卷第5期,第11-12页。

对个体的影响，而较少进行社会公共卫生问题的研究。因此，"自由"行医的中医师坐堂开业基本上是对具体病患的治疗或保健养生，国家并不存在统一控制医疗行业的卫生行政体系。但是中医"以六气为致病之原，而不信微生物之传染，疫疠之行委之天行，则卫生防疫之法，遂无下手之策"。所以，中医的确无法在根本上解决中国近代以来日益严重的足以"灭种亡国"的公共卫生问题。

近代，西医输入中国，西方医学的疾病实体观与病原微生物学使得国人逐渐明白了传染病的真正原因。所以，时人黄子方即认为"吾人办理卫生事业，其目标应集中于可以预防之病原及其死因"①。

中医师执业呈自由分散状态，其面对的仅仅是每一个病患个体，但是由于公共卫生问题，当时中国民众的健康与疾病是社会性的，而西医恰好能够有效发挥其公共卫生的防控作用，在西医界及崇尚西医的政治家眼中，中医缺乏"政治正确性"。在此背景下，整个民国医师法史几乎可以概括为"中西医争论史"。中西医之间的这种争论在1929年演化为中西医之间在政治上的"生死决斗"，即西医师余云岫在中央卫生委员第一次会议上提出"废止中医案"并获通过。

"人民之健康，国家富强之基也。"②医学界，尤其是西医界，将疾病防治与国家盛衰联系起来，提出民众的健康是衡量国家盛衰的一个重要标准，是政治家的第一要职，预防疾病与保证民众健康是国家责任的观点。③《东方杂志》以《论中国前途与医学之关系》为题论述道，"夫今之医家急起直追复古司命之天职，夺神权而代之，社会迷信之说，夫既不攻自破矣，而其间接之关系尤为要者厥有二端：一曰事业，二曰经济"④。在该文作者看来，医学与国家的事业、经济是互为因果关系。时人黄子方即明确提出"医学国家化"的观点：

> 国之文明与否，固以文化为标准，但西人有言曰"一国之文明程度可以其卫生之程度测之"。斯语也，骤闻之，极觉空洞，细按之，则确有不可易之理在。即如吾国号为文化最早之国，然一察其现时国内卫生事业之不振，大足为惊心怵目，因谓其文明未健全亦不可。政府对于人民疾病担负驱除责任，对于人民卫生负担保护责任，犹如目前对于保护人民财产、驱除盗贼之责任然，此乃吾人于吾国公共卫生五十年后之希望，即实行"医学国家化"是也。⑤

---

① 黄子方：《中国卫生刍议》，《社会学界》，1927年第1卷，第187-203页。
② 金善宝：《北京之公共卫生》，《中华医学杂志》（上海），1926年第12卷第3期，第253页。
③ 参见张大庆：《中国近代疾病社会史（1912—1937）》，山东教育出版社，2006年，第220页。
④ 谷音：《论中国前途与医学之关系》，《东方杂志》，1905年第2卷第6期，第107-114页。
⑤ 黄子方：《中国卫生刍议》，《社会学界》，1927年第1卷，第187-203页。

医学技术的落后、医师队伍的混乱、医疗资源的分配不平衡,以及国家卫生行政体系的缺失,导致公共卫生问题凸显、民众医疗保健的可获得性难以保障,这就客观上要求民国政府通过国家的力量发展医学技术,增加医师数量,加强卫生防疫和医疗保健服务供给,而这就是时人所提出的"医学国家化"的真正内涵。

二、医师法制化的路径

（一）从"医学国家化"到"公医制"

民国时期凸显的公共卫生问题导致了"医学国家化"思想的提出,而"医学国家化"思想的制度体现,即实行"公医制"。所谓公医制,时人王子玕在其《现代的中国医学教育应采公医制度》中进行了明确的界定：

> 公医制度,是由政府计划全国的卫生事业,举凡国内一切的卫生设施,均由政府完全筹设,所有医师及护士等工作人员,亦均由政府训练、供养,使医事人员负保护人民生命安全的责任,与使警察负保护地方人民安宁的责任,有同等的意义……比如一国的军事组织和警察的训练等,亦皆为保护人民而产生,假使国民欲以私人的力量置备武器、组织军警,保护其个人或一团体的安全,这便是过去的梦想,也就是军阀时代的恶现象,为现代的国家不能容许的事。故,凡一国的人民关于生命的安全,都应该由政府通盘负责,不得任人民私自措置,致造成分崩离析的境况。①

在时人王子玕看来,医事人员与警察有着同等的责任,警察负有保护地方人民安宁的责任,医事人员负有保护人民生命安全的责任,现代国家的警察由国家产生为国家保护人民的安宁,否则,即是军阀割据；同样,现代国家的医事人员也应当由国家培训、供养、配置并为国家保护人民的生命安全,如任由私自措置,则将造成"分崩离析"。这实际上提出了医学教育和医疗卫生供给的政府责任。

民国医学家汪元臣②进一步就"公医制"描述了基本轮廓：

> 所谓公医制度,简单的解释,就是医务人员的训练、任用完全由国家来统制

---

① 王子玕:《现代的中国医学教育应采公医制度》,国立中正医学院筹备处印行,1937年,第2-3页。

② 汪元臣(1900—1946),江苏仪征人,曾于德国柏林大学攻读医科,获医学博士学位,1928年创办江苏省立医院,任院长兼外科主任,1941年任教育部医学教育委员会副主任,从事医学教育兼任江苏省立医院院长。

办理，在这种制度下所有的医药学生统统由国家所办的医学教育机构来训练；由国家拿出钱来供给他们费用，学生毕业之后，就要终身为国家服务，不许私自开业，所有的医务人员要受国家的统制，他们的工作一律由政府分配，他们和公务人员一样服务于国家，而国家对于他们也予以确实的保障和奖励的办法，使他们能够终身安心供职。这就是公医制度的一个轮廓。①

汪元臣认为，在公医制度下，医务人员等同于公务人员，其训练、任用完全由国家统制，医务人员在本质上是为国家服务；在这种制度下，医务人员是终身为国家服务，其私人行医行为是被禁止的，同时，医务人员也将得到切实的保障、安心供职。

由此，"公医制"不仅是卫生防疫问题，还涉及医师教育、开业行医及其保障等一系列问题。

（二）从"公医制"到医师法制化

如上所述，公共卫生问题是民国时期"医学国家化"思想提出及施行"公医制"的主要客观条件。然而，公共卫生问题在本质上是卫生防疫问题，就疾病，尤其是传染病的预防和治疗的关系而言，主要涉及两大应用性医学领域，即预防医学和临床医学，而公共卫生医师与临床医师正是该两大医学的主要实践者。但是，正如时人谭夏黎所述：

> 此今日之正式医师之所以聊聊无几，而谋民众健康之公医制及预防医学，尤属仅兆端倪，因旧日医学既无足道，新旧复以人才缺少，不足为推行公医制之基础，至因交通不便、人民缺乏医学常识、经济困难、生活缺乏卫生，且迷信极深，致急性、慢性传染病之流布，医药需要之迫切益形显著。②

在时人谭夏黎看来，正式医师缺乏是"公医制"难以推行的基础原因。实际上，"公医制"应当是由国家负责的医疗卫生设施、设备、人员、经费等医疗卫生保障方面的系统性规划和行动，"公医制"难以推行的主要原因当然也并非正式医师缺乏这一单一原因。但谭夏黎却提出了"公医制"难以推行的情况下，由于"交通不便、人民缺乏医学常识、经济困难、生活缺乏卫生，且迷信极深"导致传染病之广泛流行，医疗需求十分紧迫。其真正所提倡的是解决"正式医师缺乏"问题的以甄别、培养、资格考

---

① 汪元臣：《我国应实行公医制度》，《医育》，1939年第3卷第4期，第2页。
② 谭夏黎（J.Tandler）：《中国医学保障与医学教育之我见》，朱席儒译，《中华医学杂志》（上海），1935年第21卷第3期，第227页。

试等为主要内容的医师执业制度。

民国时期,伴随着西医输入中国,西方系统化的医学知识随之也逐步确立了医疗领域内的知识权威性和正当性,也产生了中医和西医的优劣论、废除中医论、排斥西医论等,随着西医知识体系的强劲发展,西医知识体系取得了知识上的合法性。但知识上的合法性并不天然等同于制度上的合法性,于是,围绕着公医制或者是私医制产生了更深层次的医事制度上的讨论。

从民国当时学者的论述来看,无论是王子玕、汪元臣,还是谭夏黎,他们的具体论述的层次稍有不同,论述的问题也不完全相同,但他们的论述都建立在共同的知识基础上,即西医是医疗领域制度设计、建构的基本逻辑前提。

从公医制讨论的问题来看,涉及的核心问题为对医疗主体的规范管理问题,即医师法律制度问题,也就是医师到底应该是传统社会中的自生自灭的"私人自治",还是现代社会中的法治化的社会医疗资源配置?传统社会中的医师总体上是自由放任、无规范的"自然"状态。除非在极端的情况下,例如,因为医疗业务不当导致死亡或重伤的时候,国家才以刑法的方式介入医师管理,或者是在重大公共卫生危机事件中,作为一种临时应急手段,国家介入医师管理。除此以外,谈不上常规的、稳定的、呈体系化的医师法律制度。民国时期,中国社会处于从传统社会向现代社会转型时期,受西方医学知识体系的影响,其医师法律制度也引入中国,公医制话题的讨论,就是这种制度形成的表现。

在"医学国家化"思想引导下,在"公医制"推行过程中,医师法律体系逐步建立,主要表现在以登记医师、甄训医师、确立医师资格与执业许可、设定医师权利义务及责任为内容的民国医师立法活动频繁开展。

民国时期,最早涉及医师的法令是民国元年三月十三日公布的《传染病预防条例》,其第7条规定:医师诊断传染病患者或检察其尸体后,应将消毒方法指示其家属并须于十二小时以内报告于患者或患者尸体所在地址该管官署,其结束时亦同。第8条规定:患传染病或疑似传染病或因此等病症致死者之家宅及其他处所,应即延聘医师诊断或检查并须于二十四小时以内报告于其所在地之该管官署。[①]但其主要涉及传染病的预防,于医师的规定仅此二条而已。

整个民国时期,政府颁行的医师法令主要有20部,如表1所示。

---

① 《传染病预防条例》,《司法公报》,1916年第56期,第59-64页。

表1 民国时期主要医师法令统计表

序号	法令名称	颁布机关	颁行时间
1	《管理医师暂行规则》	内务部	1922年03月09日
2	《管理医士暂行规则》	内务部	1922年03月09日
3	《管理医师医士暂行规则》	内务部	1922年04月17日
4	《医师暂行条例》	卫生部	1929年01月15日
5	《医师会规则》	卫生部	1929年10月25日
6	《西医条例》	国民政府	1930年05月27日
7	《高等西医师考试条例》	考试院	1931年01月01日
8	《外籍医师领证办法》	内政部	1931年05月
9	《中医条例》	国民政府	1936年01月22日
10	《中医审查规则》	卫生署	1936年09月
11	《医师甄别办法》	卫生署	1936年10月09日
12	《中医条例》	国民政府	1936年12月19日
13	《中医审查规则》	卫生署	1937年05月08日
14	《医师甄别办法》	内政部	1939年06月22日
15	《管理中医暂行规则》	内政部	1940年08月06日
16	《医师暂行条例》	行政院	1940年08月08日
17	《医师法》	国民政府	1943年09月22日
18	《医士暂行条例》	卫生署	1943年11月27日
19	《医师法施行细则》	社会部 卫生署	1945年07月21日
20	《医事人员甄训办法》	行政院	1947年5月27日

第二节 民国医政体系的建立与演变

中国现代卫生行政体系的初创始于清末。1900年,帝国主义列强联军驻扎天津,设立都统衙门,并附有卫生局负责管辖地方卫生,后由中国政府收回自办,改称北洋局,这是中国地方卫生行政组织的开端。① 在北京,设有内、外城巡警两厅,厅之下各设卫生处及官医院,外省省会的巡警机关也设立卫生科,但这些巡警机关附设的卫生单位,其主要工作都是清道和扫除垃圾。

---

① 参见《金宝善文集》,北京医科大学公共卫生学院印,1991年11月,第11页。

在中央，光绪卅一年（1905年）即成立巡警部，由徐世昌任部长，部内设警保司，司下设卫生科，次年九月改为民政部，卫生科改隶民政部，随后民政部改为内务部，卫生科改为卫生司。①至1913年，卫生司改为内务部警政司卫生科，1916年仍恢复为卫生司。

民国时期，在政界，尤其是西医出身或推崇西医的政治家们的推动下，现代西方医学建制在中国得以创立并逐步法制化。国家医政组织作为医学建制的主要内容和对医师群体的主要管理者，在中央和地方政府也得以逐步建立。

一、中央医政体系

民国时期，国家医政组织系统主要法规依据是国民政府于1928年和1944年公布的《全国卫生行政系统大纲》、1929年卫生部公布的《市卫生行政初期实施方案》、1930年卫生署公布的《县卫生工作实施纲领》、1940年行政院公布的《县各级卫生组织大纲》以及1941年内政部公布的《各省市县地方行政机关组织大纲》。

中国自民国元年开始逐步建立国家卫生行政。民国元年，北洋政府在内务部设卫生司，总管全国卫生行政事宜，关于"医师药师之业务"列入其所掌之事务。由于民国初期政局多变，中央卫生行政机关所发挥的作用非常有限。

早在1915年，中华医学会即建议设立卫生部。②民国十六年，中华医学会创始人、首届会长颜福庆在《中华医学杂志》撰文提出"国民政府应设中央卫生部之建议"，颜福庆认为，民国政府的主要政策首在谋人民之幸福，而公共卫生为增进人民康健与愉快的唯一要图，公共卫生机关系民族之强弱、民生之裕绌、国权之隆替极重且大，国民政府应即设施全国有系统之卫生行政机关，迅速建立中央卫生部，以主理全国卫生行政。③

对北洋政府时期的医政组织建设，时人培青在《医药评论》刊文称：

> 我国在北京政府时代，公共卫生事业每被一般人所漠视，组织渺小，系统纷歧，全国医事卫生事业，仅以内务部卫生司为中央专办医事卫生之机关，但其他旁支组织，则数不在少，致使事权分散，经费虚糜。至各地方机关，初无所谓公共

---

① 《金宝善文集》，北京医科大学公共卫生学院印，1991年11月，第11页。
② "法国有势力的政界人物筹划组织一个强大的卫生部，各界极表欢迎，虽际此欧战激烈之，且与英俄商磋商办理，而罗马尼亚等国亦默相赞成云。"参见《设立卫生部》，《中华医学杂志》（上海），1915年第1卷第1期，第38页。
③ 参见颜福庆：《国民政府应设中央卫生部之建议》，《中华医学杂志》（上海），1927年第30卷第4期，第229-240页。

卫生事业之可言，至多仅由警察机关办理街道清洁之事宜而已，此外海港建议事项。①

1927年4月18日，国民政府定都南京，4月设置的内政部卫生司与民国元年的内务部卫生司大致无异。为推进全国卫生工作，国民政府于1928年10月25日成立了中国第一个卫生部，薛笃弼任首任部长。1928年11月24日，国民政府颁布《卫生部组织法》，该组织法规定：卫生部管理全国卫生行政事务，对于地方行政长官执行卫生行政工作有指示、监督的职责；卫生部认为地方行政长官的命令或处分有违背法令或有越权限的行为的，其有权呈请行政院院长提经国务会议停止、撤销。在卫生部内部机构设置方面，该组织法第4条规定，卫生部下设总务司、医政司、保健司、防疫司、统计司等五司，"医政司"所掌八大事项中，即有管理医师、助产士、看护士等监督事项，以及卫生人才训练及教育事项。②次月即1928年12月11日，国民政府公布《全国卫生行政系统大纲》，进一步确定中央设卫生部直隶于行政院。

同时，根据《卫生部组织法》第5条规定，卫生部除下设5个司外，还设置中央卫生委员会、中央卫生试验所及卫生行政人员训练所。其后，国民政府分别于1928年12月17日、1929年1月11日、1930年3月24日公布了《中央卫生委员会组织条例》《中央卫生试验所组织条例》《中央防疫处组织条例》。《中央卫生委员会组织条例》第1条规定"国民政府卫生部为讨论全国卫生设施起见，依组织法第五条设中央卫生委员会"。第7条规定"本会每六个月开会一次，由卫生部部长召集之，遇必要时得召开临时会议"。第8条规定"本会各项会议以卫生部长为主席，但部长因事不能出席时得指令委员一人代理之；议决事项由本会送请卫生部核夺施行"。因此，就功能而言，中央卫生委员会属于咨询机构，其议决事项经卫生部最终核夺，才能发生法律效力。

由于南京国民政府刚刚建立，卫生行政工作未能有效进行。因此，就在1928年，上海卫生委员会呈请国民政府重组卫生部，认为自定都金陵数月以来，建设方略第次进行，独于中央卫生部尤虚组织。③1930年《医药评论》发表题为《二年来卫生部工作的回顾》的社论，认为：

---

① 培青：《对我国卫生行政组织之管见》，《医药评论》，1934年第6卷第3期，第2页。
② 参见陈明光：《中国卫生法规史料选编（1912—1949.9）》，上海医科大学出版社，1996年，第461-462页。
③ 汪于冈：《上海卫生委员会呈请国民政府重组卫生部文》，《新医与社会汇刊》，1928年第1集，第482页。

二年来的工作,对于内部的整理,可说毫无成绩。为什么呢? 因为医政方面,连最要紧的根本问题,对于新旧医整理上,竟没有得到一个正确的办法;保健方面,也并没有使民众的健康上增加些微的利益;防疫方面更不要说了,每年还是东也闹病,西也闹疫。他所举的事业,就是召集了两次形式的卫生委员会,编纂了一部不全的中华药典,登记了几个零零落落的医师,其余什么也没有。①

至于造成二年来卫生工作毫无成就的原因,社论认为:一是"军事多哑,政局多主暂维现状"。二是卫生部之设置应当取法"先有小部落,后有集合中枢",但各省市县还没有卫生机关普及。三是国际合作,当先有合作的资格,而"绳床、茅屋、脱栗、缊袍的一班生活"尚未加改良。四是从事拜金主义,腐心国际合作,而忘其国内职责。

卫生及卫生行政工作难收成效,中央卫生行政机关地位自然难保。于是,国民政府于1931年4月4日颁布《内政部卫生署组织法》②,其第1条规定"内政部卫生署承内政部长之命掌理全国卫生事务",卫生署下设总务科、保健科、医政科三科,医政科即办理医师等资格及业务之审定监督等事宜。自此,中央卫生行政机关由行政院卫生部降格为内政部卫生署。

1935年7月1日,行政院议决内政部卫生署改为行政院卫生署,直隶行政院,掌理全国卫生事务。③同年9月9日国民政府行政院公布《卫生署组织法》,其第1条规定"卫生署直隶于行政院掌理全国卫生事务"④。1936年12月19日,行政院公布《修正卫生署组织法》,本次修正主要变化是:一、卫生署增设海港检疫科,由原来的三科增为四科。二、卫生署曾设中医委员会,掌理关于中医事务,设主任委员一人,委员五至九人,由卫生署就富有中医学识者聘任。

1938年2月11日,国民政府公布《内政部卫生署组织条例》,其第1条规定"内政部卫生署承内政部长之命,掌理全国卫生事务"⑤。其余与1936年《卫生署组织法》的规定相比,没有变化。至此,中央卫生机关再度由隶属于行政院改为隶属于内政部。1944年3月20日,国民政府重新公布《全国卫生行政系统大纲》,大纲第1条规定"中央设卫生署,直隶国民政府行政院",直到1947年5月1日,卫生署再次改组为卫生

---

① 真霉:《二年来卫生部工作的回顾》,《医药评论》,1930年第47期,第1-3页。
② 《内政部卫生署组织法》,《法令周刊》,1931年第41期,第6页。
③ 《准行政院卫生署咨告本年七月一日改隶行政院请查照饬知等由令仰知照》,《江西省政府公报》,1935年第255期,第6页。
④ 《卫生署组织法》,《立法院公报》,1935年第73期,第165-166页。
⑤ 《内政部卫生署组织条例》,《立法院公报》,1938年第96期,第165-168页。

部①,仍隶属行政院。

1937年3月10日,经中医界的持续努力,国民政府被迫成立了卫生署中医委员会。在此,就中医委员会的性质,时人真金如论述道:甲、中医委员会为法定设立之机关,非任意设立机关。乙、中医委员会非可任意撤销之机关;丙、中医委员会为实际执行职务之机关,非空洞贡献意见之机关。丁、中医委员会为含有独立性质之附属机关。戊、卫生署署长对中医委员会在官规上虽有积极监督权,在职掌上只有消极监督权。②同年12月4日,立法院第82次会议议定"中医委员会掌理关于中医事项,为中医资格审查机关"③。

在10年后的1947年5月,为维护中医界主张,全国中医师公会推选郑曼青等为代表,向国民政府行政院请愿,要求:请政府准予设立中医药管理委会,直属行政院,为专司管理中医师考核训练及中药产销配制之行政机构;无论中央及地方之卫生政权,中西医应平均分任;教育部应设立国立中医药学校及国医院。④

民国政府,尤其是南京国民政府基本形成了中央卫生行政的制度框架和组织框架,为中国医疗卫生行政的现代化奠定了基础。但是,民国中央卫生行政由于其专业程度、法制化不高,工作缺乏效率,从而其地位不断起伏波动(见表2)。当然,这也与民国时期政局动荡、医学发展水平低下等有着重要关系。

表2　民国时期中央卫生机关设置与隶属情况统计表

设立年代	机构名称	隶属机构
1912年	卫生司	内务部
1927年	卫生部	行政院
1931年	卫生署	内政部
1935年	卫生署	行政院
1938年	卫生署	内政部
1944年	卫生署	行政院
1947年	卫生部	行政院

---

① 《奉令前卫生署所定法规均由卫生部继续主管继续有效等因令仰知照》,《江西省政府公报》,1947年第1516期,第6页。

② 参见真金如:《卫生署中医委员会之性质及权限》,《国医正言》,1937年第36期,第5-7页。

③ 《医讯:修正卫生署组织法增置中医委员会中医条例修正通过》,《医界春秋》,1936年第118期,第44-45页。

④ 《中医师公会请愿要求设中医药行政机构》,《申报》(上海),1947年5月31日,第2版。

二、地方医政体系

民国时期，首先建立地方医政组织的当属广东卫生司。广东在民国元年即设立了独立的医政组织，由医学博士李树芬主持。其后有南京特别市卫生局于1927年6月成立，杭州卫生局于1927年7月成立。不过以上新设卫生局于设立后短期内均被裁撤归并于警察厅或公安局，例如，据杭州卫生局首任局长金宝善自述，其当了两个多月的局长，市政府就取消了卫生局。①

1928年12月11日，国民政府颁布《全国卫生行政系统大纲》。②中央政府设卫生部，直属于行政院。在地方医政组织分为三级，分别是：省设卫生处直属于民政厅，特别市设卫生局隶属于特别市政府，各县（市）设卫生局隶属于县（市）政府。对于县（市）卫生行政机关，国民政府也做了区分对待，即县卫生局成立以前之卫生事宜暂由县公安局兼理；县公安局也未成立的，在县政府设立卫生科；不合于市组织法第3条规定之省会即人口不满20万之省会城市，其卫生事宜由卫生处直接处理。

在地方各级卫生行政机关的职权配置如下：各省卫生处隶属于民政厅，兼受卫生部之直接指挥监督；各特别市卫生局，隶属于特别市政府，兼受卫生部之直接指挥监督；各市县卫生局，隶属于县、市政府，兼受卫生处之直接指挥监督。

1928年《全国卫生行政系统大纲》也规定了地方各级行政机关的长官任命权限。卫生处长，由卫生部提经行政院，呈请政府任命；特别市卫生局局长，由市长呈请国民政府任命；市卫生局长之任命，由市长呈请省政府任命；县卫生局长之任命，由卫生处长依《县组织法》第17条规定呈请民政厅行之，并呈报卫生部备案。同时，《全国卫生行政系统大纲》规定，各省市卫生行政人员概须经中央训练考试合格后，方得任用。

1927年《省政府组织法》在省政府下设民政、财政、建设、军事、司法五厅，但未明确各厅职能，同时该法第12条规定，省政府各厅组织条例，另定之。③据此，各省政府相继规定了各自民政厅组织条例，例如《福建省民政厅组织条例》第3条规定，公共卫生由民政厅第三科掌理，④《广西省政府民政厅组织条例》第8条规定，民政厅第三科职掌公共卫生等事项。⑤1928年《修正省政府组织法》规定，民政厅掌理事务范围之

---

① 参见《金宝善文集》，北京医科大学公共卫生学院印，1991年11月，第11页。
② 陈明光：《中国卫生法规史料选编（1912—1949.9）》，上海医科大学出版社，1996年，第470页。
③ 《省政府组织法》，《广东省政府周报》，1927年第1期，第2-4页。
④ 《福建省政府民政厅组织条例》，《福建省政府公报》，1927年第1期，第13页。
⑤ 《广西省政府民政厅组织条例》，《广西教育行政月刊》，1931年第1卷第1期，第57页。

一为"警政及公共卫生事务事项"。①1930年11月18日,经立法院审议通过,国民政府于同年12月3日再次公布了《省政府组织法》。②该法首次规定省政府设秘书处、民政厅、财政厅、教育厅、建设厅等五厅处,其第11条将"关于卫生行政事项"列入民政厅掌理事务范围。

1928年9月28日,国民政府颁行的《县组织法》第8条规定"公安局职掌警务、消防、防疫、卫生、森林、保护等事项",同时规定,县政府得必要时呈请省政府设立卫生局。③1941年9月12日,国民政府内政部颁布的《各省市县地方卫生行政机关组织大纲》也对地方卫生行政机关的组织作了进一步规定。该组织大纲规定,各省在民政厅设卫生局、各特别市政府设卫生局,并受内政部的直接指挥、监督;各县市政府设卫生局,并受省卫生局的直接指挥、监督,各县市如不能设局时,应设科或附于其他各科办理卫生行政。④与之前省级卫生行政机关为"卫生处"不同,该大纲规定省级卫生行政机关为"卫生局",但行政隶属关系及权限基本没有改变,同时,该大纲也进一步规定了基层卫生行政机关即卫生事务所。

1944年3月20日,国民政府重新公布《全国卫生行政系统大纲》,新大纲与旧大纲即1928年《全国卫生行政系统大纲》主要有以下不同:一是中央卫生行政机关,旧大纲为行政院卫生部;新大纲则为行政院卫生署。二是地方卫生行政机关,旧大纲规定省一级为卫生处,但特别市、普通市、县级则为卫生局;新大纲规定,省一级仍为卫生处,特别市设卫生局,而县、普通市的卫生行政机关为卫生事务所。三是在县级行政机关主官的任命权限也有不同:旧大纲规定县卫生局局长由卫生处处长呈请民政厅行之,而新大纲则规定县(市)卫生事务所所长或科长由县(市)政府呈请省政府转请任命。

民国时期,地方卫生行政机关的设立存在以下两个问题:

第一,由于全国多数省市未能及时成立卫生行政机关,卫生工作难以统一实施。

在1929年2月间卫生部组织的市卫生行政会议上,通过了长沙市公安局代表陈忠烈关于限期成立各省市卫生局以专门负责卫生行政工作的提议。卫生部于1929年4月13日向行政院呈文如下:

> 呈为呈请事,查本部此次召集市卫生行政会议,内有长沙市公安局代表陈忠

---

① 《修正省政府组织法》,《交通公报》,1928年第1卷第1期,第28—34页。
② 《省政府组织法》,《立法专刊》,1930年第3期,第96—99页。
③ 《县组织法》,《中央周刊》,1928年第16期,第16—18页。
④ 参见陈明光:《中国卫生法规史料选编(1912—1949.9)》,上海医科大学出版社,1996年,第509页。

烈提议限期成立各省市卫生局以专责成而期卫生实现一案，当经决议通过其提案之旨趣云，已成立卫生局之市区对于卫生行政已有显着可言。然有多数省市尚未成立，每限于无专责机关统一指挥，虽经国府训诫，省府提倡而对于一般卫生之实施终感困难，请由卫生部呈请国府通令限期成立省市卫生局俾专责成等语，查各省市应行设立专管卫生机关一案，前经本部拟具卫生行政系统大纲内详为规定，呈准钧院转呈，国民政府公布在案，现在我国卫生事业方在萌芽设施之始端，赖地方卫生机关以为推进，除各县卫生局之设置应遵照县组织法施行程序逐渐设立外，各省普通市卫生局现时尚有未依法设置者，此项决议具有理，复经查照卫生行政系统大纲及市组织法中之规定，拟请钧院转呈。[①]

五日后即同年4月18日，行政院颁发指令称：查所请系根据卫生行政系统大纲及市组织法之规定办理，已由院通令各省政府转饬遵办矣。[②]

但是，即使在南京国民政府时期，国内仍有地方政府未能建立，其卫生行政机关自然无法筹建、运行。当行政院得知安徽省尚有安庆、芜湖、蚌埠三市仅有市筹备机关时，于1929年6月6日再发训令称：

为令知事案，查前据该部呈请通令各省转饬所属普通市限期成立卫生局一案到院，当经通令各省政府转饬遵办并指令知照在案。兹查安徽省方主席呈称，查皖省属境安庆、芜湖、蚌埠仅设有市筹备机关，奉令前因处俟正式市政府组织成立即行饬依法设置外，理合先行，具文呈复，仰祈鉴核，查考并转行知照，实为公便等情，据此除指令外，合行令，仰该部知照。此令[③]

前有长沙市公安局代表提议限期设立卫生局，但长沙市政筹备处则认为长沙市政府尚未正式成立，"在市政府未能成立公安局未将管辖以前即令提前成立卫生局，警察不服指挥，执行必感困难"，因此请求暂缓设置卫生局。于是，国民政府行政院于1929年6月25日颁发训令称：

查卫生行政事极繁琐，小之如民之饮食，大之如时疫流行，皆应遇事开遵，先

---

① 《呈行政院呈请转呈国府通令各普通市限期成立卫生局文（四月十三日）》，《卫生公报》，1929年第1卷第5期，第55页。
② 《指令（四月十八日）》，《卫生公报》，1929年第1卷第5期，第6页。
③ 《训令本部为安徽省政府呈复普通市限期成立卫生局情由（六月六日）》，《卫生公报》，1929年第1卷第7期，第8页。

事预防,因之必须有多数警察供其直接指挥,方能进行尽利,在市政府未能成立公安局,未将管辖以前即令提前成立卫生局,警察不服指挥,执行必感困难,各项计划不能实施,则机关等于虚设,且现时市县权限未能画清、市区财政极行支绌、增设机关、公款亦非钧府实事求是之意识,思维再四以为属市,目前情形对于卫生实未能提前设局,奉令,前应理合据实呈明钧府鉴核仍候示遵等情,据此查该处以市政府尚未成立事权极难统一,又因县市权限尚未划清、市区财政极行支绌、未能提前设立卫生局各节尚属实情,奉令前因理合,据情呈复,钧院鉴核示遵等情,据此,除指令呈悉长沙市政府尚未正式成立所请暂缓设置卫生局之处应知照准,仰鉴令行卫生部知照此令印发外,合行令仰该部知照。①

自北洋政府时期,中国卫生行政事宜皆由警察机关办理。南京国民政府着手进行卫生行政体系的改革,以建立独立的卫生行政专门机构,而由于民国时期,公共卫生问题较个体治疗保健问题突出,而公共卫生问题,例如卫生防疫需要警事力量的强力介入才能有序进行。这就导致了地方和中央当局卫生行政由警察机关办理的惯性思维和卫生行政体系改革时对警事和卫生行政职能认识上的混乱。这正是长沙市政府筹备处关于"在市政府未能成立公安局未将管辖以前即令提前成立卫生局,警察不服指挥,执行必感困难"的担忧的真正原因。

第二,地方卫生行政机关设置身份和功能混乱。

南京国民政府时期,在医疗卫生国家责任的政治意识之下,政府推行公共卫生为主体,防治并行的"公医制",不仅推行基本医疗服务的免费制②,同时,在中央卫生行政机关、地方卫生行政机关之下,设立各级卫生组织。但是,卫生组织,尤其是县各级卫生组织在执行医疗卫生工作的技术服务职能的同时,也兼行卫生行政职能。

例如,1940年5月10日,行政院公布实施《县各级卫生组织大纲》,依其规定,县设置以下卫生机关:县设卫生院、区为卫生分院、乡镇为卫生所、保为卫生员。其第4条规定"县设卫生院,隶属于县政府,兼受省卫生处之指导,办理全县卫生行政及技术事宜"。其他卫生组织也有相当的行政职责,例如县卫生院、乡镇卫生所具有改良水井、处置垃圾、扑灭蚊蝇及其他环境卫生之改善,而保的卫生员具有"检查道路、沟

---

① 《训令本部为湖南省政府呈复普通市限期成立卫生局情由(六月二十五日)》,《卫生公报》,1929年第1卷第7期,第11页。

② 1930年12月9日卫生署《县卫生工作实施纲领》规定:县各级卫生组织应上下贯通,分工合作,以确立公医制度的体系;县卫生工作队预防与治疗应同时并重;县各级卫生组织实施预防工作,对于贫苦民众之医疗工作,以不收费为原则。参见陈明光:《中国卫生法规史料选编(1912—1949.9)》,上海医科大学出版社,1996年,第491页。

渠、厕所之清洁,随时督率各甲、各户整理扫除"等职责。

显然,民国时期的卫生行政机关的设置存在职能混乱的情况,基层卫生组织在本质上是技术服务组织,而依《县各级卫生组织大纲》的规定,县、区、乡镇、保的卫生组织不仅承担着卫生技术服务的职能,还承担着卫生行政的职责,甚至有关改良水井、处置垃圾、扑灭蚊蝇等环境改造事项,也属于基层卫生组织的职责范围。地方卫生行政机关设置身份和功能混乱,必然影响卫生行政及医疗卫生技术服务的水平、效率。

第二章 民国医师群体的样相

医师即对"执行医疗技术业务者"的一种现代职业称谓。但对"执行医疗技术业务者",在不同时代、不同国度、不同知识体系下,却有着不同的称谓。

在中国古代,"医师"作为一个法定名称,最早出现在《周礼》。《周礼·天官冢宰第一·叙官》云:"医师,由上士二人担任,下士四人为副手,府二人,史二人,徒二十人。食医,由中士二人担任。疾医,由中士八人担任。疡医,由下士八人担任。兽医,由下士四人担任。"《周礼·天官冢宰第一·亨人/兽医》云:"医师掌医之政令,聚毒药以共医事。凡邦之有疾病者,疕疡者,造焉,则使医分而治之。"王安石说:医师聚毒药以供医事,所以有府以藏;使医分治疾病和疮疡,稽他的事实,制他的俸禄;所以有史记载,有徒劳役;诸医受政令于医师,听所使令,便无用府史胥徒。"①

《周礼》记载显示,中国古代"医师"为中央政府官职的称谓,其与现代社会的医师有着本质的不同。

1930年,时人考究"医师"的命名认为:

> 中国的西医自称曰"医师",按周礼医师官名,与医官同义,天官之属,为众医之长,掌医之政令。五代有翰林医官使。宋制,翰林医官院使副各二人,又明仿儒学之制置医官,谓之医学府,正科一人,州典科一人,县训科一人,皆不给禄。清代尚沿其例。我人考(医师)两字之本义,则今之卫生局人员暨行政机关中之掌医政者可称医师。急就篇云医生古称医匠。医匠云者,能补救人命犹物之损坏使工匠修理也,含义亦大矣哉。今之西医皆自称曰医师,揆之古义,未免欠合。②

可见,民国时期"医师"是执行西医业务者效仿中国古代"医师"的自我称谓,此解释与1922年3月9日北洋政府内务部于1922年颁布的《管理医师暂行规则》《管

---

① 参见陈邦贤:《中国医学史》,商务印书馆,1937年,第21页。
② 昨晚成:《医师医婆命名本意考》,《申报》(上海),1930年4月30日,第17版。

理医士暂行规则》分别规制"医师"和"医士"相吻合。

民国时期,作为一种职业称谓,"医师"已经具有现代职业的内涵。由于医学知识体系呈现中西并存的格局、政府卫生行政逐渐建立,医师法律制度日趋完善,民国时期的"医师"因此有着不同的职业称谓和内涵。具体而言,对在中国固有医学知识体系下的医师称之为"医士",或"国医""中医",而对西方医学知识体系下的医师称之为"医师"或"西医"。当然,西方医学输入中国,为当时传染病等公共卫生问题的解决起到了显著的作用,为此,西医界,往往将中医称为旧医,而将西医称为新医。

民国时期,法律上最早出现"医师"称谓,见于1922年3月9日北洋政府内务部颁行的《管理医师暂行规则》。1922年3月9日,北洋政府内务部颁布《管理医士暂行规则》《管理医师暂行规则》,[1]以法律形式确立了中、西方医学知识体系下医师的法定名称,即"医士"和"医师"。

1929年1月15日,国民政府卫生部公布《医师暂行条例》[2],此时的"医师"是仅指西方医学知识下医业执行者,而不包括中医师;而1930年《西医条例》和1936年《中医条例》[3]的实施使"医师"的法定名称发生了变化,执行西医业务的称之为"西医",执行中医业务的称之为"中医"。

1943年9月22日,国民政府《医师法》施行,《西医条例》《中医条例》同时废止,统一了中西医业务执行者的称谓,即统称为"医师";而同年11月27日,国民政府卫生署公布《医士暂行条例》,"医士"又作为"根据中国传统相沿之医学书籍为人治病者"予以特别规范。

民国时期,在政府对于医师资格与执业许可未进行立法前,医师属于纯粹的自由职业者,政府没有对医师进行规范,自然,此时的正式医师应是依照"医学知识"标准进行判别,具有医学知识(西医或者中医医学知识)的,即为正式医师,除此之外,均属惑众欺民的"非法行医"。

但问题在于,知识标准自身亦需要某种"权威"来予以认证。在传统中国社会,自周代起,历代政府均设有专门的医疗管理机构,通过民间选拔、官方教育和考试等方式授予医官职衔,但古代官医很少介入民间医疗事务,且官方没有对民间医生设置必要的资格认证和管理机制。民间医师的行医资格,主要通过其与地方社区的亲缘关系、文化意识形态或社会上层的认可而获得,具体方式包括:具有清晰连贯的医学师承,曾经具有官方医学背景,长期在某地区行医、获得具有较高社会地位者如官员

---

[1] 以下简称《管理医士暂行规则》(1922年)、《管理医师暂行规则》(1922年)。
[2] 以下简称《医师暂行条例》(1929年)。
[3] 以下简称《西医条例》(1930年)、《中医条例》(1936年)。

或地方士绅的认可,以及因为从医者具有某种特别的社会身份从而间接认证其行医资格的合法性,如"儒医",这些都被认可为正统医生。然而,这种认证方式的天然缺陷就是:不稳定、不准确,容易造成医师品流芜杂,难以真正进行组织和管理。

民国政府自1922年开始逐步建立了医师资格及登记注册管理制度,《管理医师暂行规则》(1922年)和《管理医士暂行规则》(1922年)的颁行标志着中国首次建立了合法行医与非法行医的法规范标准。此时,即使具有医学知识或医疗执业能力,未经登记或资格认定合格,均属于非法行医者或"民间医师"。自1922年之后的整个民国时期,"合法医师"或"正式医师"的内涵和外延多有不同,法律法规对各种医疗从业者的管理和规范力度亦在不断变化之中,而医师资源的多少与优劣,直接决定民众医疗服务的获得程度,并进一步决定医师法制化的进程。正式医师和民间医师,构成了民国时期医师群体的基本样相。

第一节 正式医师

如前所述,民国时期,在国家就医师立法之前,正式医师与民间医师的区分以是否具备正当的医学知识体系为标准,具有正当的医学知识体系者为正式医师,否则为民间医师或非法行医者;伴随着民国医师法律制度的建立和完善,正式医师或民间医师的内涵随之发生变化。在1922年《管理医师暂行规则》和《管理医士暂行规则》颁行并进行医师登记以前,民国时期正式医师只能以医学知识为标准进行分类,但其具体构成缺乏统计史料。本节所述正式医师包括中医师、西医师、外籍医师。

一、中医师

中医师为中国固有医师。民国时期,就医师数量而言,中医师远胜于西医师。以北京为例,"北平中医数,据卫生局民国三十年九月所发开业执照为1 315人,与同月居民数目1 819 821人相比,每1 384人即有一医士。这些医士的出身,一部是世医,一部是药铺学徒,一部是不得意的士子,一部是医学校的毕业生"[①]。但是同期,"北平的西医数在卫生局登记者(本年九月)为320人,仅占中医四分之一强,与居民比例为1∶5 666"[②]。据时人庞京周对上海登记医师的统计,截止1933年,上海中医师数量为

---

① 李涛:《北平医药风俗今昔谈》,《中华医学杂志》(上海),1941年第27卷第12期,第775-788页。

② 李涛:《北平医药风俗今昔谈》,《中华医学杂志》(上海),1941年第27卷第12期,第775-788页。

5 477人,西医师数量为881人(含外籍医师265人),前者为后者的6倍多。①

关于中医师的产生方式,晚晴时期《申报》曾有这样的描述:"今之为医,厥有两种。一则祖传父代,略识之无,家有方书几部,便自号为世医;一则附名读书子弟,仅宗论孟,老大无成,谋生乏术,若不强记汤头数篇,脉诀一首,便可糊口四方,乃竟称为儒医。"②

1929年,谢筠寿撰文《南京旧医出身之形形色色》,评论"十七年四月南京特别市市政府公安局卫生课之卫生行政汇报中中医师调查表",认为:

> 读其中载中医之出身极光怪陆离之大观。有书前清通判、县丞、贡生、举人者,有书陆军部学医者,有书前清医会会员者,有书医务专门大学者,有书医药店学生者,有书前清儒业学界者,有书南京医药研究会或医学联合会会员者,有书世传、祖传、莫某传授者。后述数项,尚不离于医,前述数项,实不知其何处学得,更不知其所学为何而亦傲然以医自居。吾恐其阴阳五行、虚寒暑热之尚不能上口也。夫医为专门之学,直接保持个人之健康,间接影响于国家之富强。泰西各国,重视医者,非无故也。反视吾国之习医者,多多皆为无聊之文人,借医谋生,等而下之,真藉医以敛钱,遑论乎进而研究。此巫医之所以并称,而不见重于世也。处此优胜劣败之世,此等旧医,固无待乎取缔,旧医诸君乎,其果有志于医药事业,抱医国之愿者,还请以科学作为根据,将吾国旧有之经验,使之科学化,实事求是,致力研究,断不可率而操觚,以为谋生之资也。③

从上述史料描述来看,民国时期,中医师不仅数量多,其知识背景更加复杂,不仅存在医学背景和非医学背景的混杂,而且存在"世医"和"儒医"的不同,还有医学出身和药材店员出身等不同。这种乱象,首先表明中医师没有入门门槛的限制,从而导致从业人员背景杂乱。其次,中医师的知识体系不具有"专业性",很容易自我习得,随意性大,没有客观统一的技术标准,不具有现代意义上的"科学性",甚至成为亦道亦玄亦巫的"大杂烩"。因为这种知识体系的混乱,导致本来应当具有专门学问的医学,沦为不被世人所重的类巫行为,以至于失去了社会对医学的知识信任,医师也没有自己的职业荣誉感,医成为简单的"谋生之资"。

关于中医师在乡村的情况。《一个乡村医师的自述》一文虽然是以西医师的立

---

① 转引自龙伟:《民国医事纠纷研究(1927—1949)》,人民出版社,2011年,第59页。
② 《医不可不学论》,《申报》(上海),光绪丙子年八月十九日,第1366号。
③ 谢筠寿:《南京旧医出身之形形色色》,《医药评论》,1929年创刊号,第24页。

场所著,对中医带有一定的偏见,但也可反映中医师的一些现象。该文作者认为:

> 乡村间旧医势力大,中国内地的乡村,十九都有旧医存在,因为他们的产生太容易了,读了一篇药性赋或知道一二样草药,居然就挂起世代儒医的招牌,在那里拿人命作儿戏,自从科学医来到中国,他们的气焰才算稍微低落一点。不料中央有国医馆设立,于是社会上的眼光,多少又转移些,尤其古董式的旧医,藉此更猖獗得厉害。①

整体上来讲,相对于西医,传统中医师虽然数量庞大,但质量水平不高,这种现象在乡村表现更为明显,甚至出现"读了一篇药性赋或知道一二样草药,居然就挂起世代儒医的招牌"。不仅在民国时期,整个中国医学,中医行业存在这种现象,甚至到了新中国成立时,这种现象仍未能得到改观。比如,1949年9月中央军委卫生部主持召开第一次全国卫生行政会议,9月10日毛泽东问贺诚:"全国有多少西医?多少中医?"贺诚答道:"全国得到正式开业执照的西医约一万八千人,中医总数约五十万,大多无开业执照。"②据1959年卫生部对1949年到1958年的卫生统计资料显示,1950年的中医师数量为466 000人。③

因此,在民国时期,西医取得了知识上的合法性,西医的知识体系,也雄辩地证明了自己的"科学性"和优越性。但从实际来看,整个社会的医疗资源,仍然是中医行业独大,占据数量上的绝对优势。这种现象,一方面说明西医作为一种复杂的专门知识成为社会主流的医疗资源需要更复杂的社会基础和条件;另一方面也说明,传统医学知识体系退出历史舞台,是一个较长的历史过程,而不是毕其功于一役的简单革命所能完成的。

二、本国西医师

民国时期,除中国固有的中医师外,还包括西医师。而西医师有本国西医师和外籍医师之别,由于民国时期医学发展和法律制度上的特殊性,该两类西医师也呈现不同的职业状态。

本国西医师即是以西方近现代医学体系为基础的医疗业务执行者,是西方医学在近代输入中国并逐步本土化的结果。

---

① 愚人:《一个乡村医师的自述》,《医药评论》,1935年第7卷第2期,第13-16页。
② 冯彩章、李葆定:《贺诚传》,解放军出版社,1984年,第146-147页。
③ 中华人民共和国卫生部:《中华人民共和国建国十周年卫生统计资料汇编(1949—1958)》,1959年9月印刷,第68页。

从1840年鸦片战争之后，中国逐步变成了半封建半殖民地的社会，一切文化都受到外国侵略的影响，西洋医学随着帝国主义的侵略势力逐渐输入中国。① 中国的西医师主要是外来西医和教会医学校及医院在中国培训出来的医务人员，清末期以后，中国人赴欧美各国及日本，尤其是赴日本留学学医的很多，回国后在公私立医院、诊所行医，并创办医学院校，陆续培训出很多西医。② 民国十八年以前，我国少有西医师统计数据的官方资料。

根据1933年许世瑾先生在《中华医学杂志》上公布的《全国医师登记统计》，截至1932年年底，全国登记的医师数为3 026人。③ 许世瑾先生对此进行了翔实地分析：（1）按登记时期分类：在3 026人中，有1 800人系在卫生部时期登记；自民国十九年十二月卫生部归并于内政部，设立卫生署，所有医师登记事宜，由卫生署继续办理，截至民国二十一年年底，在卫生署登记者有1 226人。（2）按登记资格分类：除2 895人依照《医师暂行条例》登记外，其余131人是按照变通办法给证的。（3）按登记医师国籍分类：本国籍医师登记的有2 919人，外籍医师登记的仅99人。

当时，在属于中国籍的登记医师中，呈报登记数量最多的是上海卫生局，有874人，占30%，其次是南京占18.6%，广州占6.8%，汉口占4.3%，天津占3.7%，偏僻省份，呈报者极少。当时的医师往往在大城市开业，普通城市开业的医师数量较少，而穷乡僻壤则很难找到登记的正式医师。按照当时人口，其中85%的人居住生活在农村，其医疗保健几乎无法获得正式医师的医疗服务。按照登记医师的籍贯分类统计看，浙江、广东、江苏三省最多，共有1 641人，占62.5%，其次为福建、山东、湖北、河北等省，其中，除湖北外，其余六省均为沿海省份，而这些省份正是医学院校的所在地。相反，甘肃、黑龙江仅1人，而察哈尔、绥远、宁夏、青海、西康、新疆等省竟然没有一位登记医师（见表3）。

根据登记医师的性别分析，男医师有2 646人，占91%，是女医师数量的9倍；欣慰的是广东籍登记医师587人中，女性有94人，占16%，其比例较高。

《全国登记医师按性别及年龄统计表》（表4）显示，在登记医师中，以30岁至39岁的医师为最多，约占全体二分之一；30岁以下及40岁以上者，约各占四分之一；女医师平均年龄为33.4岁，男医师之平均年龄为36.7岁。

根据登记医师的学历分析，在国内医校毕业者约占87.94%，在国外医校毕业者，共有352人；自国外医校毕业的，留学日本的最多，约占全体国外医校毕业的医师

---

① 《金宝善文集》，北京医科大学公共卫生学院印，1991年11月，第22页。
② 《金宝善文集》，北京医科大学公共卫生学院印，1991年11月，第22页。
③ 参见许世瑾：《全国医师登记统计》，《中华医学杂志》（上海），1933年第19卷，第745-754页。

55%,毕业于美国的约占21%,毕业于德国的约占12%(见表5)。

表3 全国(不含台湾省)医师登记籍贯统计表

排序	省市名	男	女	总计	百分比
1	浙江省	646	34	680	23.30
2	广东省	493	94	587	20.11
3	江苏省	502	55	557	19.08
4	福建省	189	20	209	7.16
5	山东省	152	14	166	5.69
6	湖北省	116	12	128	4.39
7	河北省	115	4	119	4.08
8	安徽省	76	10	86	2.95
9	四川省	63	3	66	2.26
10	上海市	50	6	56	1.92
11	南京市	48	5	53	1.82
12	江西省	51	1	52	1.78
13	湖南省	39	7	46	1.58
14	河南省	21	1	22	0.75
15	辽宁省	17	3	20	0.69
16	陕西省	15	1	16	0.55
17	山西省	13	0	13	0.45
18	吉林省	12	1	13	0.45
19	广西省	10	1	11	0.38
20	云南省	6	0	6	0.21
21	北平市	3	1	4	0.14
22	贵州省	4	0	4	0.14
23	热河省	2	0	2	0.07
24	青岛市	1	0	1	0.03
25	甘肃省	1	0	1	0.03
26	黑龙江省	1	0	1	0.03
合计		2 646	273	2 919	100.00

表4 全国登记医师按性别及年龄统计表

年龄	男	女	总计	百分比
20—29	603	119	722	24.73
30—39	1 396	101	1 497	51.28
40—49	532	44	576	19.73
50—59	102	7	109	3.73
60以上	13	2	15	0.51
共计	2 646	273	2 919	100.00

表5 全国登记医师人数按毕业学校所在地统计表

国别	男	女	总计	百分比
中国(含台湾省)	2 326(台湾:15人)	241(台湾:0人)	2 567	87.94(台湾:0.51)
日本	178	16	194	6.65
美国	61	13	74	2.54
德国	40	2	42	1.44
英国	15	0	15	0.51
法国	13	0	13	0.45
朝鲜	6	0	6	0.21
奥国	3	1	4	0.14
其他	4	0	4	0.14
共计	2 646	273	2 919	100.00

按照登记医师的毕业时间分析,在男医师2 117人中,民国元年以前毕业的约占6%,民国元年至十年毕业的约占35%,民国十一年至二十年毕业的约占60%;在女医师211人中,民国元年前毕业的约占2%,民国元年至十年毕业的约占27%,民国十一年至二十年毕业的约占71%。①

根据以上统计资料,许世瑾先生总结分析认为:一是大部分医师是在大城市开业行医。二是本国国籍女医师的平均年龄为33.4岁,男医师的平均年龄为36.7岁。三是本国籍登记医师有12.6%毕业于国外医校。四是医师人数逐年增加颇速,女医师人数之增加更为显著。

1935年,时人朱席儒、赖斗岩先生参考卫生署全国登记医师名录与中华医学会会员名册等资料,共查得全国西医师共计5 390人,其具体分布情况是:(1)本国籍医师4 638人,占87%(实为86%,应是原文计算之误),外国籍医师752人,占13%(实为

---

① 参见许世瑾:《全国医师登记统计》,《中华医学杂志》(上海),1933年第19卷,第745-754页。

14%,应是原文计算之误)。(2)本国医师中,毕业于国内医校的有3 843人,占83%,曾留学国外的795人,占17%。(3)各省医师分布中,以江苏省最多,共有2 010人,占全数37.3%,其次为广东省有606人,占11.2%,其余省份医师人数参差不齐,多依地方经济能力而定,全国统计每81 976居民中,仅有医师1人。(4)在3 590医师中,除去医院专任人员1 368人以外,其余的本国籍医师2 600人、外籍医师450人,大都为个人开业医师,其比例约为61.9%。

朱席儒、赖斗岩讨论认为:

> 吾国新医人才分布之不均,既如上所述,然欲矫正器弊,多数学者认为舍施行公医制外,别无他策。倘若任医师自行开业,则利之所在,人必趋之,安不集中城市,为商业化哉?①

对于民国时期的中国西医师的基本概况,当时的学者已经进行了较为详细、具体的统计分析,无论是医疗资源分布的不平衡,还是从业人员的年龄、性别、教育背景,都进行了准确的描述,这从许世瑾、朱席儒及赖斗岩的统计资料中得到了充分的说明。对于当时医疗领域存在的问题,他们也有十分清醒的认识,比如,对医疗资源分布的不均衡问题,特别是优质医疗资源偏于大城市,而且这种集中的倾向有不断加强的趋势,对此表现出深深的忧虑,并提出了以"公医制"的对策来应对这一社会问题。

关于西医师在农村的状况,时人李延安在1935年对中国农村的调查认为:

> 出生率之谓即平均每年每千人中出生之人数,定县清河约自三五至四〇左右,我国全国之出生率尚无公认之数字,大概与定县清河相差不多,比欧美各国高二倍余矣。死亡率亦以一千人为计算单位,定县清河在二七至三〇左右,与一般学者推算我国之死亡率相差无几;我国之死亡率一般学者推算约在三〇左右,较诸先进各国高二三倍。②

西医师几乎未能进入中国农村,"截止二十二年九月底止,以定县工作人员为最多,仅五十人,次为江湾,仅二十五人,清河则最少,不过三人,全国共计医师三十四人。"③

---

① 朱席儒、赖斗岩:《吾国西医人才分布之概观》,《中华医学杂志》(上海),1935年第21卷第2期,第145-152页。
② 李延安:《中国乡村卫生问题》,商务印书馆,1935年,第14页。
③ 李延安:《中国乡村卫生问题》,商务印书馆,1935年,第79页。

1935年《医药评论》论述道:

> 乡村人不信仰新医,因为乡村间旧医势力大和江湖骗子太多的关系,所以乡村人不大信仰西医。除非到病入膏肓,旧医束手无策的时节,这才手忙脚乱地把新医请来,请来了,还是不信任他,只叫他试试看,医生所说的话,他还是置若罔闻,医生所给的药,却又丢在一边。直到病人变了相,两道眼直射看,他们说了句死马当活马医,送进医院里去吧,这样的病人送进医院来,医院怎能不失败?幸而病有转机,他说命不该死;不幸而死去,则不归咎于从来医疗之错误及医疗机会之坐失,而反说医院也是如此,甚至还要归罪于新医之鲁莽,于是街头巷尾,纷纷讲传某人死于某医之手,某人死在医院里边。①

从这段论述看,西医进入中国乡村既不是一个单一的知识问题,也不完全是一个制度问题,其更涉及民族社会文化、心理、习惯问题。由于传统中国农村,文盲率较高,教育普及率低,村民深受传统医疗习惯的影响,对于完全异质的西医文化,有着强烈的排斥心理。这实质上是两种医学文化的冲突问题,反映在对西医的接纳上,乡村民众对西医普遍不信任,加之有传统中医师、江湖医生为了自己的私利,肆意歪曲西医,客观上加大了西医进入乡村的难度。面对西医如此困境,时人发表评论认为:

> 此等医师之分布,又多在大城市……而其余之医师亦多分布于各小城市,至于穷乡僻壤则多裹足不前,视为绝地,即有至者,亦为无正当资格之流,城市无法谋生始至乡村,欺骗勒索无微不至,故乡民视之如蛇蝎,绝无问津之勇气;又因乡民无知,以为此乃西医之惯技,故咸对西医成仇视之态度,以后难有有诚有志之医师,愿拯救乡民之疾苦,一至乡村即感到处处碰壁,失败而还,因是一般医师多视乡村为畏途,且维持生活不易,此恐西医集中城市最大原因之一。由上统计之情形视之,一般乡村民众绝无享受现代医学之权利,每年因医师的缺乏和卫生设备之不良——恐怕根本即无卫生设备——而死亡的人数不知有多少,国家只知由人民身上抽油水,而对人民生命之保障,实在不能令人满意。印度及苏联医师数目亦非常少,可是因为施行"公医制"以后,全国民众均有"得病能治"的权利,我国亦何仿效之,虽不能尽善,较之现在人民确能多得实惠,愿我民众共起,以促其实现,亦是本刊最大之愿望也。②

---

① 愚人:《一个乡村医师的自述》,《医药评论》,1935年第7卷第2期,第13-16页。
② 名彦:《我国西医分布情形略谈》,《健康知识》,1937年第1卷第1期,第17-18页。

西医界把乡村执业视为"绝地""畏途",有其更复杂的原因,除了前面提到的文化原因之外,西医师群体自身存在的问题,也加剧了乡村西医事业发展的难度。比如,西医群体当中,医疗水平差,甚至没有医师资格的人,为了谋生到乡村行医,因为其自身的医德和医术都有缺陷,主要以行骗和欺诈为主要手段,少数西医师的不良行为抹黑了整个西医群体的形象,导致乡村民众对西医及医师的恶评。这就造成了西医在乡村的发展缺失了基本的社会群众基础,"乡民视之如蛇蝎"。可见,西医师在乡村中不仅没有得到应有的社会地位,而且没有得到最基本的职业认可。

三、外籍医师

关于外籍医师,根据时人许世瑾对1929年至1932年全国登记医师的统计,在我国行医的外籍医师,截至1932年年底登记的仅为99人而已,其中德国籍医师最多,其次为美国籍(见表6)。

关于在华行医的外籍医师很多没有登记的原因,许世瑾认为,一部分外籍医师具有登记资格却观望不前,一部分则因未经正式医校毕业,其资格不合我国医师暂行条例的规定条件。朱席儒、赖斗岩于1935年调查发现,全国西医师中,"本国籍者计4 638人,占86%,属于外国籍者计752人,占14%"。朱席儒、赖斗岩认为"此种比例,较任何国家为高,足见吾国医药事业外人代疱之处颇多也"。而对于"此登记人数,所以尚欠完全"的原因,其认为是"外籍医师因受治外法权之保护,对于吾国法令,尤不肯遵从"[①]。

时人郭培青在其《在华外籍医师之质的分析》一文中将外籍医师在华行医的目的分为:以传教为目的、以捞利为目的、以研究为目的、以谋生为目的、以服役为目的等五类。第一类,以传教为目的的外籍医师。该类外籍医师本身是基督徒,非常吃苦耐劳并且富有慈爱之心,其大多在我国内地以教会医院为根据地,在各城市则较少见;其是学校毕业后志愿为教会服务,先在本国教会总机关登记,由该会指定到某国某地服务,至其待遇之优薄,多以其服务年数或家庭负担为标准。第二类,以捞利为目的的外籍医师。该类外籍医师往往集中于我国各大城市,大多是私人开业,很少在医院行医的,且其诊金较高。第三类,以研究为目的的外籍医师。该类外籍医师有以研究东方病之目的而来华行医,他们有在医院服务的,也有私人开业的,其虽然有丰富的学问经验和较高的执业水平,但由于其以研究学问为目的,所以对普通病症往往置诸不问。第四类,以谋生为目的的外籍医师,该类外籍医师大多缺乏正式的医师资

[①] 朱席儒、赖斗岩:《吾国西医人才分布之概观》,《中华医学杂志》(上海),1935年第21卷第2期,第145-152页。

格,有的是外国医院护士,有的是医学教授的助手,他们在其本国内没有医师地位,但为了谋生不得不东渡来华行医。此外,还有以服役为目的的外籍医师,其能以服役为目的者,甚属少见,但亦不能武断其为绝无,各医学校教授,间有此辈医师之存在,然为数极少。①

民国时期,在华外籍医师从登记数量总体上来看,人数不多,且分布较为集中,大多在大城市执业,且主要以德国、美国医师为主,这些外籍医师在一定程度上享有"治外法权"的身份特权。登记外籍医师的执业水平也参差不齐。郭培青对当时的在华外籍医师进行了较为系统的研究分析,他将在华外籍医师总体上分为五类,实际上也就是五种不同水准的医师。其中,纯粹以牟利为目的的医师不在少数,外籍在华医师在中国牟利的方式比本土的某些江湖医师更具有欺骗性,而具有高尚医德的外籍医师也不乏其人,特别是具有教会背景的医师,更具有救死扶伤的医学品德,也获得了社会的高度认可。总之,在华外籍医师既非天然优于本土西医师和中医师,也绝不是没有社会贡献。正如时人所评价的"我不能说没有一个学术兼优的,不过大多数都是些不学无术,在本国不能生活的份子,藉传教来到我国,聚敛金钱,或作政治上的活动"②。

从历史发展的角度来看,外籍医师,特别是教会医师为中国医学及医疗事业的发展作出了重要的历史贡献,产生了深远的历史影响,在整个中国医疗制度变革史上写下了浓墨重彩的一笔。当然,正如《金宝善文集》中所述,教会医师输入中国也是基于一定的政治目的。早期的传教士比道(Beadle)在赞扬伯驾(P. Parker)这个帝国主义分子的医师时,曾经说过"当西方大炮轰不开中国门户的横闩时,他以一把手术刀劈开了中国的大门"。又说"欲介绍基督于中国,最好的办法是通过医药,欲在中国扩充商品的推销,最好的办法是通过教士。医药是传教的先锋,而基督教又是推销商品的先锋"③。

随着国人对西医知识了解的深入,对外籍医师群体的认识也更加清醒和理性。对于当时的外籍医师,能够作出较为科学的认识和评判,不再盲目膜拜外籍医师。对于既无医术又无医德的外籍医师,时人也能作出准确的鉴别,甚至对于以新医疗方法为幌子的医疗诈骗行为也有理性处理。比如,当时的《申报》记载了这样一起案件:

曾有美国医生名赖文者来沪,宣传其发明之治瘘新法并由其同伴芬茄为之

---

① 参见郭培青:《在华外籍医师之质的分析》,《申报》(上海),1934年3月9日,第15版。
② 愚人:《一个乡村医师的自述》,《医药评论》,1935年第7卷第2期,第13-16页。
③ 《金宝善文集》,北京医科大学公共卫生学院印,1991年11月,第22页。

宣传。记者经向市卫生局局长兼中国防痨协会副理事长李廷安询其究竟,据云赖文医生曾往访李局长宣传其发明之治痨新法,请加以赞助;当由李局长告以未经科学证明以前,空言有效,不能见信,只可代商防痨协会医药组加以研究。遂由防痨协会订期召集医学专家公开研究并请赖文出席报告,当时并未能就所说治痨新法药物处方公开宣布。各专家议决,遂由此项新法发明人不能据实报告,殊觉诡秘可疑,应照科学步骤,由会推派专家数人监视先作动物试验。如有良好成绩,再征求愿受试验之病人作第二步之试验,果有可靠成绩方能承认为正当之疗法而赞助之。在试验期中应与约定,不得自作宣传,更不得借此招摇等项。当时该医生等表示愿意遵守。乃近据报告赖文医生竟不依守规定,即将其所自称之治痨新法,尚未经过上述之科学证明,擅在市内夸大宣传,向医家接洽、出卖秘方或共同合作等举动。此事殊属不合,除由防痨协会正式声明与该医生断绝关系外,望市民加以注意,毋受欺朦。①

赖文的治痨新法未经动物实验和人体试验,其也拒绝将治痨新法药物处方公开,显然不能作为正式药物使用,然而,即使是行业协会、地方卫生局要求其遵守相应规定,赖文仍以宣传新疗法、出卖秘方等非法活动获取经济利益。该案说明民国时期对外籍医师虽有管理但缺乏实际效果。

表6 外籍登记医师按国别及性别统计表

国别	男	女	总计	百分比
德国	21	2	23	23.23%
美国	11	6	17	17.17%
朝鲜	15	1	16	16.16%
坎拿大	9	3	12	12.12%
英国	10	2	12	12.12%
俄国	5	2	7	7.07%
奥国	4	0	4	4.04%
意国	2	0	2	2.02%
土耳其	1	0	1	1.01%
印度	1	0	1	1.01%
波兰	1	0	1	1.01%
新西兰	0	1	1	1.01%
爱尔兰	1	0	1	1.01%
亚尔美尼亚	1	0	1	1.01%
共计	82	17	99	100.00%

---

① 《外医招摇欺朦,市民幸勿受欺》,《申报》(上海),1934年9月30日,第14版。

第二节　民间医师

一、巫医

（一）巫医的由来

中国医学的演进，始而巫，继而巫医混合，再进而巫医分立，以巫术治病，为世界各民族在文化低级时代的普遍现象。①即使在现代社会，也仍然有巫医的身影。《韩诗外传》卷十记载："吾闻上古医曰'弟父'。'弟父'之为医也，以莞为席，以刍为狗，北面而祝之，发十言耳，诸扶舆而来者，皆平复如故。"西汉《说苑·辨物》卷第十八亦载："中庶子难之曰：吾闻上古之为医者曰苗父，苗父之为医也，以菅为席，以刍为狗，北面而祝，发十言耳，诸扶而来者，举而来者，皆平复如故。子之方能如此乎？"此即用巫祝方法治病，在古代又被称为"祝由之术"。《祝由十三科·自序》曰："有疾病者，对天祝告其由，故名曰祝由科。"当时能施行祝由之术的都是一些文化层次较高的人，他们都十分受民众的尊敬，施行祝由之术也是一项崇高的职业。祝由术是包括中草药在内，借符咒禁禳来治疗疾病，"祝"者咒也，"由"者病的原由也。"弟父"乃上古名医苗父的别号，故均称医者为弟父。

关于祝由之术治病的原理，《黄帝内经》有此论述，《灵枢·贼风》曰：

> 黄帝曰：今夫子之所言者，皆病人之所自知也。其毋所遇邪气，又毋怵惕之所志，卒然而病者，其故何也？唯有因鬼神之事乎？
>
> 岐伯曰：此亦有故。邪留而未发，因而志有所恶，及有所慕，血气内乱，两气相搏。其所从来者微，视之不见，听而不闻，故似鬼神。
>
> 黄帝曰：其祝而已者，其故何也？
>
> 岐伯曰：先巫者，因知百病之胜，先知其病之所从生者，可祝而已也。②

巫祝有知医者，称之为巫医。巫医通晓医术，具有"远罪疾"之祷词及医术，即"符咒禁禳之法，用符咒以治病"，可愈疾活人，故有"医者，或从巫"之说。

被称为"英国最有才华的女人"的J.G.弗雷泽在其《金枝——巫术与宗教的研

---

① 陈邦贤：《中国医学史》，商务印书馆，1937年，第7页。
② 田代华、刘更生整理：《灵枢经》，人民卫生出版社，2005年，第115页。

究》中认为,人类智力发展经历了三个主要阶段：巫术—宗教—科学。这充分肯定了巫对科学的开创性作用,医学科学也不例外。而人类文明的不断进步逐渐消解了对神灵的信仰。到了周代,特别是周末期,巫、医消长的趋势已经有了明显的反差,医药知识与经验开始逐渐从医巫合流中分流出来,并自我发展,进而医巫分流愈趋明显。春秋战国以降,"医巫同源"转向"医巫分离"。春秋时期秦医和为晋平公诊病,指出其病"非鬼非食,惑以丧志"①,此历史记载是否定"鬼神致疾"的重要医史学证据。

《史记·扁鹊仓公列传》记载的扁鹊"信巫不信医,六不治也"的著名观点,标志着医学同巫术正式决裂。②此时,中国已经出现了专职的医生队伍,医缓、医和、医昫、文挚、扁鹊及其弟子子阳、子豹等,都是当时著名的"职业化"医生。

巫是人类最早的文化形态,随着文明的进步、科技的发展,人类逐渐告别了浑噩,走出了巫术丛林,但在相当长的一个历史时期,巫文化对人类医学发展有着非同寻常的历史影响。

民国时期,西医已经输入中国,而中医师占多数地位,巫医现象仍然存在,在某些地方还很盛行,一定程度上威胁着民众的健康,阻碍着医学科学的发展。

1912年,时人王继高撰文《巫觋为医界之障翳说》,对于巫与医的关系认为：

> 大凡人群进化之第一期,必经神权政治之一阶级,而巫祝于是乎出,故内经发明医术,而有祝由一科。但自兹以后,学术思想日益发达,群知巫祝之蹈于空虚,乃相与鄙夷之,而其说遂永绝于世,亦世界进化之一枢机也。③

对于民众"无论病之大小,必先问津以祷祀为要图,置医药于不问,及至延医诊治,已变故丛生,莫能救药"的民国社会现实,王继高认为"坐观夭枉,惨何如之,是巫觋乃病者之恶魔,实医界之障翳",并建议当事者即民国政府负责调查以"除巫觋而警庸医"：

> 当此医界研究改良之日,窃注意于此,冀救吾可爱之同胞。虽设法取缔,系行政及自治之范围,无庸医界越樽俎而相代。第念左道惑众,礼有文明,志切鹰鹯势难缄默,深望当事者负此责以重人道主义。如虑调查不易,则医者与病家有

---

① 《左传·昭公元年》
② 马力：《医巫同源与分离》,《贵州大学学报》（社会科学版）,1998年第6期,第51-54页。
③ 王继高：《巫觋为医界之障翳说》,《南京医学报》,1912年第2期,第3-4页。

直接之关系，自不难详察呈报，以除此魑魅魍魉，破除迷信，即藉以改良社会，厥功岂浅鲜哉。且也医界之庸庸者，遇有掣肘之病，每诿之鬼神以隐其拙，经此一番沙汰，必将实地研究以期学问之增进。禁巫觋而警庸医……

从王继高的论述来看，巫医问题在民国时期已经引起了当时学术界的关注，认为巫医属于"左道"，不仅迷惑群众，而且影响医学的发展，影响医疗卫生事业的进步，巫医的社会积极意义在民国时期已经荡然无存，成为了医疗卫生事业发展、社会改良的负担，成为应被淘汰和革除的对象。王继高也认识到对巫医的理论认识和对巫医的实际变革不是同一个问题，对于巫医的变革和取缔，更属于国家治理的事务和责任，而不需医界越俎代庖。

（二）巫医的取缔

民国初期，地方政府已于1912年初严查神方。例如，广东卫生司会同警察厅"以粤省恶俗每有神庙司祝伪造方药，藉神图利，不顾生命，其术愈工其害愈甚，比之庸医杀人尤为加等，前清时曾经示禁，无如奉行不力，以致城厢内外一般迷信往庙求药者仍属如故。若不严行禁止，何以重民命而保众黎。现在饬行各区所有庙庵神方一概销毁。如敢阳奉阴违，即将该庙司祝带局严办……"①。

1913年10月16日，民国政府在全国范围内查禁巫术，内务部公布《严禁巫术令》称：

> 查吾国祠庙林立，附会者往往凑合药品，拉杂成方，付之汤剂，编列甲乙，名为神方，一经祈祷，即砒鸠亦必须配合。此等陋习相沿，一般无知愚民，因迷信而转致夭札，可怜悯实甚。本部负有保护民命之责，合亟令仰饬属协同各处自治机关，一体严禁，将所有各庙刊列方单暨排印各版，立即销毁，以绝根株而重生命。至女巫左道惑众，以术为市，尤为民病之害，应并查禁，毋稍瞻徇。②

从这份禁令来看，民国建立之初，政府已经从国家层面来治理社会当中的巫医、巫术问题，特别是对当时较为普遍的巫医陋习"神方"进行了针对性的整治，要求各处机关销毁"方单暨排印各版"。同时，对于"女巫左道"的"医治行为"也给予了一并查禁。这也说明，在民国政府成立初期，国家很快就从立法层面对巫医问题进行了明确的否定，对于所有的巫医巫术等医治行为采取了严禁的态度。

---

① 《卫生司严禁神方》，《中西医学报》，1912年3月第1期，第55页。
② 陈明光：《中国卫生法规史料选编（1912—1949.9）》，上海医科大学出版社，1996年，第606页。

其后,地方政府也采取了实际响应并严行禁止巫觋治病。例如,1920年厦门《道南报》报道,因各省庙宇类多,刻有神方,以给病人,有巫觋跳绳扶乩等名目开方治病,出以敛财,此草菅人命,省会警察厅奉内政部训令严行禁止,而各省警察厅业已进行禁止、销毁。①1922年12月29日,上海居闸北四区一分所境内的陈元福,报称民因妻患痨瘵疾,有童子(江北巫者)滕仁义自称能包医,被骗去洋二十元,但是毫无效果,请求警署"提究",后经刘署员将滕仁义逮捕归案,并起获铁制之灵鞭一支及符二道、雄鸡头一个、红布半疋。②1923年8月16日,驻防高昌庙军警巡查员,在广东街一号门牌(即警察所之后面民房)内突有自称济公活佛治病湖南人陈松山者,捏造谣言谓渠济公降临能治男女各种病症,因此沪上一般愚民求治者甚众,索取医金任意诈欺,但该处为海陆军队驻扎之区且属军事区域,造谣惑众素干禁令,故报告各该长官,请示应否驱逐出境以免淆惑人心而维地方治安。③

1928年8月28日,《申报》报道《抄封德兴里仙人堂巫医害人之又一幕》,该报道称:

(上海)日前有长安路某巫医,因代三岁男孩咬成,用符术仙方治病,骗取医金洋八十一元,以致贻误病机,曾被人在四区警署控告究治在案……公益里居民控告,新疆路德兴里五弄第五家内巫医绍兴人马温氏在家擅设仙人堂,即以所谓符水仙方等代人治病,被其误者指不胜屈,该公民家亦尝被其一度误事,草菅人命,情殊可恶,请为取缔前来,如果属实,自应严予取缔……倪所长奉令援,遵于昨日派令巡官率警前往,查得确有其事,遂将该巫马温氏带所,一面并命各警将其陈设在堂之吕祖塑像一帧,该像外穿黄缎绣金袍、峨冠博带、备极威武,连同神前之绣帐一轴、仙量二个、印架一个(连印)、神旨一道、銮架一付、朱笔砚一付、籖筒二个、花会抽签筒一个、钱柜一只、签条一大包、药草五包、供桌,以及拜凳等,另物多件一并车赴所中,由倪所长略诘一过,遂判备文送请戴局长核办。④

巫医藉神只为敛财,更有甚者设堂置具,公开施巫,愚民惑众,草菅人命。

1928年9月22日,国民政府在《严禁巫术令》之后,内政部进一步颁布了《废除卜筮星象巫觋堪舆办法》⑤,该《办法》可谓"重民命、切时要"。《办法》对传布迷信营业

---

① 参见《禁止巫觋》,《道南报》,1920第3卷第3期,第10页。
② 参见《控巫医骗洋》,《申报》(上海),1922年12月29日,第15版。
③ 《江湖医生惑众之呈请驱逐》,《申报》(上海),1923年8月17日,第16版。
④ 《抄封德兴里仙人堂巫医害人之又一幕》,《申报》(上海),1922年12月29日,第15版。
⑤ 《废除卜筮星象巫觋堪舆办法》,《北平市政府公报》,1928年第5期,第26页。

者和民众分别进行了规劝、安置和处理。对传布迷信营业者,要求各地卜筮星象巫觋堪舆及其他以传布迷信为营业者,由各省市政府督饬公安局在奉文后三个月内,强制改营其他正当业务;各市、县政府责成公安局在公告该办法时召集本地卜筮星象巫觋堪舆的人员解说迷信的弊害,促其觉悟,如期改业;但限期届满,仍无正当职业的,应收地方设立的工厂限期改习以业,在没有工厂的地方,责令其担负相当工作,如果确实是老弱残废的,予收入救济院等处理;限期届满后仍有违抗命令的,则由公安局勒令其改业。而对民众,该《办法》要求各市县政府应督饬公安局随时劝导人民破除迷信,将妄信卜筮星象巫觋堪舆等的弊害,以及人类前途幸福全靠自己努力,编制图说、歌词、布告等类遍散民众一律禁止,同时,凡各地丧葬婚嫁及病患之家一概不得雇用卜筮星象巫觋堪舆等人祷祝占卜,违则由公安局制止之。

除巫医藉神治病外,庙宇也为民众施给仙丹药签神方治病,导致枉死者不可计数。为此,国民政府内政部于1929年2月13日颁发训令即《令各省民政厅令仰饬属发禁庙宇中以仙丹签神方扶乩等法治病文》:

> 为令遵事,查各地庙宇常有施给仙丹药签神方以及乩方治病等事,在昔民智未启,迷信神权,以为此种丹方系由仙佛所赐,视为一种治病良剂,一致每年枉死者不可以数计。现值科学昌明文化日进,自不容再有此种迷信情事,亟应严行禁绝,以杜害源而重民命,除分别咨询外,合行令仰该厅转饬所属各地庙宇常有施给仙丹药签神方扶乩治病等事一律禁止,以杜危害,具报备查。①

根据国民政府内政部训令要求,各地方政府也出台了具体的实施办法。

1929年4月19日,国民政府首都社会局发布第1216号训令,训令首都公安局为准卫生部咨情饬属严禁各地庙宇中施给仙丹神方,并查照办理。②

1929年10月,国民政府卫生部公布《市卫生行政初期实施方案》,该方案第三目第七案即为"严禁以仙方神方及迷信邪术治病",其办法有二:

> (一)严禁乩坛医方并庙宇寺观置备药方签;
> (二)严禁江湖术士以邪术治病,并劝禁民众求神仙治病以及单方相互传送治病等旧习。③

---

① 《令各省民政厅令仰饬属发禁庙宇中以仙丹签神方扶乩等法治病文》,《卫生公报》,1929年第1卷第5期,第15—16页。
② 《饬令严禁庙宇施给仙丹神方案》,《首都市政公报》,1929年第35期,第59页。
③ 陈明光:《中国卫生法规史料选编(1912—1949.9)》,上海医科大学出版社,1996年,第483页。

民国时期，巫觋有终身营业者，若一时禁止，则会造成难以改业的状况。因此，也有业者向政府申请展期的。广东"梧州市府以道巫一项，系遵人迷信，实我国数千年相传之污点，业经奉令查禁，并限于九月一日以前一律改业，然以此迷信业者，纷纷请求展限，该市道巫虚妙媳、吴炼真等具呈市府，以年老家贫实难改业为词，乞准执业终身，免填沟壑等情，区市长据呈俊，仍饬该道巫等遵照前令，务于九月一日以前，实行改业，所请准予执业终身一节，已批复不准云"①。显然，梧州市府严格执行禁令，无论能否改业，一律取缔。

1932年11月28日，广东省民政厅发布第5302号训令，再饬严禁卜卦相命巫觋药婆堪舆，具文如下：

  本厅所属各机关：为令饬事，现奉本广东省政府民字第七四〇八号指令，本厅呈一件奉令发，据梅县县长呈请严禁卜卦相命巫觋药婆堪舆等术，以绝警告等情，仰厅拟具切实办法，呈核一案，拟仍命各县市遵照内政部前经规定之切实办法七项办理，呈复察核命遵由。令开：呈悉查民国十七年间内政部函送规定之废除卜筮星象巫觋堪舆办法七项，经本府以民字第一一五八号训令，通饬遵行有案，兹据前情，应准照办，除分行外，仰即遵照前令切实办理，此令，等因，奉此查上关办法七项，十七年十月间，曾奉内政部令行下厅，业经通饬遵照严禁在案，兹奉前因，合行令仰该，即便遵照前令切实办理、具报。②

民国政府虽一再查禁巫觋，但也有地方政府阳奉阴违者，如广东省台山县对查禁觋婆阳奉阴违，而且竟然"抽收觋捐"。对此，1931年2月23日，广东省民政厅发第764号训令，以令台山县县长李海云：

  为令遵事，查该县抽收觋捐一案，前经饬据呈覆遵令撤销在案。嗣据第三区巡察黄俊杰报称该县财政局长李衮臣，藉口收入所暗中维持；随即饬该巡察彻查实情详复核办去后，现据复称：前月出巡台山，并赴白沙区察，接晤警署长胡钱生，查询禁觋情形，据称：自县政府转行禁令，当经遵照办理，惟十二月八日又奉县政府第四令二号令开，嗣后凡妇女入庙参神勿得干涉等因；是以署长对于禁觋无所适从等情，并饬据该署长将该卷宗内之县令检出查核无异，即此一端，

---

① 《梧市府禁绝道巫》，《广东民政公报》，1930年第68期，第156页。
② 《再饬严禁卜卦相命巫觋药婆堪舆》，《广东省政府公报》，1932年第209期，第69-70页。

可谓李县长查禁觋婆阳奉阴违，玩视功令之明证！且财政管理委员会主席李衮臣十月十五日呈复县府文开，议决将觋捐及符书捐、城隍庙实烛捐，继续办至期满为止，以免该捐承商藉口影响要求减款等语，此为该局长暗中维持之一证等语。查此次觋捐，既据该县复称：业已停止抽收，觋巫自应查禁，该区署长何尚无以适从为辩，究竟是否该财政局长有暗中维持情事，应即彻底查究！并通饬所属一体遵照，嗣后对于此项觋巫，务须彻底查禁，勿得敷衍从事，致达功令，仰该县长即便遵照，分别办理，仍将办理情形具报察核。此令①

巫觋有设堂固定营业者，也有流动"行医"的。1933年，杭州市政府即因女巫以口技欺民治病，发文《取缔女巫医及沿途兜售成药》：

  本市新桥弄十五号住民石福昌之妻，自称有仙姑附体，能在肚内说话，为人问休咎及疗治疑症，欺弄愚民，来府告发者不一而足，即饬警将该氏带科派医检查，并封其喉腔用术固定声带，讵所谓肚内仙姑即寂然无声，遂将真相暴露，原系一种口技，饬令具结不得胡言惑众，致干究罚。②

民国时期政府及社会民众已经认识到巫医盛行、残害民命，所以通过制定法令、督促禁巫、控告巫医等行动，取缔传布迷信营业者，政府也通过劝说、编制歌词等方式引导民众弃巫信医。

除政府外，医界也呼吁禁止江湖方巫术药签。1929年，全国医师联合会第一次全国代表大会时，江阴医师公会为除"江湖方巫术药签"，在其《禁止走方医提案》中称：

  我国人拘守旧习迷信神权，凡有疾病除正当医生不延请外，首先求神问卜，看鬼扶乩，或被江湖走方说得天花乱坠，信以为真，全权与之。岂知结果适得其反，发病非特不能减轻丝毫，反而迁延时日，病势加重，甚或误投药石，因之毙命者比比然也。尤可怪者，病家非特不责备江湖方巫术药签之误人，乃归咎于命数之不济。呜呼，是而不除，人命恐从此益危也。③

---

① 《饬台山切实查禁巫觋》，《广东省政府公报》，1931年第138期，第70-71页。
② 《取缔女巫医及沿途兜售成药》，《杭州市政季刊》，1933年第1卷第4期，第5页。
③ 《全字第四十五号议案》，《医事江刊》，1930年第2期，第21页。

在医界,为医学研究及保障医业,医师行业组织起着重要作用。但也有人假借医师行业组织成员之名非法行医的。1933年10月20日,汉口市政府致函汉口市国医公会,通报已缴销开业执照的和尚孔祥云,并要求国医公会收回、注销医会会员证书,具文如下:

> 令汉口市国医公会:案查前据商民戴朴报称,本市汉口华旅社二十八号,住有和尚孔祥云,假神治病儿戏人命一案;当经本府派员调查,据报该和尚孔祥云即本市府东一路山云居药局之中医士孔尉廷,凭有中医士营业执照,及医会会员证书,时僧时俗,假神惑人,且不遵守第八条及第九条规定,将来贻害病家,在所难免,等情。当经令据汉口市公安局,照章罚办,并缴销开业执照在案。惟医会所发之证书,亦应由该会收回、注销,以符定章。合亟令仰该会遵照办理并报为妥。①

此外,法律界也开始关注巫术治病的问题。如1935年时任黑龙江高等法院候补检察官张正仁撰文《以巫术治病致人于死之适用法律问题》。张正仁检察官认为,巫觋为人祷祝鬼神者也,男曰觋女曰巫,俗称跳大神,本上古时代邪神之遗留,吾国科学方法幼稚,医学荒芜,民众知识浅薄,每遇沉疴医药罔效,辄乞灵于鬼神,烧香许愿,即延请巫觋代为祷祝,预料所演惨剧当不在少数,惟因而成讼者尚未多观。为说明巫术治病的法律适用问题,张氏举一事例如下:

> 乡民甲某之妻,年二十五岁,素患痨病,医药罔效。乃经戚友介绍延聘觋人某乙以神术治疗并不索酬,其用铡刀,一般横置于仰卧之病妇腹部,两人分立左右,用手托扶之,所谓"二神",鸣金击鼓,以助其势。所谓"大神"即被告某乙,口讼咒语态类疯魔,另执铡刀一把,向横置腹部之铡刀之背上连击七次,不料用力过猛,竟将病妇腹部切透肠出血流移时损命。被害人家属报警逮捕被告送案。经侦查终结,以被告触犯第二百九十一条第二项之罪嫌,提起公诉。②

该案第一审判决主文:某乙犯伤害罪致人于死,处有期徒刑八年;第二审判决主文:某乙犯业务上过失致人死,处有期徒刑三年。此案的处理结果显示了民国时期

---

① 《据报中医士孔尉廷假神惑人一案业经照章罚办并缴销开业执照仰将会员证书缴销以符定章》,《湖北省政府公报》,1933年第33期,第74页。
② 张正仁:《以巫术治病致人于死之适用法律问题》,《法令周刊》,1935年第245期,第1-3页。

对医师职业资格管理、刑事司法认定的错乱。两审判决认定罪名不同的关键在于业务过失犯罪之"业务"是否以"从事法律许可之业务"为标准，采纳此标准者，本案则至少不应定性为业务过失犯罪。

民国时期，对取缔巫医曾一时取得明显的效果。如1936年《警务旬刊》报载：

> 云南省会警察局以我国上古为神权时代，唐宋间佛教输入，加以搜神记、封神传及小说传奇之神谈鬼话迷信，即随时间、空间演变深入民间，而各地所发生之迷信色彩亦异，昆明市流行之端公师娘，即男道女道之缩影，假邪术社坛为人治病，用神像师刀锣鼓等法器，惑众敛财，人命等于儿戏，于风化大有妨碍，经通令各分局所属队严密查拿取缔，先后拿发端公师娘多起，勒令请保具结改营正业。以故数月来该市不复有巫觋邪术发现。①

但是，以巫术治病在民国社会整个时期未能得到持续有效的遏制，巫医禁绝只是局部的、一时的，之后便是再次复燃。直到1947年年底，国民政府还在取缔各种形色的巫医，比如1947年12月12日《申报》报道：

> 一月前，康衢路上天皇大师，为人治宿疾，一人被迷延时间，卒死非命。市警局以此辈仅迷信方式疗治疾病，有违法令，日前通令各分局，如有假借佛法名义为人治疾敛钱者，从速取缔。老闸分局施分局长奉令后，于昨日饬警员在辖境内详查，计查五家，即予传局劝导并限期自动停业：劳合路五十八号吴邢大姐（四十五岁，扬州人）在家设置黎山老母神位，为人医病，每日可售香灰三百余包；广西路裕德里第一家王阿巧（六十三岁，苏州人）悬牌苏州洞庭君主，专开仙方治病，营业鼎盛；云南路福昌里十七号余阿菊（三北人，四十八岁）悬牌王大仙老爷治病；同路育仁里十号李阿狗（四十六岁，苏州人），命名上方山三老爷；同路福州路口华龙和尚，取名朱大天君，出卖香灰等治疗。②

为了确保巫医禁绝，时人夏美驯建议"现在各省举办保甲，渐次完成发生效力，尤以江苏诸省，更有成绩。取缔巫医，大可利用保甲运动连坐办法，先令巫医自首，自行改业；逾限，则由十家具结担保无业巫医者居此，若查出巫医，必加以严惩，九家连

---

① 《云南省会警察局取缔巫觋邪术》，《警务旬刊》，1937年第10期，第12页。
② 《巫医刼，活动五位，终止大仙》，《申报》（上海），1947年12月12日，第4版。

坐之"①。殊不知,巫医无法完全取缔,并非主要缘于制度不完备、法令执行不彻底,其根本原因实际上与民众,尤其农民的民智未启、医疗资源短缺及分布不平衡等有关。

中国社会乡村医师的缺乏至今仍在继续。民国时期,巫医问题在乡村比城市更为严峻。对于乡村的巫医,时人乡村医师撰文认为:

> 乡村人迷信观念太深:乡下人认患病是运气不好,或水土不服,甚或以为是行为不检,触动神符。因为缘故,所以他们一有了病,便求神问佛,烧香磕头,甚或吞香灰,吃蜡头,种种愚陋的举动,都要试验一过,若再不灵,即各处求单方,单方不中用,听其自然,及病久死去,说是"命该如此"。前年霍乱大流行时,曾有不少的善男信女,遥向山顶叩拜,或于十字路口及老槐树下,设供祝祷,明明医院里高喊着"免费注射霍乱预防针",而他们置若罔闻……②

从民国政府整治巫医问题的历史进程来看,中间多有反复,甚至中央有命令要求,个别地方政府长官也会阳奉阴违,巫医整治不单纯是一个法律规范问题,还关系到巫医从业人员的生存问题,更深层次来讲,也是当时社会民众民智未启的社会问题,反映到巫医整治的过程中,就表现为巫医取缔禁令一再颁布,而巫医犯法极端事例也层出不穷,比如,活佛治病、吕仙治病,各种仙丹神方,取缔不尽。

从上述立法进程和巫医案例来看,都反映了民国时期在巫医取缔问题上困难重重。一方面,针对巫医一再立法,说明国家对巫医整治的态度既连贯又严厉,但针对同一问题的连续立法从一个侧面说明了巫医现象在当时社会中的顽固性。另一方面,从不断见诸报端的巫医案例来看,巫医问题和巫医现象,深入到了社会的各个角度,无论是城市还是乡村都不同程度地存在巫医问题和巫医现象,即使在国家明令禁止的情况下,巫医案例,仍屡见不鲜。

二、江湖游医

(一)江湖游医的由来

中国传统社会,医师是属于"自由职业者",尤其在民间社会,除为官方服务的医官外,国家对医师执业没有准入、考核等方面的法律规制。

进入民国时期以后,尤其是民国初期,医师仍然主要呈现为"自由职业"状态。

---

① 夏美驯:《农民对于巫医迷信之思想应如何铲除》,《医事公论》,1935年第3卷第3期,第29-30页。

② 愚人:《一个乡村医师的自述》,《医药评论》,1935年第7卷第2期,第13-16页。

江湖游医,是对当时民间无固定行医地点、没有行医能力,却为人施诊施治者的称谓。他们的活动范围往往是在缺医少药的穷乡僻壤,其服务对象主要是穷人,取得行医资格靠的是效果"灵验",争取病人资源靠的是收费低廉、就近服务、快速便捷,是通过填补正式医疗服务体系所忽视的领域而获得生存空间。

谢利恒先生认为,江湖游医应该是中国古代民间医疗从业者的主要形象,"唐以前,医者多守专门授受之学,其人皆今草泽铃医之流"①。如《史记·扁鹊仓公列传》中记载扁鹊"过邯郸,闻贵妇人,即为带下医;过洛阳,闻周人爱老人,即为耳目痹医;来入咸阳,闻秦人爱小儿,即为小儿医:随俗为变",正是"游医"的典型特征。

江湖游医中最为典型的形式是"走方医":走方医手持虎刺走访,虎刺又名虎撑,以铁制成,形如环盂虚其中窍门,置铁丸,周转摇之,有声,相传始于宋李次口,行山逢虎,啮刺于喉,求李拔,置此器于虎口,为拔去之,其行乃大行,流传至今。走方医"其术治外以针刺蒸灸,治内以顶串禁截,取其速验,不计完全,药上行者曰顶,下行者曰串,顶药多吐,串药多泻,顶串而外,则曰截,截绝也如绝害然。走医以顶、串、截为三大法"②。

据考究,走方医之法一般为草泽医所传,其走街串巷,没有固定住所,其走方也只是谋生手段而已。据清赵学敏《串雅内编·绪论》描述,时人对走方游医的看法相当负面:"人每贱薄之,谓其游食江湖,货药吮舐,迹类丐;挟技劫病,贪利恣睢,心又类盗;剽窃医绪,倡为诡异;败草毒剂,悉曰仙遗;刳涤魔迷,诧为神授。轻浅之症,或可贪天;沉痼之疾,乌能起废?"③但在某种程度上也承认其具有一定的医疗技能和资格,所以才会专门写作一本书来记录他们的"医疗"技艺。

到民国时期,对江湖游医的看法又有所变化,造成这种变化的原因,除了江湖游医自身的活动特征以外,还与民国时期传统社会结构崩溃、传统医业群体的自我管理和社会管理的无效、人口流动率增加逐渐进入陌生人社会、西医进入后对观念的改变等有直接关系。

何谓江湖,时人孙愚公在《揭开江湖医药骗术的密幕》一文中有这样的论述:"据江湖人自己解释,是口为江,眼为湖。意思是说江湖人必须具有一张善于讲话的嘴巴和一双能认识人的眼睛。看人讲话,见人打发,是江湖人的真功夫,种类五花八门,但是无非以欺骗的手段诱人上当为目的。"并认为:"他们不只是社会上的寄生虫,实在是一种害虫,地方行政当局多不注意取缔,未免有负职责!"④时人还撰文《释江湖医

---

① 谢观:《中国医学源流论》,余永燕点校,福建科技出版社,2003年,第101页。
② 《走方医》,《中西医学报》,1910年第3期,第17-18页。
③ [清]赵学敏:《串雅内外编原序》,人民卫生出版社,1957年,第5页。
④ 参见孙愚公:《揭开江湖医药骗术的密幕》,《医潮》,1947年第1卷第3期,第8-10页。

药》:"凡天下之欲以伪乱真者,皆可谓之江湖。孔子曰:'言伪而辩,行伪而坚'。惟其辩也,故能倾世俗之听闻,惟其坚也,故能博社会之信仰。故江湖云者,任术而不任学之谓也,无其实而有其名之谓也,以不正当之手腕,济其贪婪之欲望之谓也。"江湖医师有四类:"绝无资格,本未读者,欺世盗名,悬壶开业,一也。资格虽具,营业不兴,夸大广告,招来病人,二也。学识不充,喜为议论,荒唐谬妄,旨在欺人,三也。揭业性病,自谓专家,投机之心,欲隐弥显,四也。"①

民国时期,江湖医师经常出没在城乡各地。即使在文明程度较高、经济较发达的上海、南京、北平也不例外。对此,医界早有察觉,并在第三次全国医师代表大会中提案,以期取缔"内地各境江湖医士(如卖拳兼卖膏药之伤科及露天牙医等)设摊营业,如上海之城隍庙、苏州之元妙观、南京之夫子庙等处尤为多见"②。在北平,一人兼医药两业的随处可见,"天桥、隆福寺、护国寺、白塔寺、土地庙以及朝阳市场等处,是平民会集的所在,仍然可见这一类江湖医生"③。在南京,时人孙愚公认为:

> 现在社会正在讨论,中医反科学,应取缔,应严加管制,西医要甄审或考询。殊不知除新旧医外,不折不扣,尚有三分之一真正江湖(这不是小问题,希望政府予以密切的注意,南京新医约三百余人,中医虽不知,但他们冒充中医或西医者,不下三百多人),正勾串下级公务员,从事地下医疗工作,天天干那种反科学的行为,而且惨无人道,巧取豪夺(最小江湖,每日收入五六万,大者数十万)等勾当者。至于乡村间江湖术士的数目,还要超过中医!或者他们竟冒充西医呢!④

江湖游医有售药为主兼营医师业务者。例如,1948年《开平华侨月刊》刊登一案件称:

> 开平蚬冈虚某药材店东李松生,自号"药材榆林",专向妇女辈鼓其如簧之舌,扬言善医小孩疾病,居然诊脉开方,企图坐地敛财,市上早已烦言啧啧,尤其市内各医生深为不满。昨日有蚬冈乡水濠村黄文之小孩,因患病,经聘本市某医生诊治,一连数天,倏已奏效,转危为安,惟仍有些少热火未清,是日黄文之家人携方往该药店配药,李松又重施故技,先询病况,以为又是"行运先生至病尾",

---

① 默:《释江湖医药》,《医药评论》,1936年第8卷第12期,第4页。
② 《第三次全国医师代表大会提案》,《医事汇刊》,1934年第18期,第78页。
③ 《北平医药风俗今昔谈》,《中华医学杂志》(上海),1941年第27卷第12期,第775-788页。
④ 孙愚公:《揭开江湖医药骗术的密幕》,《医潮》,1947年第1卷第3期,第8-10页。

继而承接医理,声言不收诊金,黄文家人为其所惑,又将小孩由彼诊脉医理,不料李某乱开药方,小孩服药后病状反变,危急垂危旦夕,家人手足无措,李某仍又再处一方,选药再服,谁知食药未久,一命呜呼,不治而亡。黄文单生一子,悲痛万分,蚬冈各界对于李松之视人命如草芥,拟联合向当局控告云。①

该案中,李松经营药材店,但却以"不收诊金"为诱,为患者诊脉施治,其目的自然为了售药营利。药商不懂医理,却为人处方用药,危害患者自是必然的结果。

民国时期的江湖游医还有出身曾为医院看护的。例如,1947年5月9日,江北人吴瓶春,寓南市日晖桥草棚内,素患支气管炎,咳呛痰中带血。晨九时三十分许,经邻居姚秦氏之介绍,延请盐城人董桂林(廿六岁,住同路九九五号)诊治,当场言明医药费六,因吴疼痛异常,针头滑出。逾数分钟后再行注射未毕,病者连呼难过,遂再将针头拔出。吴已面现惨白,昏迷不醒。董目睹斯情,一时束手无策,坐视吴瓶春气绝毕命。当经家人鸣警到来,将其拘入龙华路派出所申解卢家涛警分局。郝股长亟饬股员蒋兆龙前往调查真相,一面将尸体车送广慈医院转异验尸所,经法医解剖后再行棺殓。据悉,董桂林并未学过医科,前曾在军队当看护,仅粗知皮毛。草菅人命,过失致人于死,将依法严惩云。②

较之城市,农村缺医少药的情况更为突出,江湖医生便更有市场。当时的乡村医师自述道:"乡村间江湖医士多:年来因百业凋敝,生活苦难,有许多缺乏道德观念的奸狯人们,大施其江湖骗术,尤其在内地乡村,常见有洋其装,皮其鞋,口含茄立克,手拿斯的克,鼻架托力克,冒充医士,到处替人售药治病的。"③其记得在(前年)药材大会上,即有一西装翘胡的中年男子,伸长了雄鸡似的项颈,在那众人拥挤的布棚下,口沫四溅地谈着:"我是沟通中西的医士,今由北平赴汉口,路过此地,你们有什么疑难大症,我都能治,并能施诊舍药,不取分文。"据称,总计这次被他们骗取的钱,不下千余元,像这样的事情很多。④

堕胎罪的施行也是民国时期江湖游医存在的重要原因。

1911年《大清新刑律》首次对堕胎行为进行了法律规制。1912年3月10日,民国政府公布临时大总统令,规定"现在民国法律未经议定颁布,所有从前施行之法律及《新刑律》除于民国国体抵触各条应失效外,余均暂行援引,以资遵守"。北洋政府司法部在《大清新刑律》的基础上进行修正形成了《中华民国暂行新刑律》,其第27章

---

① 《庸医杀人胡乱开方》,《开平华侨月刊》,1948年第2卷第8期,第17页。
② 《看护充医师,两针送一命》,《申报》(上海),1947年5月9日,第4版。
③ 愚人:《一个乡村医师的自述》,《医药评论》,1935年第2卷第2期,第13-16页。
④ 参见愚人:《一个乡村医师的自述》,《医药评论》,1935年第2卷第2期,第13-16页。

第332至338条规定了"堕胎罪"。①1928年及1935年《中华民国刑法》也规定了"堕胎罪",这也体现在医师管理法律中。②

妇女进行堕胎属于犯罪,正式医师(医士)也不得为妇女堕胎,但是现实社会中堕胎又不可避免,因法律的威慑,堕胎转为地下,于是江湖医师便有机可乘。例如,1916年,《申报》登载一起案件:"法新租界宝康里住户某姓至法捕房报称,贴邻夏天家使女身死不明,请为查究,捕头饬传夏夫妇至法公堂讯问,夏供使女年已十九岁,私与外人通奸,以致怀孕,商人得番后向之盘问直认不讳,并欲将胎打下,商人夫妇劝其至医院从事,该婢言一至医院被人得知颜面攸关,遂私招门前经过之江湖医生打胎,因此受伤,迨至商人夫妇得知已不可救,有同居之胡章氏可证夏妻张氏供词相同,章氏供该使女实被江湖医生所误并无别故,聂谳员判令一并退去,谕夏夫妇以后如与该医生遇见即行扭案讯究。"③该案中,使女身死的直接原因是江湖医生的误治,而真正的原因是当时堕胎罪的刑事法律制度。

如前文所述,民国时期女性医师极为缺乏,而女性医师的缺乏正是江湖医师能够存在的另一重要原因。1924年,《医事月刊》称"警厅第一次录取女医士":

京中医师向例非经警厅考验,不准挂牌疗病,但历来女界患病者,多抱不得女医之恨。近夏,警厅有鉴于此,特开始招考女医,当即录取连范俪女士等数名并派至女子职业团实习一月后,准其悬壶问世,连女士常谓近年来梅毒流行,时有闺秀受染讳疾,忌医丧命,罔救可恫孰甚云。④

由于当时女医师极为缺乏,女性性病患者或者讳疾忌医而丧命,或者选择转向江湖医生,而江湖医生便也因此贻害民众。

(二)江湖游医的取缔

江湖游医以敛财为目的,民众深受其害,民国政府也将其作为取缔对象。就整个民国时期而言,政府取缔江湖游医的方式主要包括两种:一是通过医师执业许可法律制度禁止没有行医能力却以医为业者行医;二是对非法行医者予以处罚。

自1922年《管理医师暂行规则》和《管理医士暂行规则》颁行以来,政府始终

---

① 《法部修正中华民国暂行新刑律》,《江苏省司法公报》,1912年第2期,第1-32页。
② 1922年《管理医师暂行规则》第19条规定:医师不得因请托、贿赂、伪造证书,或用药物及其他方法堕胎,违者,照现行刑律治罪。1922年《管理医士暂行规则》第18条规定:医士不得因请托、贿赂、伪造证书,或用药物及其他方法堕胎,违者,照现行刑律治罪。
③ 《江湖医生害人》,《申报》(上海),1916年1月22日,第11版。
④ 《警厅第一次录取女医士》,《医事月刊》,1924年第11期,第49页。

坚持医师资格制度,即对行医者以一定的资格限定,否则不能执行医师业务。而立法上,对江湖游医有明确规定的是1940年8月6日内政部公布的《管理中医暂行规则》[1]与1943年11月27日卫生署公布的《医士暂行条例》。[2]该两部法令均规定"毫无学理根据或涉及迷信者及并无固定住址沿街治病之江湖术士等"即为江湖游医。[3]

1943年《医师法》第9条规定"医师非加入所在地医师公会不得开业"。该法将"加入医师公会"作为医师执业的前提条件,其目的是通过医师职业团体的行业监督,杜绝江湖游医。但是执业准入制度只能保障医师执业的一般执业能力,并约束执业医师,对于未取得医师资格的江湖游医往往无法纳入规制范围。江湖游医开业一般没有固定的场所,导致无法对其进行管理。所以,民国医师管理法令规定了"注册地执业"制度,例如《管理医师暂行规则》第9条规定"凡医师欲在某处开业,须连同部颁执照,向该管警察厅所请求注册"。第10条规定"医师如有开业歇业、复业、转移或死亡等事,应于十日内向该管警察厅所报告"。政府虽有相应的执业注册制度,但执行情况却令人遗憾。

民国时期,江湖游医的取缔主要依靠受害民众的控告,进而由政府处罚、取缔。上海县政府曾于1931年11月1日训令公安各分局查禁江湖游医,并由各区督饬各乡镇长随时注意报告公安局取缔,训令称:

> 为令遵事,案查第十九次区长会议本县长交议准县党部函请取缔江湖医生应如何办理请讨论,当经讨论决定由县府令公安各分局查禁,并由各区督饬各乡镇长随时注意报告公安局取缔,但有乡民证明医术良好者得准其行医等语,除令各公安分局局长、各区区长并分行外,合行令,仰该分局长区长遵照随时查禁取缔及督饬各乡镇长随时注意办理,并将遵办情形具报查核,毋稍违忽。[4]

就民国时期的报刊所载史料所见,江湖游医的施治对象主要是贫病者,其胡乱施治导致病家死伤后,病家才向警所控告法办。例如,1922年,上海江北人李桃子在纱厂做工,住居分水庙地方,其妻周氏怀孕已数月,因腹中时常作痛,由其戚褚姓妇人介绍梅园路成衣店楼上之江湖医生张义道诊治。张断为痞,索价七元包医,该氏往来就诊道远不便借住褚妇家中,自二月起至今已三月服药数十剂毫无效验,至阴历五月初八该氏之胎被用猛烈药攻堕,于是始知为庸医所误延至十三日下午产母病势沉重,车

---

[1] 以下称《管理中医暂行规则》(1940年)。
[2] 以下称《医士暂行条例》(1943年)。
[3] 此处江湖术士应包含江湖医生和巫医。
[4] 《县府令饬查禁江湖医生》,《申报》(上海),1931年11月2日,第11版。

回家中,旋即身死,该医生见已肇祸逃逸无踪,尸夫李桃子家素贫苦加之妻病日久,典质一空,故妻死无以为殓,嗣经众亲友扶助草草成殓,可谓惨矣。① 又如,1947年1月5日,上海崇德石门惊人陆爱珍,年十五岁,因家境贫寒,在嘉兴南门杨家桥席家辉家为佣度日,其母亦在附近之马家为佣,四日夜爱珍鼻口流血,下午由其母陪至北门中街针灸伤科刘福堂处求治,刘言须打四针,病可痊愈,并索价六万元,爱珍之母忍痛应允,刘医先在左臂打一针,复在右臂打一针(注射静脉针),逾十分钟时,病人面色变白,身即倒卧,刘医伪言此系针后应有之常态,并乘隙外逸,嗣刘媳亦匿避,爱珍旋即殒命,当由其母报告当局,转报地方法院检察处派员检验,惟当时因死者心头尚有微温,致不能验断,搜查刘药瓶,亦不能断定用何药致死病人,须待解剖检验方明了,刘经警局追缉,未知下落(按刘本系江湖医生,抗战前亦因为人拔牙发生命案),一时轰动全城,中街一带竟人山人海,争相观询。②

江湖游医往往无固定开业地点,甚至民众根本不知道江湖游医来自何地、住在何地。时人这样描述道:

> 设有很轻微的病,被治后反成不救,我敢说一个年头的中间,乡民受愚而致伤命的定不在少数,倘有患病请他诊治,先说你此病我可以保险治愈,须洋元几十元,并须现付半数,然后给以药粉或膏药,且说你用药十日或半月后再来见我,并云见我时须请我吃酒等语,及至人家用药后不见效力或反而加重了再去寻他的时候,他已早就三十六着了。③

对江湖游医,虽有政府严令取缔,也有民众控告而由政府法办,但江湖游医始终在整个民国期间未能真正清除,其原因除民国政府卫生行政机构不够健全外,还有当时经济匮乏、文化落后、医疗资源严重不足、民众医疗需求无法得到满足等。1937年4月9日,《申报》刊发《取缔非正式医师》一文,时人志敏评论认为:

> "专治花柳,兼治内外各科"的非正式医师充塞市上,这不幸更造成了医师为上海三多之一(医师、流氓和妓女)。他们大都是助手,或药剂师,有的竟是读了几册医药大全之类,就在自己住宅的大门外挂起医师招牌来,至于像屠某的"在本埠各报滥登广告并以其花柳症之疗法及经验,作虚伪夸张之宣传"者,

---

① 《孕妇堕胎殒命江湖医生之罪孽》,《申报》(上海),1922年6月12日,第16版。
② 《江湖医生诊病两针柱死一命》,《申报》(上海),1947年1月8日,第3版。
③ 王幼豪:《江湖医生》,《生活》,1929年第5卷第41期,第684页。

更是指不胜屈,贻害社会,确非浅鲜! 不过从另一方面看,这类非正式医师为什么在花柳症方面营业特别发达呢? 这原因也不必多说。观乎日前中国公论周刊的报告:"上海操淫业的二万五千人,其他按么院、响导社、跳舞传习所等变相卖淫并不在内"。且据另一杂志报告:受害者以小商人、苦力等为最多,他们在患了传染病后,似乎祇能在报纸的角落里去翻寻"五元包治白浊"的广告。所以在"取缔非正式医师"之前,笔者要提出二个附带条件:一就是上面说过的希望正式医师能以减轻病家担负为怀,并能加多设立平民医院;二对于传播花毒的二万五千人似乎也应设法救济才是。①

《申报》所描述的是上海江湖医师的各种情形,他们有助手出身,有药剂师出身,还有读了"几册医药大全之类"的,他往往声称"专治花柳,兼治内外各科",而其施治的对象主要是"操淫业者"、小商人、苦力等。从《申报》报道可知,民国时期,"操淫业"者数量众多,而由此产生的花柳病患者更需要获得医疗救助。然而,这些"操淫业"者及花柳病患者往往是生活在社会底层的人群,而他们很难获得正规的医疗服务,于是转而求助于江湖游医"包治",这也是江湖游医存在的重要社会原因。

城市江湖游医取缔熄而复燃,乡村江湖游医的取缔更是难收实效。民国时期,城乡之间、地区之间医疗资源分布极为悬殊,造成了小城镇及乡村缺乏正式医师。对此,时人王幼豪有过这样的见解,即"吾国交通的不便、人才的缺乏,是大家所公认的,尤其是关于医生,因了上面的二种关系以致较小的城镇或乡区的地方,一旦有人患了病,要请一个有学识的医生真是难得,倘若得了急病只好坐以待毙! 偶有医生,大多是江湖的"②。

民国时期,在江湖游医的取缔上,存在对江湖游医为非法行医或是医师业务过失的认识不清,以致将江湖游医的非法行医按照医师业务过失犯罪断处的。1923年1月3日,江湖游医扬州人刘志明在上海福州路青莲阁对面弄内摆设医摊,因医治爱尔近路顾合兴荐头店主之子顾富春瘰疬症,妄用轻粉、水银等毒质药丸,顾子服后身死,经工部局医生化验,的系毒毙。③最后判决被告刘志明玩忽业务上必要之注意致顾富春误服毒药身死应按照新刑律第326条处断监禁九个月。此案显然是江湖医生设摊行医,但最终按照《中华民国暂行新刑律》第326条即业务过失罪给予处罚,此案的处理及前文张正仁候补检察官所举"大神铡刀切腹案"二审判决一样,均表明由于国家对医师职业资格管理混乱,导致司法机关对犯罪主体认定的错乱。

---

① 志敏:《取缔非正式医师》,《申报》(上海),1937年4月9日,第17版。
② 王幼豪:《江湖医生》,《生活》,1929年第5卷第41期,第684页。
③ 《江湖医生毒毙人命押九月》,《申报》(上海),1923年4月13日,第16版。

第三章 民国考医制度

第一节 清末考医的兴起

中国传统社会,仅有"官医"的教育和考核制度。晚清时期,医业日趋败坏,时人效"泰西之法",提出考遍"庸医",以端方为代表的地方政府考医活动陆续开展。

一、考医之源

汉晋时期是中国传统医学的黄金时代,但医师的产生仅凭"私相传授"。自西周开始,中国就初步建立了医政组织和医师考核制度。《周礼·天官冢宰第一·叙官》:"医师,由上士二人担任,下士四人为副手,府二人,史二人,徒二十人。"当时,医师之下,设有士、府、史、徒等专职人员,他们各有专任,年终由医师考察医生们全年医疗成绩的优劣,以制定他们的级别和俸禄。①中国古代官方医生一直具有专门的考核,并逐渐发展出了较为完整的官医教育和考医制度;但是,中国历代王朝没有认真地制定过针对民间医人的考核标准。②例如:唐代设有太医署管理医务和医科学校,医师、针师、按摩师等科学生毕业后考取为医师、医正、医工等,以疗疾瘥人多少为标准。③宋代"太常寺太医局有丞、有教授、有九科医,额三百人,岁终则会其全失而定其尝罚"。④古代官医制度下,医有教学、有准入、有官职、有考核,也有赏罚,但这些优良的制度并非是为民众服务的医师而定。

然而,考医制度到元代发生了根本性的变化,即元代不但有官医考核制度,对于民间医师也无一例外地规定了考试制度。例如:元代设置"医学提举司",掌考较诸路医生课义,试验太医教官,校勘名医,试验课程有大方脉、杂医科、小方脉科等十三

---

① 甄志亚:《中国医学史》,人民卫生出版社,1991年,第56页。
② 于赓哲:《从古人求医心态看古代民间医人水平》,《学术研究》,2005年第9期,第93-100页。
③ 陈邦贤:《中国医学史》,商务印书馆,1937年,第138页。
④ 陈邦贤:《中国医学史》,商务印书馆,1937年,第171页。

科；凡是充任太医和郡县医官的人须经考试及格，且规定所有行医的人须经内外郡县的医学考试，合格才得行医。① 就制度文本而言，这是中国古代历史上首次由中央政府确立官医、民医统一考试合格后方可行医。明代府、州、县虽均置有医学，但设官不给禄，徒具虚名。② 至晚明，地方医学不仅不具备医疗服务、医政管理的功能，医学教育考试的功能也已几乎丧失殆尽。③ 中国古代，考医的制度性安排偶有出现，但并未全面推广实施，医师的专业身份主要是通过社区礼法秩序予以认证，这就导致医疗活动的正常运作主要依赖医生个人的道德修养、社区规范和道德舆论，除非医生本身具有非常坚定的道德信仰，或者处于一个彼此联系非常紧密的小型的熟人社区，这些制约力量都是十分有限。

中国古代医师考试主要是针对"医官"，而医官是御用或为少数官方人士服务，只有少数服务民间的活动，如瘟疫爆发期间的施医散药等，而对真正负责民众医疗的"民间医师"，几乎无任何资格认证和考核制度和措施。医学家陈志潜④也认为，清代官员对医学界的监管不负责任，医学教育既不正规，而且实践也全然不规范化，属自由竞争状态⑤。

二、清末考医

晚清时期，中医行业愈趋败坏。对于晚清中医师的质量，梁启超感叹道："西国医学列专科中学，学成乃得从事，今中土既不医齿于士类，士之稍有智慧者皆莫肯就此业"⑥。面对这种情况，有识之士在《东方杂志》撰文，忧心忡忡道：黄帝而后，代有作者，推波助澜，曲尽其妙。何以沿流至今，降而弥下，仅为此无业游民，作糊口计也。吾言至此沈沈其袭心，几不知泣涕之何从矣。⑦ 郑观应提出"略仿《周礼》设立医官之遗意，敕令各省直都会，殷户集资合建医院，考选名医，充院中之师。所招聘学生……不论贫富，俱当尽心传授，专攻其事，精益求精。俟学习三年考取上等者，禀请地方官

---

① 陈邦贤：《中国医学史》，商务印书馆，1937年，第208-213页。
② 孔健民：《中国医学史纲》，人民卫生出版社，1988年，第208页。
③ 李贞德、梁其姿：《妇女与社会》，中国大百科全书出版社，2005年，第370-371页。
④ 陈志潜（1903—2000），公共卫生学家，提倡公医制度，积极开展健康教育，先后参与陶知行和晏阳初分别在南京郊区和河北省定县平民教育促进会的农村卫生实验区建设，在定县创立了农村三级保健网，抗战期间，除组织领导战伤救护外，在四川省建立市县公共卫生机构80余处并创办了重庆大学医学院，为我国的卫生事业，尤其是农村社区保健和公共卫生教育作出了卓越的贡献。
⑤ 陈志潜：《中国农村的医学—我的回忆》，四川人民出版社1998年版，第18页。
⑥ 梁启超：《医学善会叙》，《时务报》，1896年第17册，第351-356页。
⑦ 谷音：《论中国前途与医学之关系》，《东方杂志》，1905年第2卷第6期，第107-114页。

给予文凭,准其行道。"①

清末医疗行业的败坏状况,还可以从病家的择医观念探知,病家通常将"家传三世"作为医师信誉根据,即所谓的医不三世不服其药。同梁启超一样,有"浙东三杰"之称的现代启蒙思想家宋恕(1862—1910)道出了其中的缘由:

> 西国最重医,故治其术者日精,而民生其间,大受福利。中国则以医为小道,业此者,非市井粗识之徒,即学八股文不成之辈,否则才士久困场屋,垂暮奄奄,迫于生计者也。又何怪术之不精,民生之无辜乎?②

以上论述实际上是论证了中国传统社会医疗从业人员的教育和从业资格上的政府管制阙如。为此,便有地方政府举行医师考试的创举,并得到了时人的积极评价。1881年1月1日,《申报》就"扬州考试医生事"发表评论称:

> 扬州洪都转,近有考试医生之举最为公允,盖医生挟术以游招牌一悬衣食在是,而其术之精否未由知之。惟以人之性命试己之方术,此害有不可胜言者,得此一考其有医理明通者,亦照泰西之法予以执照始准行医,其有理解未清拟方夹杂者,则不给执照,仍谊则切晓论民间,延请留生必领曾经考取者,其未经考试不蒙录取,则勿以自快,如是则留生无可朦混而人之受其欺者少矣。惟考取之法则亦甚难,官而自知医理则尚能别其优劣,如但采取虚名不究其实艺,则转恐夤缘贿赂之风,依然不免,反足为卫署中人生财之道而已。上海前时曾有考试医生之事,日久渐怠而江湖之士又复妄自矜许以欺骗财物,盖由于虽经考试取录而并无所区别故也,如认真考验严定去取,有虚名而无实艺者,黜之,声价过高厚索酬谢者,屏之,但取其脉理精深拟议妥当,学有渊源案无庞杂者,然后给以行医之执照而准其行道,亦未始非慎重人命之一端,否则虽庸医杀人律有明条,而详办庸医之案阙为无闻,刀圭杀人之事层见迭出。虽医院日增而华人之气质究不便于西人之医药,不且徒劳而罔功也哉。③

《申报》的评论首先肯定了对医师进行准入考试并给予行医执照的做法,该做法旨在取"医理明通者"而去"理解未清拟方夹杂者",这符合当时"泰西之法"。其次,

---

① 夏东元:《郑观应集》上册,上海人民出版社,1982年,第156页。
② 胡珠生:《宋恕集》上册,中华书局,1993年,第35页。
③ 《论天津增设医院并及扬州考试医生事》,《申报》(上海),1881年1月1日,第1版。

评论者认为,要保证上述目标的实现,则必须由"知医理"者认真考验严定去取标准,否则,"恐夤缘贿赂之风",上海曾经举行的考试医生之事即是如此。

晚清政府缺少医师行业准入制度,也缺少保护、扶持、奖助医师行业的措施,社会精英难以聚集于医疗行业,是医师品流芜杂非常重要的原因。

随着西学东渐的深入,西方主要资本主义国家确立的"国家医学"思想也传到了中国,它要求国家对保障公众健康负有主要责任,为了全民利益,国家有权力和义务将卫生学的观念及公共卫生措施加于个人身上。①李鸿章在给光绪帝的奏折就提到:"西洋各国行军以医官为最要,而救治伤科直起沈疴,西医尤独擅专长,其学以考求经络、辨别药性为始基,以察脏腑之运行、练临症之理法为进步,其究以洞内科之精微、平诸家之同异为极功,非专门名家历经考试,该国家未能给凭诊治。"②此时,修律大臣奏定法典草案第296条规定:凡未受公署之许可以医为常业者,处500元以下罚金。其题首论中西脉学之得失;次论中西药学之异同;次论古人之论麻醉药;次论爱克斯光线之功用;次论中西针法;次论鼠疫病因疗法;次论说文总字以证知觉属脑之说。其问题皆辨析精微,"足资启发,可为考试医学之程式,尤为行医者之所宜究心也"③。

清末新政时期,中央和地方政府相关机构的职权中开始出现卫生行政,并对医师的管理也纳入了卫生行政范围,有地方政府还对此进行了实践。例如,在光绪己亥庚子之交,江宁府知府柯逢时,在南京主张考验中西医,当时应考的中医医师有七百余人,只取了一百多人,西医四十余人,只取了十余人。此可谓卫生法令的嚆矢,当时官中命令,要比现在强得多,倘若就从此时严厉执行,那么如今的医界,也不致混乱到此地步。可惜柯先生也是曲高和寡,没有其他的人去辅助他,直到他去官以后,继任的守着因时制宜的妙语,又把这件事耽搁下了。④1902年即光绪二十八年,广州府太守考医,应考人员很多。《申报》报载:

> 正月二十六日,广州府施太守在广雅书局考试医生命题八道,一耳鸣胫酸眩冒目无所见解,二脾脉微缓为风痿论,三牛膝主寒湿痿痹,四肢拘挛痛不可屈伸解四脉症虚实论,五石膏主中风寒热心下逆气惊喘解,六蛊胀水胀办,七喘血泄四肢懈惰其脉浮大病在何脏辨,八附骨疽贼风辨。是日应考者共一千一二百

---

① 余新忠:《瘟疫下的社会拯救——中国近世重大疫情与社会反应》,中国书店,2004年,第275页。
② 《李文忠公全集·奏稿》。
③ 丁福保:《畴隐居士自传》,中华书局,1948年,第32页;转引自胡勇:《民国时期医生之甄训与考评》,江浙学刊,2008年第5期,第1-7页。
④ 庞京周:《上海市近十年来医药鸟瞰(连载)》,《申报》(上海),1933年6月12日,第13版。

人。①

1907年4月,金陵中西医院总办瞿观察鸿礼特禀明江督,先将隶名本院各医士传集考试以定去取。兹将试题录下:

问病有在形者,有在气者,气不可见,西人重解剖,岂重形不重气欤,内经难经言人身脏腑、骨骼等事甚详,实亦从解剖而知,然长沙独重六经传受,又似重气而不重形,试申其说。问古时多病伤寒,故仲景著伤寒论,近世多病温热,故时贤著温热论,何以古时伤寒多而温病少,近世则否能言其故欤,经言冬伤于寒春必病温似冬无温病,近日冬温之病甚多,其故何哉?②

1908年7月12日,考试揭晓,其结果是所有本籍、客籍各卷业经陈子砺学使评定甲乙,呈请督帅核定,入选者须俟送入中西医院,俟研究所研究期满,然后分别等次,给发文凭。③

中国近代意义上的首次医师资格考试,即当属清末两江总督端方组织的医生考试。对此,陈邦贤在《中国医学史》中说:

清光绪末(1908年)两江总督端方以医学一科有关系于人民生命重要,特札饬宁提学陈子砺学使,凡在省垣行医者,须一律考试,以定去取。其考试之法,令各医生于内科、外科、女科、幼科之类,以及产科、痘科、眼科、牙科等,任其择报一科或数科听候考试。其考时以学生为重,不以文艺为先。所出之题,就病症方药古今人治法不同之处,疑难僻之病症,及游移争竞之学说,每科择要设为问题数条,能对若干条,即判为若干分数,分列最优等、优等、中等、下等、最下等五等;考取中等以上者,给予文凭,准其行医;其下等最下等者,不给文凭不准行医,并在中西医院内附设一医学研究所,仍令考取中等以上各生入所讲求,以求深造;先后两次,投考者很多。④

端方还制定了医家诊例,每次只许收洋二元,更责令医生不许坐轿,只许骑驴,以求迅速,思想固然新颖,但是未免持之过急,所以当时苏州某老先生,即因为曾任御

---

① 《太守考医》,《申报》(上海),1902年3月20日,第2版。
② 《中西医院考试医士》,《申报》(上海),1907年4月2日,第12版。
③ 参见《考试医生揭晓江宁》,《申报》(上海),1908年7月13日,第12版。
④ 陈邦贤:《中国医学史》,商务印书馆,1937年,第282-283页。

医,耻受甄别,宁可避地到上海小住,待等端方去任,然后回里。①

　　清末,在扬州也曾举行医师考试。1907年10月7日《申报》载:"扬郡巡警总局日前出示,略谓医学一道虽经考试三场,然大率略知医理尚未经验者居多。查扬郡行道医士不下数百人而此次招考报名者不甚踊跃。兹拟格外从权,只须医理通明、不必长篇阔论即为合格,在城各医务于两月以内一律报名投考,逾限不收亦不得续请展限云云。"②次年1月,扬州考试医士案揭晓,此次考试应考者计四百余人都转即委王大使宝光校阅试卷,共取一百四十名,分三等给发文凭。③1911年,因扬州绅士有禀请,太守程雨亭批准考试医生,据说还有医师贿人请求免考的。对此,《甬报》报道如下:

　　今秋,扬州绅士有禀请考试医生之举,据申报云扬州合城绅士以该处医士类多技术平庸而自高位,但草菅人命,毫不介意,故联名公禀程雨亭太守,请为传考以别优劣,优者准其行道,劣者不许滥竽,太守亦早知该处医家之弊,闻阅禀后即已批准,择日出示传考并闻有两名医已贿人求情免传,太尊不允云。夫医术关乎民命,岂可任自施为,泰西元有考医之例最为善政,今各绅士之请,与太守之允准,而不受请托,其郑重民命之意,可师之矣。④

　　1910年,时人丁福保发表《论医师之资格》一文,其从身体之健康、学术才能、忍耐力、记忆力、判断力、良心、交际、品行、言语、举勤等方面论述了完备各种资格的医师,而且丁福保明确提出医师资格应当是"应地方官署之考试,博取行医证书"⑤。清末考医的制度和实践仅限于个别地方政府的尝试,即使有太守、巡抚的推行,但由于时代的局限性,而"其去后背摒者仍复业,已取者未前进,卒不能收整理医业之效"⑥。随着清王朝的灭亡,其有关医师法令就此无疾而终,但考医及施行考医制度的观念已为社会主流,尤其是西学之士所推崇,并对民国考医制度的建立产生了积极的影响。

---

① 庞京周:《上海市近十年来医药鸟瞰(连载)》,《申报》(上海),1933年6月12日,第13版。
② 《变通考试医生办法扬州》,《申报》(上海),1907年10月7日,第12版。
③ 《考试医士案揭晓扬州》,《申报》(上海),1908年1月28日,第12版。
④ 《扬州考医》,《甬报》,光绪七年三月第3卷,第6-7页。
⑤ 丁福保:《论医师之资格》,《中西医学报》,1910年第2期,第23页。
⑥ 胡定安:《胡定安医事言论集》,中国医事改进社,1935年,第252页。

第二节 民国考医制度的形成与发展

一、考医的提出

历史进入民国以后,考医制度成为更紧迫的议题,最主要的原因就是,当时中国医师品流芜杂现象仍旧。对此,《申报》以《取缔庸医》为题,对当时上海医疗市场的混乱状况有如下描述:

> 上海的特色之一是医生多。各马路、各弄堂,到处都可以看到挂着××医院××医生的招牌,这大约是因为上海居民众多的原故。但上海这许许多多的医生,其中正式的医生虽不少,而没有牌子的医生也很多,这些没有牌子的医生,大都是实习生、药局生、看护、助手等出身的,或者读几年医学而未毕业者,还有就是江湖医生。他们既没有相当的医学知识,治病又尽以营利为目的,病人受害,实非浅鲜。我们常见一班江湖医生为人治病,每自夸其医术怎样高明,能起死回生,实则视人命如草芥,随便下药打针,病人之因而丧生的真不知有多少。[①]

实习生、药局生、看护、助手等出身的,读几年医学而未毕业的,这些江湖医生本质上未经准入而不具备行医资格和能力,他们冒充医师挂牌行医,自然是贻害民众。1916年,中华民国医药学会会长汤尔和向教育总长呈文,希望博采东西成法,制定规程,限以科目公布海内俾众周知,凡非学校出身必经此种试验,其文如下:

> 为呈请整顿医师预备开业试验事,窃查医术关系民命至为深切,故文明各国于医师开业靡不慎重,将事查上年固安县民人张治延、前清太医院医生赵存仁呈请大部考验行医案内会由大部函致内务部,略称医师开业试验职属本部,惟此次办法正在规定尚无举行,所有医师开业事项于本部未行医师开业试验以前,拟请京师警察厅照旧暂行办理意见。大部慎重周详之至意,惟考验之精神,当以科学为前提,他事本非所急,若如向来科场取士之法,则文章虽美,何裨实际。然以我国情形而论,一般社会既乏科学知识又无补习机关,集五行六气之流,间以解剖胎生之理,纵使班马当前,亦复瞠目结舌。警厅办法亦以方尽科学萌芽、人才缺

---

① 《取缔庸医》,《申报》(上海),1935年5月6日,增刊第1版。

乏、玄泰去甚,事非得已,惟权宜之计仅适用一时,非能相沿于终古。大部为渊薮操学术权衡,拟请博采东西成法,制定规程,限以科目公布海内俾众周知,凡非学校出身必经此种试验,而犹豫期限不妨稍予展长,则耳目既先刷新,预备始有标准;如以兹事体大由郑重而涉于迁延,则学术既无振兴之机而医事根源且永无澄清之日。大部励精图治、薄海从风,用敢略贡刍荛,敷陈所见,是否有当,伏祈采择施行。①

北洋政府采纳了汤尔和的建议,并着手进行第一次全国卫生调查,主要内容是调查、登记医师,但1916年调查表格发出后,因大多省份不予配合,调查宣告失败。

北洋政府时期,关于医师开业考试事属于内务部还是教育部,没有明确规定。1917年,内务部咨教育部会同酌订考试章程,具文如下:

> 为咨行事案,查内外国医药各科毕业生日益加多,迭经呈请本部发给开业执照以资营业等情前来,惟应否发给执照要视所学程度以为标准,在贵部未实行开业试验以前,办理殊多窒碍,即为便利取缔起见,此项考试亦难视为缓图,查医士药剂师开业试验,事关贵部职掌,可否派员会同本部酌定章程,以利施行而谋划一之处,相应咨请查核见复可也。②

以上内政部对教育部的咨文表明,其时,关于医师开业执照发给的学术程度标准由谁制定和实施没有规定,而且,在主管医疗卫生的内政部看来,似乎应当是属于教育部职责范围。这就导致了将医学教育制度与医师资格、执业许可制度混为一谈。

北洋政府时期,对政府依法管制医师早为时人所明确提倡。1917年,时人"生痴"发表《吾人医事行政管见》③,关于"医师究取自由开业乎,抑取免许开业乎",其认为应规定"医师经政府之免许方能开业,但该医师精于何科,经政府之鉴定合格者,得加给该科医之免许状"。有鉴于此,其对医师的定义是"医师者何,以医为业以治疗人之疾病为目的,经政府内务行政长官之免许者曰医师"。而关于免许医师之资格,其认为应规定"中华民国之男子或女子在二十以上曾修医学至五年以上者,得受医术开业试验合格者,给予医师免许状"。

---

① 汤尔和:《呈教育部请整顿医师预备开业试验由》,《中华民国医药学会会报》,1917年第1期,第31页。

② 《内务部咨教育部为发给医士药剂师开业执照诸多碍难请派员会同本部酌订考试章程以资办理文》,《政府公报》,1917年第496期,第22页。

③ 生痴:《吾人医事行政管见》,《民铎杂志》,1916年第1卷第2期,第1-10页。

对医师考试的立法首先出现在地方政府。比如民国十年广州市卫生局即制定了《取缔中医生注册章程十一条》《取缔西医生注册章程十一条》。对于中医生,章程规定中医生须经卫生局试验委员会试验及格方准注册,但在政府认可立案的中医学校修业三年以上领有毕业文凭并经卫生局复核认为合格者准予免试验;对于西医生,章程规定西医生须在政府认可之医学专门学校毕业领有文凭经卫生局认为合格或加以考试及格者方准注册。从该两部医生注册章程规定来看,广州市卫生局对中西医生采取同等标准的规定,即无论中医生还是西医生,如在政府认可或立案之医学学校毕业并领有文凭的,可以免试,否则一律考试及格,才能取得医师资格。①

1912年至1922年期间,北洋政府没有颁行关于医师的法令,国家层面的医师考试更无从谈起。1922年3月9日,内务部颁行《管理医士暂行规则》和《管理医师暂行规则》,该两部法令是民国政府首次规定的医师方面的法令,标志着民国医师法制化的开端。

该两部法令首次规定了医师资格制度。②据该两部法令规定,北洋政府对中西医师执业认许方式采取"领有毕业文凭"即有学校教育经历为一般原则。因此,北洋政府实际上没有建立"通过考试授予医师资格"的法律制度。

二、考医在西医的试行

1929年1月15日,南京国民政府卫生部颁行《医师暂行条例》,其第3条规定了4种可以呈请给予医师证书的情形,即:(1)在国立或政府有案之公立、私立医学专门学校以上毕业,领有毕业证书者。(2)在外国官立或政府有案之私立医学专门学校以上毕业,领有毕业证书,或在外国政府领有医师证书者。(3)外国人曾在各该国政府领有医师证书,经外交部证明者。(4)经医师考试及格领有证书者。

---

① 参见《取缔中医生注册章程十一条》《广州卫生局取缔西医生注册章程十一条》,《卫生年刊》,1923年,第43-46页。

② 1922年《管理医师暂行规则》第3条规定:凡年在二十岁以上,具有下列资格之一者,方准发给医师执照:(1)在国内官、公、私立医科大学及医学专门学校医科毕业,领有毕业文凭,经教育部核准注册或给予证书。(2)在外国官、公、私立医科大学及医学专门学校医科毕业,领有毕业文凭,或领有医术开业证书,经教育部核准注册或给予证书者。(3)在本规则未颁布前,在外国人私立之医学堂肄业三年以上,领有毕业文凭者。(4)外国人曾在各该国政府领有医术开业证书,经外交部证明,认为适于执行医业者。1922年《管理医士暂行规则》第3条规定:凡年在二十五岁以上,具有以下资格之一者,方准发给医士开业执照:(1)曾经各该地方警厅考试及格,领有证明文件者。(2)在中医学校或中医传习所肄业三年以上,领有毕业文凭者。(3)曾任官、公立医院医员三年以上,确有成绩及证明文件,并取具给照医师或医士三人以上之保证者。(4)有医术智识经验,在本规则施行前,行医五年以上,有确实证明,并取具给照医师或医士三人以上之保证者。

《医师暂行条例》(1929年)首次规定了"医师资格考试制度",但是"经医师考试及格领有证书"仅为取得医师证书的途径之一。上海西医公会对此条第4项的适用条件有疑义,遂呈文卫生部,卫生部于1929年2月2日批示称:

> 查现行医师暂行条例第三条第四款考试之规定即为出身于医院或政府无案之学校及从名医学习医药者而设,该会所呈情形尽可依据该条款俟举行考试时投考。①

可见,《医师暂行条例》(1929年)规定医师资格考试制度的目的仅仅是为了"照顾"到"出身于医院或政府无案之学校及从名医学习医药者",而除此之外,则仍可不经考试取得医师资格。1929年6月7日,福建民政厅呈文至卫生部,请求解释医师考试条例考试问题,卫生部则答复:查医师暂行条例第三条第四款医师考试之规定系指本部所规定之医师考试而言,是项考试规则本部现正拟定,一俟公布,另令颁发。②

西医最初是由西方传教士输入中国的,因此最初的西医师大都来源于教会所办医校或医院,并逐渐成长为中国本土西医师的主要力量,但由于政治、宗教等原因,不少教会医校也一直未向政府立案。《医师暂行条例》(1929年)中对"有案之学校毕业"的限制就排除了这类医师。同时,由于中国学校医学教育起步较晚,公立医学院以及在教育部备案的私立医学院校也不过十来所。据推算,其时,全国新医之数最多不过5000人,而北平、浙江、江苏医校毕业者1200人,南通、南昌、保定、山东四医校300人,同济、协和、湘雅、齐鲁约400人,留学生回国者约400人,共计2500人。③因此,在《医师暂行条例》(1929年)下,除在国内外有案之公立、私立医学专门学校以上毕业,领有毕业证书可以直接作为医师执业注册资格外,其余均须经医师考试及格,才能取得医师资格。

该《医师暂行条例》(1929年)公布后,立即引发了西医界的强烈反对。上海医师公会、中华医学会及上海支会、中华民国医药学会上海分会等西医组织多次召开会

---

① 《批上海西医公会呈请于医师暂行条例或施行细则中加入面试资格一条应毋庸议文(二月二日)》,《卫生公报》,1929年第1卷第3期,第27页。
② 《令福建民政厅据呈请解释医师考试条例等情令仰知照文(六月七日)》,《卫生公报》,1929年第1卷第7期,第24页。
③ 陈方之:《医药教育大纲》,《中央卫生委员会第一次会议汇编》,第96-98页,中国国家图书馆·中国国家数字图书馆,http://mylib.nlc.cn/web/guest/search/minguotushu/medaDataDisplay?metaData.id=1605006&metaData.lId=1608627&IdLib=40283415347ed8bd0134834eef150010,2018年8月15日访问。

议,并不断地与卫生部交涉,请求修正《医师暂行条例》,医界还要求参与医师法令的制定工作。卫生部一方面表示愿意考虑修改《医师暂行条例》,但另一方面却说:

> 查医药团体系属私人组织并非国家机关,参与立法无法律上之根据,本部将来于医师法草案拟定之时,可于报章上先行登载,以期全国学者均得发抒意见之机会,以作审定之标准。①

1930年5月27日,国民政府通过了《修正医师暂行条例》即《西医条例》(1930年),对登记西医师资格做了严格规定,除外国人外,本国国民采取"领有医学毕业证书并考试或检定"模式。②《西医条例》(1930年)第1条规定:

> 凡年在二十五岁以上,具有下列资格之一者,经考试或检定合格给予证书后,得执行西医业务:
> (一)国立或经立案之公、私立医学专门学校以上毕业,领有毕业证书者。
> (二)教育部承认之国外医学专门学校以上毕业,得有证书者。
> (三)外国人在各该国政府得有医生证书,经外交部证明者。

但是,何种情形下适用"考试",何种情形下适用"检定",《西医条例》(1930年)并未明确规定。而且,出现民国医师立法史上的一个罕见现象,即《西医条例》(1930年)没有规定生效时间。1922年3月9日北洋政府内政部公布的《管理医师暂行规则》和《管理医士暂行规则》,对生效日期规定为"本规则自公布之日起施行。"1929年1月15日卫生部公布的《医师暂行条例》第25条规定"本条例自呈经国民政府核准之日起施行",卫生部同时公布,该医师暂行条例的核准备案日期为1928年12月24日。与以往确定法规生效日期不同,《西医条例》第20条规定"本条例施行日期以命令定之"。

1930年,地方卫生行政机关就有关问题请求解释,而卫生部的答复却是"解释应在该法令施行以后","施行时自有一定办法"。1930年,《卫生公报》刊发《呈为呈请解释西医条例并请示未经核准给证之医师等将如何办理祈鉴核示遵由》称:

> 查法令解释应在该法令施行以后,现在西医条例尚未施行,又所举疑点如

---

① 《新医界反对医师登记暂行条例》,《申报》(上海),1929年8月20日,第13版。
② 陈明光:《中国卫生法规史料选编(1912—1949.9)》,上海医科大学出版社,1996年,第641页。

（一）与（四）事属当然无俟解释，（三）前证系根据医师条例办法自不发生非正式医师问题，（二）将来该条例施行时自有一定办法俾兹遵循，此时亦未便予以解释，至该局迭次呈请领证尚未核办之医师仍应留候核办，并仰知照。①

对汕头西医师公会执行委员会蔡坦然就《医师暂行条例》（1929年）的解释请求，卫生部于1930年8月22日以第141号批文批示如下：

胪举各点，其中虽不无误会之处，然大体自具有相当理由，惟法令解释应在该法令施行以后，现在西医条例尚未施行，所请详予解释之处，应从缓议。仰即知照。②

卫生部的答复或批文实际上是以法令未施行为由拒绝了对法令的解释之责，未免牵强。

对于考试或检定的资格，《西医条例》（1930年）还存在前后不一的规定。《西医条例》（1930年）第19条规定：凡毕业如不合第一条第一、第二项目规定之学校，或由医院出身在同一地方执行业务三年以上，经卫生部核查其学术经验认为足胜西医之任，给予证明书者，得应西医考试或检定。在考试或检定未举行时，准用第二条之规定。③

南京国民政府，一方面在文首明确规定"考试或检定"的资格为"领有医学毕业证书"，另一方面，却在文尾规定无医学毕业证书的情形下，也可有条件地给予参加"考试或检定"的资格。其条件是"经卫生部核查其学术经验认为足胜西医之任"，对于如此医疗行业之技术事项，核查者竟为作为行政管理机关的"卫生部"。立法者的逻辑矛盾可见一斑，这也体现了立法过程的匆促。而且，因时人宗舒呈请卫生部核查学术经验给予证明以便应试，卫生部的批示则仍是"西医条例现虽已公布尚未施行，所请查核学术经验给予证明书一节应俟该条例施行后再行办理"④。

《西医条例》（1930年）立法的匆促还表现在医师资格考试上。《西医条例》

---

① 《呈为呈请解释西医条例并请示未经核准给证之医师等将如何办理祈鉴核示遵由》，《卫生公报》，1930年第2卷第8期，第40页。
② 《批汕头西医师公会执行委员会蔡坦然等据呈请明白解释西医条例以便遵守由》，《卫生公报》，1930年第2卷第9期，第54页。
③ 陈明光：《中国卫生法规史料选编（1912—1949.9）》，上海医科大学出版社，1996年，第641页。
④ 《批宗舒呈请核查学术经验给予证明以便应试由》，《卫生公报》，1930年第2卷第7期，第77页。

(1930年)第2条规定,凡在执行业务之西医,合于第1条各款之一者,在考试或检定未举行前,得继续执行业务。

而对于考试的资格和方式,正如国民政府制定《西医条例》(1930年)时所"预料",直至1931年考试院制定《高等考试西医师考试条例》(1931年)时才予明确,《高等考试西医师考试条例》(1931年)第2条规定:

> 中华民国人民有下列各款资格之一者,得应西医师考试:
> (一)国立或经立案之公私立大学、独立学院或专科学校医学科四年以上毕业,得有证书者。
> (二)教育部承认之国外大学、独立学院或专科学校修医学科四年以上毕业,得有证书者。
> (三)有大学或专科学校医学科毕业之同等学历,经检定考试及格者。
> (四)确有医学专门学术技能或著作,经审查及格者。
> (五)经普通考试及格四年后,或由医院出身在同一地方执行业务三年以上,得有证明书者。①

《高等考试西医师考试条例》(1931年)同时规定,考试分为三试:第一试科目为国文和党义;第二试分为必试科目和选试科目,其中必试科目,除中华民国训政时期临时约法和法制大意两科外,其余9科均为医学基础和临床内科学、外科学,而选试科目共有9科,包含妇产儿科学、眼科学、X光线学、精神病学、传染病学、治疗学和外文学;第三试就应试人必试科目及其经验面试之。至此,民国政府首次规定将"经验面试"作为资格考试的内容,可见,政府已经注意到临床医学并非仅仅是医学理论,还应包含着临症实践。

1932年时人庞京周认为"十九年五月七日国府公布《西医条例》,但此条例上说道施行日期以命令定之,至今没有命令不知算施行不施行;十九年十二月二十七日考试院公布的《高等考试西医师考试条例》,此条例说道公布日施行,但是至今并没有考试一回"②。

虽有法令却未能及时施行,正式医师缺乏的现实仍旧。全国医师联合会1936年6月呈文至卫生署,提出甄拔实用医才的"权宜之计"。全国医师联合会的具体办法

---

① 陈明光:《中国卫生法规史料选编(1912—1949.9)》,上海医科大学出版社,1996年,第749-750页。
② 庞京周:《上海市近十年来医药鸟瞰》,《申报》(上海),1933年7月31日第15版。

是：首先调查全国非毕业于正式医学院校的西医师，然后进行基础医学和临床医学的考试，考试及格后发给开业许可证；此项开业检定每年分学理、临症两部，春秋两季举行，以补救医师人数的不足。①

1936年10月9日，卫生署公布《医师甄别办法》②，其第1条规定：在考试院未举行医师考试以前，对不合《医师暂行条例》（1929年）第三条第一、二两款规定之医师进行甄别，经医师甄别委员会甄别合格者，由卫生署发给甄别证书，而领得甄别证书者，可依照《医师暂行条例》第五条规定请领医师证书。《医师甄别办法》（1936年）第6条规定：凡年在二十五岁以上之中华民国人民，具有下列各款资历之一者，得应医师甄别：（一）在未经立案之医学校修业四年以上，且在本办法未颁行以前毕业者。（二）在医院学习医学五年以上，且在本办法未颁行以前开业，经所在地之该管官署发给行医执照或证明文件者。根据《医师甄别办法》规定，甄别科目包括解剖学（组织学在内）、生理学（医化学在内）、病理学（病理解剖学、细菌学、法医学在内）、卫生学、内科学（精神病学、儿科学在内）、外科学（耳鼻咽喉科、皮肤病学、花柳病学在内）、眼科学、妇科产科学共计8科，而后4科应并行临床试验。医师甄别也并非"一刀切"，经医师甄别委员会审查认为确有医师相当之资历者，得免试一部或全部科目。

为配合《医师甄别办法》（1936年）实施，卫生署同日颁行了《医师甄别委员会章程》。③医师甄别委员会由卫生署指定或延聘的医学专家九人组成，并指定一人为主席委员。该《章程》对审查程序、审查原则、审查标准均进行了规定。1939年6月22日，国民政府再次颁布《医师甄别办法》，所不同者，本次由内政部发布，除文字表述略异外，其余内容则完全相同。

1936年11月2日，卫生署第10940号训令阐明了《医师甄别办法》（1936年）的立法理由：

> 查二十一年七月间，由内政部颁行之医师变通给证办法施行期间，除匪区及特别故障外，以一年为限，于二十一年九月以第二〇八号咨达，并分行知照在卷。在该办法施行期内，时值各地多故，仍有其他情形，未克如期领证者，本署为使一律得有效救济起见，前经呈准行政院制定医师甄别办法公布施行，并咨达查照在案。所有医师变通给证办法，及匪区特别故障之规定，应即全部废止，嗣后再有前项人士领证者，即请转饬依照医师甄别办法听候通告报名甄别。除分电外，即

---

① 参见《全国医师联合会呈请甄拔实用医才》，《申报》（上海），1936年6月7日，第12版。
② 陈明光：《中国卫生法规史料选编（1912—1949.9）》，上海医科大学出版社，1996年，第649-650页。
③ 陈明光：《中国卫生法规史料选编（1912—1949.9）》，上海医科大学出版社，1996年，第750页。

请查照转饬所属知照为荷等因,此准,自应照办,合行令,仰该所即便知照并饬属一体知照。①

1940年8月8日,国民政府再次颁行《医师暂行条例》(1940年),但该法令第3条与1929年1月15日《医师暂行条例》第3条所规定的内容几乎完全一致。

对中医师而言,1929年至1935年,中医师开业一致出于"非法状态",作为政府应当特许的行业,中医师开业没有法令上的根据。直到1936年1月22日,国民政府才颁行《中医条例》。1936年12月19日,国民政府修正了《中医条例》,但该法令没有规定医师资格考试。1940年8月6日,内政部再次颁行《管理中医暂行规则》,该法令与《中医条例》(1936年)基本无异,同样没有采取考试方式授予医师资格的规定。

1942年9月24日,国民政府考试院公布了《专门职业及技术人员考试法》,该办法规定专门职业及技术人员包括了五类依法请领证书的人员,其中第三类即为医师、药师、镶牙师、助产士、护士、药剂士,而专门职业及技术人员的考试方法分为两类:一是考验,二是检核,检核除审查证件外必要时举行面试。②

三、中西医考试的统一

1943年9月22日,国民政府公布了《医师法》。正如《管理医师暂行规则》(1922年)《管理医士暂行规则1922年》和《医师暂行条例》(1929年)等规定"在医师法未颁布以前,关于医师之认许,暂行适用本规则或依本条例规定行之",经过多年立法及实践,《医师法》正式颁布。《医师法》的颁布标志着中国现代医师制度的基本形成。《医师法》明确规定《医师法》颁布之日,《西医条例》(1930年)及《中医条例》(1936年)同日废止,并将中西医同时纳入该法调整之内,实现了中西医师的统一立法。

最值得称赞的是,《医师法》第1条即规定:"中华民国人民经医师考试及格者,得充医师。"该规定确立了只有经过考试及格才能授予医师证书的医师职业资格制度,且对中西医师平等适用。不仅如此,《医师法》对参加医师考试的资格也进行了限定,规定只有两种情形并经"检核"后才能有资格参加医师考试。这两种情形分别是:(1)公立或经教育部立案或承认之国内外专科以上学校修习医学,并实习成绩优良,得有毕业证书者。(2)在外国政府领有医师证书,经卫生署认可者。由于中医本

---

① 《转知废止医师变通给证办法案》,《南京市政府公报》,1936年第171期,第66-67页。
② 参见《专门职业及技术人员考试法》,《外交部公报》,1943年第15卷第7-12期,第61-62页。

身的特殊性,针对中医师,《医师法》在其第 3 条进行了特别规定。① 显然,由于《医师暂行条例》(1929年)未就中医师资格进行立法的历史教训,国民政府在《医师法》中对中医问题进行了特别规定。由此,民国中西医师统一立法、统一资格考试,得以实现。

1943年11月27日,卫生署公布了《医士暂行条例》,其适用对象系指根据中国传统相沿之医学书籍为人治病者而言。《医士暂行条例》第3条规定了申请医士证书的资格条件,但没有规定医师考试制度。在《医师法》施行二月之后,国民政府卫生署违背《医师法》所确立的基本制度,就中医师进行了特别立法。

根据《医师法》第39条的授权,国民政府社会部和卫生署于1945年7月21日联合公布了《医师法施行细则》,其第2条规定"请领医师证书或中医师证书者应备具下列文件、费款……"同时,第4条规定"曾领前内务部及大本营内政部西南政务委员会所颁发之医师或医士证照者,自医师法施行日起,不再换发医师证书,均应经医师考试及格始得请领医师证书或中医师证书"②。《医师法施行细则》的规定实际上"变通"了《医师法》所确立的中西医师统一规制的基本制度,尤其是《医师法》第1条及第3条的规定,转而将医师按照医学知识体系进行分类,西医医师称为"医师",中医医师称为"中医师"。1946年6月9日,国民政府卫生署命令各地卫生局称"中医应称中医师,西医应称医师"③,规定中医不得再称医师,公然否定了1943年公布的《医师法》。④

中西医平等是中医积极抗争的结果,实属来之不易,中医界对此问题也非常敏感。《医师法施行细则》颁行后,中医界再次提出抗议,理由是《医师法》统一规定"中华民国人民经医师考试及格者,得充医师";"经医师考试及格者,得请领医师证书"。但是《医师法施行细则》就中西两医在立法上分别称谓,似有对中医医师降等之意图。时人赵鸣球认为中医师"限制称医师实属有背法令",并向卫生署呈文称"为呈请依照医师法,准许中医称医师,领医师证书,并将医师法施行细则加以修正"⑤。而卫生署于1947年3月6日以京医字第3252号批复称:

---

① 《医师法》第3条规定:中医具有下列资格之一者,亦得应医师检核:(1)曾向中央主管官署或省市政府领有合格证书或行医执照者。(2)在中医学校修习医学,并经实习成绩优良,得有毕业证书者。(3)曾执行中医业务五年以上,卓著声望者。

② 陈明光:《中国卫生法规史料选编(1912—1949.9)》,上海医科大学出版社,1996年,第675页。

③ 赵鸣球:《从法的观点研讨中医可称医师应领医师证书不得横加限制并呈卫生署文》,《中国医药研究月报》,1947年第1卷第6期,第66-67页。

④ 赵洪钧:《近代中西医论争史》,安徽科学技术出版社,1989年,第129页。

⑤ 赵鸣球:《依现行医师法中医可称医师应领医师证书》,《国医砥柱》,1947年第5卷第8期,第7页。

> 据建议，中医师应发医师证书并修正医师法等情俟会商办理由，呈件均悉，查所陈不无见地，俟会商有关机关呈请修正，仰即知照！

而抗议人赵鸣球认为，此批未免有点支吾其词、答非所问，其所以如此者，盖门户之见未除，限制之意未泯故也。①

《医师法》虽然统一建立了医师资格考试制度，但该制度的施行却非常缓慢。《医师法》于1943年9月22日颁行，但卫生署首批检核中医师竟是在1947年。据《申报》1947年2月1日报载：

> 上海中医师，依照医师法，申请检核。经考试院首批检核合格者，为张赞臣等五十余人，兹又呈奉卫生署首批审查合格者，计有张赞臣、杨彦和、张仲勋、盛心如、钱今阳等五人。②

1945年5月20日，考试院公布《中医检核面试办法》，该办法规定：中医检核之面试每年举行一次，必要时得临时举行；面试分为笔试、口试或实地考试；笔试科目分必要科目（诊断学、药物学），选试科目由应考人任选一科，选试科目包括内科、外科、小儿科、妇科、伤科、针灸学；面试以口试或实地考试成绩与笔试各科成绩合计平均满六十分为及格。由于"以该项原颁办法规定较严，迄今未付诸实施，经中医师检核委员陈郁、高德明两氏联名建议已得考试院统一修订"③。1948年4月27日，考试院颁行修正《中医检核面试办法》，该修正办法规定：中医检核之面试每年举行一次，必要时得临时举行；面试由声请人任选一科以笔试或口试行之，必要时并得加以实地考试；科目包括内科、外科、儿科、妇科、伤科、针灸科、眼科、喉科、按摩科、痘麻科、麻疯科、痔漏科、精神病科等十三课；面试成绩以六十分为及格。从《中医检核面试办法》修正前后对照来看，1945年5月20日考试院公布的《中医检核面试办法》规定必要科目为诊断学、药物学，而该两项科目却为西医学科的内容。

1946年1月14日，卫生署公布《收复区开业医事人员管理办法》④，该办法规定对

---

① 赵鸣球：《从法的观点研讨中医可称医师应领医师证书不得横加限制并呈卫生署文》，《中国医药研究月报》，1947年第1卷第6期，第66-67页。
② 《中医师首批五人，卫生署审查合格》，《申报》（上海），1947年2月1日，第5版。
③ 《考试院修订中医检核面试办法》，《国医砥柱》，1948年第6卷第10期，第1页。
④ 陈明光：《中国卫生法规史料选编（1912—1949.9）》，上海医科大学出版社，1996年，第676-677页。

收复区开业医事人员发给临时开业执照,临时开业执照有效期为三十五年年底为止,过期失效;在临时开业执照有效期期满前,得向考试院依法申请检核或应考,俟取得考试及格证书,再呈卫生署请领职业证书,并向地方卫生主管机关另行注册,领照后始得继续开业。民国中央政府规定临时开业执照截止期限为三十五年年底,但是,至1947年4月,上海尚未按期执行。例如,1947年4月12日《申报》报载:

> 卫生局前率卫生署令:凡于本市收复前即在市区开业之医事人员,具备检核资格而无中央证书者,可补发临时开业执照,申请期以二星期为限。该局奉令后,当规定四月十八日至二十七日为申请期间,并拟订原在收复区开业医事人员资历,审收复前在本市开业,现仍继续执行业务之医师、中医师、药剂师、牙医师、护士、助产士、药生、镶牙生,未经依法取得合法资格者,悉应于四月十八日至二十七日,申请审查资历或考询,于五月间举行考试。经审查考询合于规定者,由卫生局发给临时开业执照,逾期不为申请或申请不合格者,勒令停业。卫生局特组织考询委员会,规定凡申请审查资历者,应至局填具申请并证件及费款。①

其后,该项医师考试一延再延,上海卫生局初定考试在五月间举行,但其后又推延至六月。对此,《申报》于1947年5月16日报道称:

> 卫生局前奉卫生署令,凡于本市收复前即在市区开业之医事人员具备检核资格而无中央证书者,可补发临时开业执照,至今为止,申请登记者已达一千五百余人,将于六月初举行考试。经审查考询合于规定者,由卫生局发给临时开业执照,否则勒令停业。②

国民政府就中西医统一立法的同时,对于外籍医师的考试制度也有相应规定。1942年9月24日,国民政府考试院公布的《专门职业及技术人员考试法》第3条规定关于应考人员国籍限制,必要时得由考试院变更之。③其后的《专门职业及技术人员考试法施行细则》未规定外籍医师考试的具体办法。④

---

① 《医事人员未依法取得资格规定期内应申请审查考询》,《申报》(上海),1947年4月12日,第4版。
② 《无证医事人员一难关》,《申报》(上海),1947年5月16日,第4版。
③ 参见《专门职业及技术人员考试法》,《外交部公报》,1943年第15卷第7-12期,第61-62页。
④ 参见《专门职业及技术人员考试法施行细则》,《广西省政府公报》,1942年第1576期,第2-3页。

1944年,国民政府考试院依据《专门职业及技术人员考试法》制定了《外国人应医事人员检核办法》。[①]1947年2月25日,考试院对该办法进行了修正,但没有改变原有基本制度。该检核办法规定,申请检核的资格条件是提供学历证明或领有外国医事人员职业证书并经缴验,检核由考选委员会医事人员检核委员会常期办理,经检核及格的,由考选委员会呈请考试院发给及格证书;领有检核及格证书的,可以申请执业证书。[②]

---

① 《外国人应医事人员检核办法》,《湖北省政府公报》,1944年第514期,第7页
② 《修正外国人应医事人员检核办法》,《法令周刊》,1947年第10卷第11期,第8页。

第四章　民国医师执业认许制度

早在清末,中央及地方政府已经对医师执业"认许"制度有了较为成熟的认识,并开始了初步的医师法律制度构建。比如1907年,修订法律馆拟定的《大清刑律草案》第296条就规定,凡未受公署之许可以医为常业者,处伍佰元以下罚金。

对此草案规定,地方大员则有不同的意见。闽浙认为"究应如何始能许可及何项公署许可始准行医并未载明,应请明白宣示方遵办"[①]。两广认为"外国医生向需由官发给凭照,中国向无此政令,凡业医者悉听自行其术,今欲概令有官方许可方能行医,恐一时尚难办到"[②]。两江总督则认为,应求其本,先行考验,再予发给文凭方准其行医。其签注意见:"凡有习医已成欲以医为常业者,须由地方官会同医官考验合格,给予文凭方准行医。则此条规定凡未受公署之许可以医为常业者处伍佰元以下罚金,尚属可行。若不求其本,虚悬此未受公署许可处罚之文,仍恐无益。"[③]

以上签注表明,清末地方政府已经对医师执业认许制度的复杂性有了较为深刻的认识,并向立法者提出有益的建议。《大清刑律草案》随着清王朝的覆灭,该法律构想也就成为了一种历史遗迹。

民国时期,在"国家医学""整顿医业"的主导思想下,医师执业许可制度开始试行,主要表现为医师资格的认定、考试和医师执业的认许。对于这两种制度,当时的政府和学界都积极倡议。比如1922年,中华医学会为要求对医生执业进行注册而向政府请愿。[④]1927年,广东省灵山县第五区公民黄佐民直接上书中央政府,建议政府派专人召集医士进行考试,对考试及格的,根据不同的等次给予文凭,而对不及格

---

① 转引自高汉成:《签注视野下的大清刑律草案研究》,中国政法大学博士论文,2005年,第87页。
② 转引自高汉成:《签注视野下的大清刑律草案研究》,中国政法大学博士论文,2005年,第58页。
③ 转引自高汉成:《签注视野下的大清刑律草案研究》,中国政法大学博士论文,2005年,第72页。
④ Xu Xiaoqun(2001). Chinese Profession and the Republican State:The Rise of Professional Associations in Shanghai. 1912—1937,by Cambridge University Press,p138.

的则予以严厉取缔,而卫生部则表示"取缔庸医,诚为卫生行政要务,取缔之法首在厉行登记"。公民黄佐民上书进行医师执业认许的手段是"考试",而政府则认为"登记"是首要手段,但是无论如何民国政府已明确医师管理为政府责任。实际上,从现代医师执业制度模式来看,医师资格考试制度和行政执业认许制度,是医师执业制度的两项核心制度。关于此,清末两江总督针对《大清刑律草案》签注意见明确表达了该两项制度的作用。的确,正如两江总督所认为的那样,医师考试制度才是其本。

对于医师登记注册,时人剑萍认为有几大要义:一是使医师有法律上之保护。二是技术的甄别问题。三是维护医药上的道德问题。① 在时人剑萍看来,登记注册是医师取得行医资格的法律根据,其执行业务的行为可以获得法律上的保护。医师登记注册,即为医师资格的认定过程,获得登记注册即表明医师在医疗技术上的优良性,而不再是巫医、江湖游医。再者,医师登记注册的过程可以将巫医、江湖游医等滥竽充数或虚伪牟利的败类"全部淘汰",从而维护医药界的尊严和信誉。时人剑萍对医师登记注册的认识,也正是现代医师管理法制的积极内涵。

第一节 中医师的执业认许

对中医的历史作用和重要性,毛泽东于1954年7月针对中医问题指出,中医对我国人民的贡献是很大的,中国人民之所以能够生衍繁殖,卫生保健事业所起的作用是其中重要的原因之一,这应首先归功于中医。②

著名的医学家金宝善也认为:"我国人民的健康,几千年来都是依靠中医、中药的。中医和西医比较,已有几千年的历史,西医传入中国不到一百年。清末到全国解放为止,全国人民疾病的诊疗,依靠中医的占极大多数,只有少数城市人民依靠西医。由此可见,中医的贡献是很大的,而西医的功劳和贡献,相对之下,是微不足道的。"③因此,我们应当首先肯定中医在中华民族发展历史长河中的重要作用。

但是,中国传统社会中,在"医乃仁术"的医学伦理下,对传统医学的从业人员采取的任其"自由经营"的消极管理方式。整体而言,这种消极管理方式既有利也有弊。利处在于有志于"悬壶济世者"均可以从事,这可以使得民众获得便利的医疗保健服务;但弊端也是相当突出的,"所谓学书不成和学剑不成的低能者,也居然把医业

---

① 参见剑萍:《医师药师助产士登记之意义》,《首都市政公报》,1929年第41期,第3页。
② 《当代中国卫生事业大事记(1949—1990年)》,人民卫生出版社,1993年,第44页。
③ 参见《金宝善文集》,北京医科大学公共卫生学院印,1991年11月,第38页。

为谋生的退步"①。所以才有了"医无上等者,即中等之医,亦不多见,分摆摊、坐轿、官医、跑街等名目"②。所谓自由经营即是任何人以其"志愿"选择是否行医,"正业"或"副业"在所不问,中医师由师承、世家和自己学习而来。显然,中医师产生方式是随意的和无序的,"天才"悬壶济世固然可以使社会得到良医,但"低能者"自不能成为"上等医",其行医必然会"贻误苍生"。

为此,民国地方及中央政府开始对中医师执业资格进行管理,以提高中医师的准入门槛,从而提升中医师群体的整体执业水准。

一、对中医师执业的限制

民国时期,首先对中医师执业资格问题立法进行规制的是地方政府。例如,民国十年广州市卫生局颁行《取缔中医生注册章程十一条》,该章程第1条规定"凡中医生须在卫生局注册领有证书始准设馆行医",而卫生局给予注册的条件是中医生符合免试的条件或经该卫生局中医试验委员会试验及格者。③

民国政府对中医师执业认许的立法相对较晚,国家层面的中医师管理立法始于北洋政府时期的《管理医士暂行规则》(1922年),该规则奠定了中医师执业认许的历史性基础。

(一)立法偏见与中医师群体的抗争

1922年3月9日,为保障医师管理,北洋政府内务部颁布了医师法令,这是民国中央政府首次为医师立法,初步确立了医师职业资格制度和执业认许制度,是中国现代医师法律制度的开端。基于中国当时中西医并存的现实状况,北洋政府就中西医分别制定了《管理医士暂行规则》和《管理医师暂行规则》。从此,在中国,中医师称"医士",西医师则称"医师"。

《管理医士暂行规则》(1922年)第1条规定,凡具有医士资格者,应由内务部发给医士开业执照,其未经核准给照,不得执行医士之业务。显然,北洋政府对医士执业实行"医士资格和核准给照"制度。《管理医士暂行规则》(1922年)第3条规定,年龄25岁以上具有以下资格之一的,才准予发给医士开业执照:(1)曾经在地方警察厅考试及格并领有证明文件的。(2)在中医学校或中医传习所肄业三年以上并领有毕业文凭的。(3)曾任官、公立医院医员三年以上,确有成绩证明文件,并取具给照医师或医士三人以上保证的。(4)有医术知识经验,在本规则施行前,行医五年以上,

---

① 参见蒋振勋:《什么叫做医师》,《医药评论》,1929年第23期,第3-4页。
② 傅崇矩:《成都通览》上册,巴蜀书社,1987年,第195页。
③ 参见《取缔中医生注册章程十一条》,《卫生年刊》,1923年,第43-46页。

有确实证明,并取具给照医师或医士三人以上保证的。①

对于内务部法令,也有地方政府积极贯彻实施的,例如1922年5月27日《申报》报道:

> 淞沪警察厅长徐国梁,近奉北京内务部令管理医师医士开业并颁发管理医士规则及实施手续各一份,仰即转饬所属自文到三日起至迟于三个月以内一律实施等因,昨特通令所属各区署所一体遵照办理,南市第一区警署王金山署长奉令后,特令差遣巡长张守田挑选巡逻警一名随同韩巡长在本管境内将所有医士详细调查。②

从上则报道看,上海地方政府对《管理医士暂行规则》(1922年)这一法令的态度是限期实施和主动调查。

从《管理医士暂行规则》(1922年)第3条规定内容可以看出,北洋政府对医士的执业认许方式采取的是"曾考试合格""领有毕业文凭"或者"有一定期限以上的实际执业证明"三种方式。《管理医士暂行规则》(1922年),是北洋政府对近代西方医学建制的效法,同时,也一定程度上兼顾了中国本土医学和医士的特殊性。

《管理医士暂行规则》(1922年)虽然是民国政府对医士法律制度的开创性法令,但是该法令对医士执业资格和中医药行业的发展规定了较大的限制性规则。

首先,按照第3条第4项规定,行医时间低于五年的,无论其是否有医术知识经验,均不具备医士资格,不得行医。显然,这种医士执业资格条件的限制,排除了确有行医能力但行医经历不足五年的医士,《管理医士暂行规则》(1922年)对此类医士的执业权利没有规定救济途径。

其次,第25条规定:"本规则公布满二年后,凡非合于本规则第三条一、二两项资格者,不发给医士开业执照。"据此,《管理医士暂行规则》(1922年)施行两年即1924年3月以后,医士除"曾经各该地方警察厅考试及格领有证明文件者以及在中医学校或中医传习所肄业三年以上领有毕业文凭者"外,不得领证,自不得行医。这就意味着《管理医士暂行规则1922年》颁行两年后,"在中医学校或中医传习所肄业三年以上领有毕业文凭者"是新的医士的唯一产生方式。但是,医士的主要产生方式是师承、世家和自己学习,上述规定实际上是基本将通过"师承、世家和自己学习"这

---

① 参见陈明光:《中国卫生法规史料选编(1912—1949.9)》,上海医科大学出版社,1996年,第623页。
② 《管理医士规则之实施》,《申报》(上海),1922年5月27日,第14版。

种医士的产生方式以立法方式给予禁止。这对医士群体而言,近乎是灭顶之灾。

因此,这一法令一经出台即引发了中医界的强烈抗议。1922年6月2日,上海中医药界各团体代表百余人举行会议,议决四项办法如下:

(一)由公团体呈警厅及致电内务部,具述理由,务请收回成命。
(二)通知各埠中医采取一致行动。
(三)召集全省中医联合会议,并设立联合总会事务所,定会期于6月11日。
(四)在联合会未成立前,由上海中医学会负责组织接洽,办理进行手续。①

由于事关绝大多数医士的命运,中医界的抗议一触即发。当然,中医与中药天然不可分离,医士遭到取缔,必然会殃及中药界。因此,上海中医药界联合群起抗议。

上海中医学会则通告各省医会同志电称:内部颁布管理医士规则,条例繁苛,实难遵允。迭接诸君函电,具见同心。挽欲倒之狂澜,应合群而励进,请就各地联合,固结团体,以厚实力。当从根本之计,勿贻一哄之羞,同人努力奋进,决不少懈。②

1922年6月13日,神州医药总会会员张宗楣为反对《管理医士暂行规则》(1922年),特提出意见书,其主张可分三步:

(一)先请当局暂缓执行条例。
(二)采信各国考验医士条例,尊重中国医界习惯,申请内(务)部修改条例,至考试等权付之各省医会,医士有违医务上之行为警厅须得省医会同意后取罚。
(三)请该总会通知各分会筹赀办学以植人材而重医务。③

上海也成立了"江苏省中医联合会同盟",提出在中医学校和传习所寥若晨星之时,以学校毕业为主要的登记前提并不符合国情,同时,还认为对中医的考验也应由中医团体来主持而不是官方。④ 不过中医界也认为"考验医士,先进国早有定例,吾人似无反对之必要"。因此,最终主张在普及中医学校教育之前缓行此项条例或修改相关条文。⑤

---

① 《本埠医界联席会议记》,《中医杂志》,1922年第3期,第149-150页。
② 《本会反规运动进行记》,《中医杂志》,1922年第3期,第150页。
③ 《反对部管医士条例之意见》,《申报》(上海),1922年6月14日,第14版。
④ 《上海中医学会宣言书》,《申报》(上海),1922年6月12日,第3版。
⑤ 《医界联席会议》,《申报》(上海),1922年6月4日,第15版;《反对部管医士条例之意见》,《申报》(上海),1922年6月14日,第14版。

由于自颁行《管理医士暂行规则》(1922年)以后,各地医学团体群起抗议,吴县公署、苏州警察厅转呈内务部称:各省区警务处暨警察厅先后呈称或以军事繁兴诸多窒碍,或以地方稍远调查困难,请予暂缓实施。1922年7月17日,《申报》刊发《部令缓行管理医士规则》文,内务部认为:

> 查前项暂行规则本属一时权宜办法,既据声称颇多窒碍难行之处,自系实在情形,应由各该省区警务处暨警察厅暂按各该地方情形及向来习惯实酌办理,所有前项暂行规则应即暂缓实行。①

北洋政府《管理医士暂行规则》(1922年)因遭到中医药界的强烈反对及地方政府的消极执行,于颁行仅四个月后被迫暂缓执行,医士管理"按各该地方情形及向来习惯实酌办理",而北洋政府缓行的理由是"据声称颇多窒碍难行之处,自系实在情形",这说明北洋政府在制定《管理医士暂行规则》时缺乏立法调查,也缺乏公众的参与,尤其是中医界意见的表达。

(二)中医师给照保证

由于中国传统社会中医师向来"自由执业",国家缺乏对中医师的登记,为了保证医士确有相应的执业经历,《管理医士暂行规则》(1922年)规定了"执业经历保证制度"即第3条第3、4项之规定:曾任官、公立医院医员三年以上,确有成绩证明文件,并取具给照医师或医士三人以上保证者;有医术知识经验,在本规则施行前,行医五年以上,有确实证明,并取具给照医师或医士三人以上保证者。

医院出身之医员和自由执业的医士行医需要有已经给照的三人以上医师或医士保证。但是,由于中国幅员广阔,很难做到所有地区均有给照医士,于是,内政部于1922年4月17日公布《管理医师医士暂行规则实施手续》,其第4条规定:

> 凡初次领照,如确系偏僻,无领照医师、医士出具保证书时,其保具与被保具之医师、医士,得用连环保结法。②

北洋政府规定了给照医士保证制度以及连环保结法,但其执行却不尽人意。1927年7月2日《申报》报道了上海卫生局就医士开业执照管理的乱象:

---

① 《部令缓行管理医士规则》,《申报》(上海),1922年7月17日,第11版。
② 陈明光:《中国卫生法规史料选编(1912—1949.9)》,上海医科大学出版社,1996年,第624页。

上海卫生委员会前派员赴淞沪卫生局调查滥发医生开业执照一案,该员于上月二十五日亲赴该局调查一切,是日适刘局长因事外出,未得晤面,由该局秘书邓君接见。据云,前局长任内发出医师开业执照,计发中医执照一千三百七十六张、西医执照三百八十三张,其间登记手续与章程不符之处甚多。至中医发给执照,除由神州医药学会会员之资格而登记者外,其余均由有名中医二人来信介绍登记发给执照;西医由上海医师公会会员确有资格登记者外,其余未有学校卒业证书之百余人均由私人来函介绍登记。且该局对于是项案宗,因政局变迁,散乱无章,无正式案宗可稽,仅有医师报名册二本、上海医师公会会员录一本、医师执照清册二本、调查医生住址清册七本、神州医药会中医会员履历二本等册而已,至于详细情形,案宗紊乱,无从彻底调查云。①

根据上海卫生委员会的调查可知,淞沪卫生局颁发医士开业执照并未严格依照《管理医士暂行规则》(1922年)规定执行,例如,《管理医士暂行规则》规定的是"三人保证制度",而淞沪卫生局竟是"二人介绍"。这难免造成领证医师鱼龙混杂,而造成这一乱象的直接原因是地方卫生行政机关对中央政府法令执行、管理混乱。

医士给照制度未能切实落实的原因,除地方卫生行政机关执法混乱外,还有保证人作伪证的因素。为此,也有地方卫生行政机关取消保证人执业执照的案例。例如,1933年,湖北市民刘耀东自称,现年62岁,行医20余年,并提交同业三人证明书暨履历、相片等文件,请求发给医士执照。但刘耀东所呈相片似无62岁模样,而经调查户籍资料发现刘耀东实际年龄仅为46岁。为此,《湖北省政府公报》信字1004号案文称:

据此,查该刘耀东年龄,既经查明不实,自未便准予给照。惟该证明医士李性初、刘汉臣、叶华松等甘为伪证,并声明取消本人执照,殊属自取咎戾,应即追缴执照,以示惩戒,而警其余。②

《管理医士暂行规则》(1922年)在落实医师执业认许法制化进程中,由于当时社会历史条件的限制,法律实施效果并不理想,这在很大程度上与立法者的立法理想和当时中国的社会实际脱节有关。传统中医师的自由放任执业状态陡然升级为西方

---

① 《卫生委员会调查登记医师》,《申报》(上海),1927年7月2日,第15版。
② 《为医士李性初刘汉臣叶华松等甘作伪证已追缴原领执照仰转知注册医士再毋违反》,《湖北省政府公报》,1933年第35期,第122-123页。

式的医师法制化运行,二者的融合没有找到适合的切入点,影响了中医师法制化的社会效果。

二、中医师执业的存废之争

（一）中医师"无法"执业

南京国民政府成立后,以西医为主导的卫生行政系统得以建立,其医师立法也极力效法西方医学建制。1929年1月15日,经国民政府核准,卫生部公布了《医师暂行条例》。①

自北洋政府颁行《管理医士暂行规则》(1922年)和《管理医师暂行规则》(1922年)以来,民国时期实行医士与医师分别立法、分别管理的模式。但是1929年1月15日公布《医师暂行条例》后,没有同时另行规定医士的管理法令,也没有明确《医师暂行条例》(1929年)是否适用于医士。于是,江苏民政厅呈请卫生部,以明确医师条例是否适用于医士,卫生部则批示称：

> 关于中医登记应俟中央颁布医士暂行条例后,再行核办,仰即转知为要。②

对《医师暂行条例》(1929年)的适用对象有疑惑的不仅仅是江苏民政厅,福建民政厅也是如此。由于福建中医师林恣珍依照《医师暂行条例》(1929年)申请发给医师证书,福建民政厅为此呈请卫生部,而南京国民政府卫生部于1929年5月15日批示称：

> 呈转福建均悉,查原具呈人资格核与现行医师暂行条例第三条各款之规定不符,应俟中医士条例公布施行后再行呈请核办,仰即知照,附件发还。③

显然,在国民政府卫生部看来,《医师暂行条例》(1929年)的适用范围不存在解释的必要,该《医师暂行条例》(1929年)不适用于中医师,而是仅仅适用于西医师。《医师暂行条例》(1929年)的颁行致使中医师失去了法律的认可与保障,中医师执业处于"无法"状态。

---

① 陈明光:《中国卫生法规史料选编(1912—1949.9)》,上海医科大学出版社,1996年,第631页。
② 《令江苏民政厅据呈请示医药师条例是否适用于中医仰俟中医条例颁布后再行核办文》,《卫生公报》,1929年第1卷第6期,第16页。
③ 《令福建民政厅据呈请核发林恣珍医师证书仰俟中医士条例公布后再行核办文(五月十五日)》,《卫生公报》,1929年第1卷第6期,第18页。

（二）中医废止案

对中医师群体而言，对其合法性受到质疑的不仅仅是《医师暂行条例》（1929年）。就在《医师暂行条例》（1929年）公布之后不久，西医群体和推崇西医的国民政府卫生部、教育部继续提出了一系列主张和措施，以从根本上废除中医。西医师余云岫向教育部呈文呈请废除中医学校，余云岫称：

> 稍有头脑，罔不悬忧。伏请命令禁止其传习，废其学校，取其四千年经验所得之部分，归之医学院、药学院中，以真正科学实验之方法，整理而亭毒之，如金之就范，刃之发硎，则上之可以为国利，下可以为民福，内之可以正社会之趋向，外之可以争国际之位望。而于先总理谆谆以科学启发中国之旨，尤为符合，以为当务之急，而非轻小之事。①

在余云岫看来，由于中医不符合科学，应当对中医加以整理取其经验部分，故其主张禁止中医传习、废除中医学校。

主张废除中医的不仅仅是西医界，还有南京国民政府的教育部和卫生部。

国民政府首任卫生部长薛笃弼②上任之初，便专门成立政策咨询机构即"中央卫生委员会"，除薛笃弼为法学出身外，首届委员会18名委员中17名委员全部为西医出身。鉴于当时西医在公共卫生方面的优势，中央卫生委员会根本没有考虑中医群体的参与。

1929年2月23日到25日，南京国民政府卫生部在汪精卫的授意下召开了南京国民政府第一届中央卫生委员会会议，会议由卫生部次长刘瑞恒③主持。会议共讨论议案49件，其中4项议案《废止旧医以扫除医事卫生之障碍案》《医师法之原则案》《统一医士登记办法案》《制定中医登记年限案》均涉及医师登记。"西医至上论者"褚民谊是国民党中央执行委员，其在会议上说："中国卫生行政的最大障碍就是中医

---

① 《余岩请教育部废除中医学校呈文》，《广东医药月报》，1929年第1卷第5期，第11-12页。
② 薛笃弼（1890—1973），运城人，山西法政学校毕业，1911年后任临汾地方审判厅厅长，1914年后任陆军第十六混成旅秘书长兼军法处处长，1923年后任北洋政府司法部次长、国务院代秘书长，1924年任内务部次长、京兆尹，1925年任甘肃省省长，1926年任国民联军总司令部财政委员会委员长，1927年后任国民政府民政部、内政部、卫生部部长、水利委员会委员长、水利部部长。曾当选为国民党中央第三、四届候补执行委员和第六届执行委员。建国后，任上海市政协常委、民革中央委员，是第二届全国政协委员。
③ 刘瑞恒（1890—1961），1903年考入北洋大学堂，1909年获哈佛大学理学学士学位后，专攻医学6年，1915年获哈佛大学医学博士，回国后任北京协和医院第一任华人院长和中华医学会会长。1928年10月，国民政府卫生部（后改卫生署）于南京成立，历任卫生部（署）次长、部长、署长。

中药,要是行政上了轨道,而不把中医中药取消,就不能算国民革命成功,所以要由卫生会议负起责任,通过全国专家所拟订的提案,交由政府执行,才能算是完成了革命的大业。"会议主要决议为,旧医登记法限两年为止,在民国十九年底取消之,以后不能再登记;旧医之补充教育限五年为止,民国二十二年取消之,是为训练登旧,登记终了之年以后不再训练;禁止设立中医学校流传谬种,勿使延长其卫生行政上之障碍。① 第一届中央卫生委员会之四项提案坚持以限制中医、加速西医快速发展为目的,该决议排除了中医师的再生。

关于民国政府限制中医发展,早在北洋政府建立之初即有"漏列中医案"。1912年7月,北洋政府举行教育会议,拟仿照日本学系体例制订《壬子癸丑学制》,其后陆续颁布各科学校令,大学共分文、理、法、商、工、农、医七类,医学类又分为医学和药学两门,医学科目共有解剖学等51科,药学分为有机无机化学等52科,二者均没有把中医药学列入。② 对此,史称"漏列中医案"。时任北洋政府教育总长汪大燮公开发表言论称"我决意今后废止中医,不用中药……"③ 教育总长的言论表明,所谓漏列中医实际上是北洋政府有意为之。

"漏列中医案"引起了全国中医界的抗议。为了应对中医界的强烈抗议,民国政府于1914年1月16日发文称"除制定中医学校课程一节暂从缓议外,其余各节,准予分别筹办"④。1925年,中医界再次提出"请教育部明定中医课程并列入医学规程案",同年11月20日教育部部务会议却认为"不合教育原理,未便照办"。"中医界哗然,纷纷致电教育总长章士钊质问,章氏不予理会。"⑤ 北洋政府未将中医学校列入学校系统,因此,1929年第一届中央卫生委员会废止中医决议意味着1930年后将无新的中医师产生。

褚民谊与汪精卫是"连襟关系"。北伐胜利,汪精卫在武汉演说时,吹捧日本明治维新的"第一件值得称道的事就是割除汉医(即中医)"。褚民谊追随汪精卫趁中央卫生会议时机取缔中医。在褚民谊的主张下,西医师余云岫、汪企张提出了"废止旧医以扫除医事卫生之障碍案",提案称西医为"新医",称中医为"旧医"。主提案

---

① 余岩:《废止旧医以扫除医事卫生之障碍》,《中央卫生委员会第一次会议汇编》,第103页,中国国家图书馆·中国国家数字图书馆(北京图书馆藏),http://mylib.nlc.cn/web/guest/search/minguotushu/medaDataDisplay?metaData.id=1605006&metaData.lId=1608627&IdLib=40283415347ed8b-d0134834eef150010,2018年8月15日访问。
② 《教育部部令第25号》,《政府公告》,1912年11月25日,第208号。
③ 《金宝善文集》,北京医科大学公共卫生学院印,1991年11月,第39页。
④ 陇西布衣:《上海七个中医校的教程及兴亡》,《医界春秋》,1928年第21期,第32页。
⑤ 上海医师公会:《上海医师公会致中华医学会书》,《中华医学杂志》(上海),1926年第1期,第28页。

人余云岫的倡议理由有四点：

  一、今旧医所用者，阴阳五行六气脏腑经脉，皆凭空结撰，全非事实，此宜废止，一也。二、其临床独持桡动脉，妄分一部分之血管为寸、关、尺三部，以支配脏腑，穿凿附会，自欺欺人。其源出于纬侯之学，与天文分野，同一无稽，此宜废止，二也。三、根本不明，诊断无法，举凡调查死因，勘定病类，预防疫疠，无一能胜其任，强种优生之道，更无闻焉。是其对民族民生之根本大计，完全不能为行政上之利用，此宜废止，三也。四、人类文化之演进，以在绝地天通为最大关键，考之历史，彰彰可按。所谓绝地天通者，抗天德而崇人事，黜虚玄而尚实际也。政府方破除迷信，废毁偶像，以谋民众思想之科学化，而旧医乃日持巫祝识纬之道以惑民众；政府方以清洁消毒训导社会，使人知微虫细菌为疾病之原，而旧医乃日持其冬伤于寒，春必病温，夏伤于暑，秋为痎疟等说以教病家，提倡天地通阻遏科学化，此宜废止，四也。要而言之，旧医一日不除，民众思想一日不变，新医事业一日不上，卫生行政事业一日不能进展。为民族进化计，为民生改善计，不可不采取断然手段。①

  余云岫早年留学日本，颇受日本明治维新废弃汉医的影响，回国后提倡"医学革命"，其主旨就是要效法日本，废除"旧医"即中医，全面推行西医。余云岫的提案全面展开对中医的攻击，历数中医"不科学"，更从医疗卫生行政的角度提出"旧医一日不除，民众思想一日不变，新医事业一日不能向上，卫生行政一日不能进展，为民族进化计，为民生改善计，不可不取断然手段"。所谓断然手段包括：（1）限期施行旧医登记，领执照后方许执业。（2）对已登记的旧医进行新医培训，获得证书才能继续执业。（3）旧医年满50岁以上，国内营业20年以上者，可免受补充教育，给特种营业执照，期限15年，但不准诊治法定的传染病及发给死亡诊断书。（4）禁止登报介绍旧医。（5）检查新闻杂志，禁止非科学之医学宣传。（6）禁止成立旧医学校。中央卫生委员会会议最终通过《中央卫生委员会议议决废止中医案》：（一）旧医登记限至民国十九年底止。（二）禁止旧医学校之设立。（三）取缔新闻杂志等非科学医之宣传品。（四）不得登报介绍旧医。②

  与余云岫等有相同看法的还有南京著名西医师陈闻达，其以统一医权为由，倡导取缔中医：

---

① 《余岩之提案原文》，《杏林医学月报》，1929年第3期，第13页。
② 《中央卫生委员会议议决废止中医案》，《杏林医学月报》，1929年第3期，第12页。

吾国现在的时候，同他们的德川幕府时候相同，要是国家当局不积极提倡科学医学，加入世界科学团体而合作，一味以姑息示惠或竟取法他们取缔兰医之一幕，则国内还有一班理发匠，他们要是以保存国粹维持生计为辩，也可以要求领有医权，他们也可以开一个针灸挑痧学院，将见红白间色之圆棍（理发师门前之红白色圆棍，乃当时指示操针灸等一部治疗的标记）旋转于学府之大门。岂不使全球人士更一新耳目乎。①

西医师陈闻达的表达更加激烈，其竟将中医师称为"理发匠"。

1929年2月26日，上海《新闻报》的一则简讯披露了中央卫生委员会的决议，3月4日，余云岫主编的《社会医报》更是刊出"中央卫生委员会"专刊，引起全国中医药界各团体震惊。当时，上海中医药界成为全国组织抗争的中心。神州医药总会、中华中药联合会等40余个中医药团体联合召开会议决定组织"全国医药团体联合会"，联合全国医药界统一行动，以集中力量为中医药的生存抗争。3月17日，来自全国15个省共131个团体的262位代表，在上海总商会召开"全国医药团体代表大会"，大会的口号是：（一）提倡中国医药就是保全中国文化经济。（二）打倒余、汪提案，就是打到帝国主义。（三）全国中医药两界团结起来。（四）拥护全国中医药大会。（五）拥护国民政府。（六）拥护中国国民党。（七）中华民国万岁。（八）中国医药万岁。②

大会组织了上海著名中医师谢利恒、张梅庵、徐瀚英、蒋文芳、陈存仁等五人为请愿团赴南京国民政府请愿。请愿团于3月20日夜到达南京后，先后向国民党第三次全国代表大会、国民党中央党部、国民政府、行政院等处递交请愿书并在报纸刊登：

呈为请求排除中国医药发展之障碍，以提高国际上地位事，中国医药确有优良治效，乃此次卫生部中央卫生会议，有西医余云岫等议决，截止旧医登记，禁止旧医学校，禁止旧医刊物传播，使中医药前不能继往，后不能开来。禁绝中医药之学业，其罪犹小，禁绝本国学术之发扬，其罪实大，为敢推代表，备文呈请鉴核，准予令行卫生部，明令撤回余云岫等禁锢中国医药之议决案。③

由于其时正值国民党第三次全国代表大会召开，请愿团首先向国民党第三次全

---

① 陈闻达：《统一医权》，《社会医报》，1930年第123期，第1096-1097页。
② 《全国医药团体代表大会纪》，《杏林医学月报》，1929年第3期，第7页。
③ 《全国医药团体大会闭幕宣言》，《杏林医学月报》，1929年第3期，第17-18页。

国代表大会请愿,代理秘书长叶楚伦答复称:"中国医药有悠久之历史、伟大之效力,为全国民众所托命,断无废止之可能,余当尽力援助,并望医药界共同努力。"①行政院院长谭延闿认为"中医决不能废止!我做一天行政院长,不但不废止而且还要加以提倡。政府行政断不可违背民众之需要,中央卫生会议之决议案,断无实行可能"。其以湖南为例道:"从湖南而论,除大城市略有西医足迹外,各县非但西医绝迹,即中医亦极缺乏。此决议案如果实行,病者将坐以待毙,药材农工商全体失业,影响国计民生,不堪设想!"因谭延闿"政躬违和"还当即请谢利恒把脉拟方。

3月24日下午,蒋介石用5分钟时间接见了请愿团,称"你们的事,我都知道,我对中医药绝对拥护,你们放心好了。我小时候有病都是请中医看的,现在有时也服中国药。"②

卫生部长薛笃弼一贯主张中西医并进。中央卫生会议期间,他正好去西北考察,褚民谊等操纵通过"废止旧医"提案,也未向其报告。请愿期间,卫生部长薛笃弼正参加国民党三全会。卫生部政务处胡叔威接见请愿团称:"卫生委员会不过一建议机关,提案实行与否须经本部核查,能否发生行政的效力还须本部呈立法院、行政院通过,然后始能公布。本部以为,中医药正应提倡,取消中医药之提议不能行于现今之中国。"同日晚,薛笃弼以国民政府卫生部名义邀请请愿团全体赴宴,其明确表示:"中央卫生会议之提案,须经卫生部核夺,可以告诉各位,此提案决不能执行。我深信,对中医药之限制并非政治势力所能收效,本良心主张,对中医药这一宝贵国粹断不能偏视。"请愿团随即要求:"部长既已作了这样的表态,可否迅作批复?"因出席国民党三全会,薛笃弼称五日后当将批示送达上海。③薛笃弼还专门发表谈话称:"登记管理医师为各国医药行政的通例,关于中医师暂行条例亦在拟定中。"④

诚然,当时就中西两医而言,支持中医具有先天优势。正如著名中医师陆渊雷在与余云岫辩论时说:"试行……,令国民自由投票,信用中医中药者若干人,信用西医西药者若干人,政府监视开票,吾知信中医中药者,必得百分之九十五,信西医西药者不过五人也。"同样,全国医药团体大会闭幕宣言称:"如必欲以莫须有冤狱相加,谓中医为草菅民命,涂炭生灵,视之如洪水猛兽而不容发展进化,则吾人惟有先自引退,静听全国三万万五千万民众之最后公判!"⑤

中医与西医虽然理论相异,但是否构成推行卫生行政的障碍?卫生行政有无兼

---

① 《全国医药代表大会请愿团之报告》,《杏林医学月报》,1929年第3期,第19-20页。
② 陈存仁:《银元时代生活史》,上海人民出版社,2000年,第134页。
③ 参见《全国医药代表大会请愿团之报告》,《杏林医学月报》,1929年第3期,第19-20页。
④ 《薛部长对于中医存废问题之谈话》,《医界春秋》,1929年第34卷第4期,第50页。
⑤ 《全国医药团体大会闭幕宣言》,《杏林医学月报》,1929年第3期,第17-18页。

容两种医学的可能？这是一个要在实践中探索的问题，不是简单照搬外国经验可以解决的。

面对声势汹汹的反抗浪潮，西医师褚民谊撰文称："今假令旧医从兹得势，新医从此消灭，科学无事乎研求，病菌一任其蔓延而死亡日众，人口日减，任其自然，则若干年后，无需外人之侵略，吾族必日即消灭矣。"①并认为：旧医者自诩国粹，不过为维持其个人衣食生计，不得不出全力以争。上海著名中医师陈存仁则专门针对褚民谊的意见反驳称：

> 吾人治病恒能愈西医不愈之病，否则科学万能，西药来华，即能使中医无自存之可能，何劳西医界西药界奔走会议，以政治势力消灭中医耶？然今日中医界之势力，单就上海一市而论，中医大二千人以上，西医不出五百，中药贸易年达九千万之巨，中药职工达万人之多，中医常识之报纸达二万份之多，苟无实效，岂能久立而不败哉？今姑反言之，当此中医未当消灭之前，西药每一年入口已达一万伍仟万以上，苟中医消灭，则西药销入数目当十倍此数，然则中医之取缔，实乃造成西药畅销之机会，中国虽然富，恐亦不胜此每年十余万万之数也。②

对于中西医的激烈论争，《杏林医学月报》编辑张阶平的评价更为中肯。其在《写在全国中医药界一致反抗中央卫生会议决议废止中医药案之呼声之后》一文中，认为最近掀起的中西医药的恶潮形成两种对抗的壁垒，归结他们排挤的根据，不外乎三个问题，而这三大问题实在是不容错认和误解的：

> （一）新旧问题：新的少不免了旧，旧的也可以新，……中西医也有各自的新旧的，事实上不能用新旧二字来分别……
> （二）学术问题：中医是哲学的，西医是科学的，实在是学理根据不同，要是两家能相互引证，相互融合，那就最好不过了。
> （三）疗效问题：中医治病像是从根本设想的，西医就多只顾局部的解决；从社会一般人们的心理的观察，因为西医的仪器齐备，消毒细微，手术□敏，对于外科病非常信仰，而中医经验丰富，药性适合，脏腑同气，所以对内科病，也表示服从……总之，西医的内科也有精良，中医的外科也有秘传，各有各的长和短。可见中西医的地位都是站在同一水平线上的。今后在医药界上也不必相互排挤、

---

① 《褚民谊氏之意见》，《杏林医学月报》，1929年第3期，第14页。
② 《陈存仁致褚民谊函》，《杏林医学月报》，1929年第3期，第15-16页。

相互攻击。只要大家团结,努力改进,为将来医药界的前途放一曙光。这也是我们最恳诚的一个希望。①

1929年3月6日,因卫生部会同教育部呈请"改定中医学校名称、中医参用西械、医院改为医室",行政院照准后以915号训令要求卫生部、教育部遵照拟定办法办理。②

1929年4月29日,国民政府教育部发布了"中医学校"改称"传习所"的布告:

> 查我国医术,肇自远古,典籍所载,代有传人,近年习中医者,鉴于外邦医学之昌明与夫国内医校之设立,间有仿设中医学学校,图谋改进以期竞美者,揆厥用意良堪嘉许,惟医业关系人民生命,至为重要。各国医士之培养,年限较长,必须毕业于大学或专科,兼在医院经过相当时期之实习者,方准开业。现查有之中医学校,其讲授与实验,既不以科学为基础,学习者之资格与程度亦未经定有标准,自未便沿用学制系统内之名称,应一律改为传习所以符名实。此项传习所不在学制系统之内,即毋庸呈报教育机(关)立案,其考核办法,应侯内政部卫生部商订,通令遵照,至中医有志之士,各欲整理旧有医术,当以科学为依据,探求原理、注重实验,则将来成绩必有可观,本部为划一学制,并促进中医之改善期间,故不惮切申明,希坐医界人士共喻此旨,除咨命内政卫生两部外,特此布告。③

国民政府教育部一方面称"为促进中医之改善期间",另一方面认为中医"学习者之资格与程度亦未经定有标准",却不积极进行资格与程度标准的制定,而其将中医学校改为中医传习所的目的仅仅为"划一学制"。布告显示,中央教育部门对中医的发展采取消极态度,然而,这一消极态度对中医师群体及中医的发展是致命性的,这将导致本来就缺乏系统教育的中医失去学校教育的机会,没有学校教育,中医学人今后的执业自然缺乏根据。

《卫生公报》显示,在教育部将中医学校改称传习所后,其随即就中医传习所办法商请内政部,因当时卫生部已隶属于行政院管辖,内政部以考核中医传习所事项不属于其职权事项为由,再转卫生部,而卫生部与内政部的答复却是"查中医学校既一

---

① 张阶平:《为写在全国中医药界一致反抗中央卫生会议决议废止中医药案之呼声之后》,《杏林医学月报》,1929年第3期,第32页。
② 《训令本部饬知改定中医学校名称中医参用西械医院改为医室案经呈予照准由》,《卫生公报》,1930年第2卷第4期,第3页。
③ 《教育部令中医学校改称传习所布告》,《杏林医学月报》,1929年第5期,第29页。

律改称传习所不列入学制系统,此项传习所现时在各省之情况甚为复杂,拟以暂仍听由各省市地方官署管理较为妥便"①。

中医学校改称中医传习所事关国家医疗卫生事业的发展,教育部在决定"中医学校改称传习所"前,未曾商咨内政部、卫生部,而是在事后就中医传习所管理办法与内政部、卫生部商咨,凸显民国时期中央政府部门之间对医疗卫生事业重大政策缺乏有效的沟通机制。由于中医学校已经改称为传习所,一贯倾向西医的卫生部则以"此项传习所现时在各省之情况甚为复杂,拟以暂仍听由各省市地方官署管理较为妥便",消极处理,根本不考虑中医的生存问题。

面对国民政府取缔中医学校的既定政策,中医学校极力挽回。广东中医药专门学校等请求卫生部转咨教育部收回"中医学校改称中医传习所的成命",而卫生部于1929年6月12日批示称:

> 事关学制系统应听候教育部核办示遵,仰即知照。②

因全国医药团体联合总会常务委员会蔡济平等呈请卫生部转请教育部维持中医学校名称、准予立案,卫生部于9月28日批示称:

> 据广东中医设学,请仍维持学校名称,事关学校教育系统全案,当然系属教育部职权主管,仰即径呈教育部核办。③

政府限制中医的政策接踵而至,国民政府不但要将中医学校排除在学制系统之外,还禁止继续招生。1929年9月16日,浙江省民政厅第17257号训令称:准教育厅函奉教育部令转饬中医学校改称传习所并取缔招生,仰转饬切实遵照。④

1929年12月1日,全国医药团体在上海再次集会请愿。为此,国民政府主席蒋介石特谕"批准请愿呈议,谕令行政院分饬各该部,将前项布告与命令一概撤销以资

---

① 《咨教育部咨复中医学校改传习所不列入学制系统听归地方官署管理请查照文(五月十六日)》,《卫生公报》,1929年第1卷第6期,第34页。
② 《批广东中医药专门学校等据电请转咨教育部收回中医学校改称中医传习所成命等情应听俟教育部核示文(六月十二日)》,《卫生公报》,1929年第1卷第7期,第33页。
③ 《批蔡济平等据呈请维持中医学校名称准予立案等情应径呈教育部核办由》,《卫生公报》,1929年第1卷第10期,第45-46页。
④ 《令杭市长转饬中医学校改称传习所并取缔招生仰遵办由》,《浙江省建设月刊》,1929年第23期,第188页。

维护"①。

1929年12月3日,就广州张大昌盛药行代表潘文生等称中医医药关系国课民生,呈请将中医列入学校系统、免称中医传习所并准广东中医学校照旧办理一案,国民政府行政院指令教育部、卫生部核议,教育部、卫生部于联合向行政院呈报,行政院则"过院准此",其具文竟如下:

> 一、中医不能列入学校系统,业经教育部详叙理由命令布告(第八号)在案,经教卫两部会议后仍以为中医学校之讲授与实验既不以科学学为基础,学习者之资格与程度亦未经定有标准,未便加入学制系统,所请收回成命一节,碍难照准。
> 二、查中医请列入学校系统及中医传习所请求立案之主要原因为未经立案之中医登记问题,卫生部对于中医之登记拟实行考试制度,其投考资格并不以中医传习所毕业者为限,故教卫均认为中医是否加入学制系统、中医传习所是否归某官厅备案,均与登记问题无关,至于中医考试办法及时期另由卫生部办理。②

即便是行政院指令核议中医问题,教育部、卫生部仍然坚持既定政策。然而,此前面对中医团体、中医学校的请求,卫生部一致坚持认为中医学校改称中医传习所属于教育部职权事项,而此次联合呈文显示,此文竟是由"卫生部主稿"。显然,教育部与卫生部对中医及中医学校的态度是一致的,那就是限制、取缔。

因《医师暂行条例》(1929年)专为西医而设,在全国中医药团体的努力下,该法令改为《西医条例》,并于1930年5月26日正式公布。③

三、中医师执业法律地位的确立

《医师暂行条例》(1929年)仅为西医师所定,中医师法令却未能及时制定。卫生部、教育部以及行政院明知中医缺乏登记制度,也声称将公布"医士暂行条例",却迟迟不予颁行专门法令。

1933年5月,石瑛等29名委员以《西医条例》专属西医,而中医师立法尚付阙如,特提出《国医条例原则》九项,提交国民党中央政治会议,经讨论通过并更名为《中医条例》,该条例于1936年1月22日以国民政府名义正式公布。此次中西医师分别立

---

① 《蒋主席批谕维持中国医药及撤销布告及命令》,《医界春秋》,1930年第43卷第1期,第23页。
② 《会呈行政院呈报遵令会议中医传习所事项办法请核示由》,《卫生公报》,1930年第2卷第1期,第130-131页。
③ 谢振民:《中华民国立法史》,中国政法大学出版社,2002年,第528-529页。

法，并以"中医""西医"取代了医士、医师的称谓。至此，中医师执业才有"法"可依。《中医条例》（1936年）第1条规定了中医师取得执业资格的条件。① 同时，该条例授权由内政部制定审查规则（实际上，根据《卫生署组织法》，卫生署已于1935年9月9日改隶行政院）。

1936年8月，经行政院会议通过，卫生署公布了《中医审查规则》。但是，《中医条例》与《中医审查规则》等规范不配套、不衔接，因而在执行过程中困难重重，主要表现在：

第一，《中医条例》缺乏可操作性。《中医条例》第1条规定："在考试院举行中医考试之前，凡年满二十五岁，经内政部审查合格，给予证书后，得执行中医业务。但是，考试院举行第一次全国规模的中医考试却是在1946年，零星省市只进行了小范围的考试，例如北平市卫生局于1937年春举行中医考试，上海市卫生局于1937年1月才成立中医考试委员会。② 这就导致了大量的中医师因为政府没有安排考试而无法获得资格认定。

第二，《中医条例》与之前的政策相抵触。《中医条例》第1条第3款规定："中医学校毕业得有证书者"有中医师任职资格。但早在北洋政府时期教育部主张废除中医，并在学制中漏列中医，而南京国民政府教育部已在1929年4月29日通告"中医学校"一律改称"传习所"。到1936年"中医学校毕业得有证书者"就屈指可数了。如果此项规定仅针对1929年以前的中医学校而言，那么1929—1936年期间中医传习所毕业的学生应如何处理？国民政府没有给予相应的制度安排。1936年，在上海市国医公会第七届会员大会上，著名中医师张彩臣提议"力争中医学校列入教育系案"，其认为《中医条例》第1条第3项规定中医学校毕业，得有证书者，经内政部审查合格给予证书，得执行中医业务，但是卫生署颁布《中医审查规则》对第1条第3项中，中医学校是指经教育部备案，或各地教育主管机关立案者，但教育部尚未把中医学校列入学系，似此政令，相互矛盾，无异于摒中医于门墙之外；中医学校设立富有成绩者，应即管理督改进，其营业射利者，须取缔禁止；若政府放弃不管，任其自生自灭，关于中医本身者犹小，关系于国家民族者切实。③

第三，《中医审查规则》第3条对"中医学校"的认可作了明确的规定："中医条例

---

① 1936年《中医条例》第1条规定：在考试院举行中医考试以前，凡年满二十五岁，具有下列资格之一者，经内政部审查合格，给予证书后，得执行中医业务：（1）曾经中央或省市政府中医考试或甄别合格，领有证书者。（2）曾经中央或省市政府发给行医执照者。（3）在中医学校毕业，得有证书者。（4）曾执行中医业务五年以上者。

② 短讯，《国医砥柱》，1937年第5期，第45页。

③ 参见《力争中医列入教育学系案》，《医界春秋》，1936年第118期，第43-44页。

第一条第三款所称中医学校,指经教育部备案或地方教育主管机关立案者"。由于南京政府执行限制中医政策,中医学校在教育部备案或地方教育主管机关立案者几乎是零。于是时人大声疾呼:

> 试问中医学校既摒诸教育系统之外,则全国中医学校无一经教育部立案者。有之,惟广东省立国医学院耳,但亦早已奉令改称国医学社矣。教育部不准中医学校立案于前,卫生署复规定须教育部立案之中医学校毕业,方得请领中医证书在后,基此观之,则中医条例第一条第三款无异形同虚设。①

第四,《中医审查规则》第4条规定,第一条第四款所称"五年以上",应有执业地主管官署之证明。由于中医向来自由执业的历史传统,政府原本就没有登记管理措施,要求就此"执业经历事实"提供政府证明,显然就再次将自由执业的中医士进一步限制。

第五,《中医审查规则》第6条规定:审查资格应就请求给证人提出资历证明文件行之;但认为必要时,得通知请求给证人提出补充证据或径行调查或予以考询。该条同时列出了十二条考询科目。此条规定"必要时",就存在地方政府机关无所适从的情形。

当然,《中医审查规则》也有对中医发展有利的规定,例如其第2条规定:《中医条例》第一条第一款所称考试或甄别,凡考试甄别检定审查等,具有测验学识经验意义之事项皆属之。从而扩大了考试与甄别的内涵,一定程度上保障了中医师的执业资格。

1937年3月10日,卫生署在中医界的奋力抗争下,被迫成立了"中医委员会",首届中医委员会委员为陈郁、彭养光、刘通等10人。中医委员会设立后,首先对中医界反响极大的《中医审查规则》作了修订。1937年5月8日,卫生署公布《修正中医审查规则》(简称《修正规则》),对原《规则》进行了修订。主要修订如下:

第一,针对原《规则》第3条,《修正规则》规定:《中医条例》第一条第三款所称中医学校,指经教育主管机关立案之中医学院、学校、学社、讲习所或传习所等而言。

第二,针对原《规则》第6条,《修正规则》第5条第(4)项规定:请求给证人如为未经教育主管机关立案之中医学校毕业学生或私人研究医学会为执行业务之中医,佐理诊务五年以上,得有证明,得使用《中医审查规则》第6条之规定,予以考询。从而明确了考询的条件。

---

① 张静霞:《论今日之中医教育》,《国医砥柱》,1939年第13卷第2期,第7页。

1937年以后,因抗日战争,中医师登记几乎未能实施。1940年9月27日,国民政府内政部颁布《核给医药人员证书变通证明办法》《核发中医证书变通证明办法》,规定确因民国二十六年八月事变关系,而遗失证明文件者于申请资格审查、领证时,依照规定办理。①

战争扩大了对医药的需求,尤其是在日本封锁海上运输通道、西药进口十分困难的情况下,中医药受到了政府前所未有的重视,这种客观条件促成了平等对待中西医的《医师法》。

在《医师法》之下,无论中医师,还是西医师,均须通过考试才能取得医师资格并申请执业证书,只不过参加医师资格考试的条件中西医有所不同。西医师参加医师资格考试的条件是:(1)公立或经教育部立案或承认之国内外专科以上学校修习医学,并经实习成绩优良,得有毕业证书者;或者(2)在外国政府领有医师证书,经卫生署认可者。而中医师参加医师资格考试的条件是:(1)曾向中央主管官署或省市政府领有合格证书或行医执照者;或(2)在中医学校修习医学,并经实习成绩优良,得有毕业证书者;或(3)曾执行中医业务五年以上卓著声望者。

《医师法》虽然确立了统一的资格考试和执业许可制度,但是该法规定的中医师参加资格考试的条件仍然是限制性的,比如"曾执行中医业务五年以上卓著声望者",和之前法令一样,《医师法》同样不符合"法不溯及既往"的原则,这就导致大量中医师由于行医未满五年仍无法参加考试、申请执业。因此,即使在《医师法》施行多年后,真正获得中医师执业认许的也很少。正如1949年9月10日卫生部副部长贺诚向毛泽东报告的"中医总数约五十万,大多无开业执照"②。

第二节 本国西医师的执业认许

一、西医师执业的核准

民国时期,关于本国西医师执业登记注册首先出现在广东。1912年,广东卫生司正李树芬认为"得保国之道,先重保民,而保民之方,首重医务",因此,派员实地访查,并要求西医生、西药房、西医院、医学堂、十字会等将详细履历及章程规则、教员姓

---

① 陈明光:《中国卫生法规史料选编(1912—1949.9)》,上海医科大学出版社,1996年,第664-665页。

② 冯彩章、李葆定:《贺诚传》,解放军出版社,1984年,第146-147页。

名等项逐一赴司报名,静候示期携带毕业凭证到司考验,以凭注册。①

医政官员李树芬进行西医师资格及教员管理的理由是,当时从事医学的人,其医疗水准高低参差不齐,也有人为了图谋私利冒充西医,还有不及格的医学学堂。就西医师资格的管理而言,李树芬主张以持有"毕业凭证"为标准,持毕业凭证并经卫生司考验后,才能给予注册行医。至于广东卫生司"考验"的方式是核查毕业凭证,还是进行医疗知识、能力的考试,还有待于进一步考证。

其后,民国十年广州市卫生局颁行《取缔西医生注册章程十一条》,该章程第1条规定"凡西医生须在卫生局注册领有证书始准行医",而卫生局给予注册的条件是西医生被卫生局认定合格或经考试及格者。②

国家层面的西医师立法始于1922年3月9日北洋政府颁行的《管理医师暂行规则》(1922年)。《管理医师暂行规则》(1922年)第1条至第3条的规定基本确立了西医师资格制度及执业认许制度的基本框架。③而就西医师资格,根据该《管理医师暂行规则》(1922年)规定,除外籍医师外,实际上是将医师资格仅限定于"具有医学教育经历并领有毕业文凭者",这就将非学校毕业的西医师排除在外,除此之外,该法令还涉及医师的管理机构由警察厅负责。对医师"不教而考""未保护先取缔"等诸多问题,引起当时西医界人士的争议和不满,引发医学代表向内务部和教育部致电抗议。

1922年7月12日,医学代表吴济时、王曾宪、俞庆恩、唐庆生、余岩、周逵、王完白、庞敦敏、谢瑜、李君惺、尤济华、孟合理、鲁德馨真等十三名医学代表致电内务部总次长称:

> 今大部既有决心推行卫生政策,则宜责成各县知事限定一年或数年内审量各地情形切实厉行注册,严加考验甄别,则病黎可免无妄之灾,医业亦获保障之惠矣。至其办法内种种未尽善处,如卫生行政机关之阙如,而遽以毫无医学智识之警察执行管理之务,以及滋扰医家之警察如何处分等等,皆宜商榷修正者。滋扰之事,近已发见凡受高等教育者均不甘心总次长,亟应担负约束警厅之责任,乃规则中所当增订者之一例也。④

医学代表们首先肯定了国家实行的医师执业认许立法的合理性和必要性,但是

---

① 参见《医事新闻:取缔医生之文告》,《中西医学报》,1912年3月第1期,第53-55页。
② 参见《广州市卫生局取缔西医生注册章程十一条》,《卫生年刊》,1923年,第43-46页
③ 陈明光:《中国卫生法规史料选编(1912—1949.9)》,上海医科大学出版社,1996年,第620页。
④ 《医学代表致内教两部之代电》,《申报》(上海),1922年7月12日,第15版。

对于该制度的具体实施,医学代表们认为不宜操之过急,而应"责成各县知事限定一年或数年内审量各地情形切实厉行注册,严加考验甄别",不应对医师执业认许采取一刀切的机械方式推行,这既可以使"病黎可免无妄之灾",也可使"医业亦获保障"。医学代表们表达了对"卫生行政机关之阙如而遽以毫无医学智识之警察执行管理之务"的不满,并要求制定相应规则。

与此同时,吴济时等十三位医学代表又致电教育部称:

> 今国家对于医士仅定考试规则,未筹传习方针不教而考,使民间无标准之遵循,医士多怀疑之感想,故欲取缔必先保护,苟欲考验必先教育,同人等日见未受高等教育之流处方配药,独孺子之操刀为害何堪设想,故同人等对于取缔规则视为必要之图,第取缔与教育似应相辅而行,可否仰恳大部通饬各省建设医学传习所广授相当知识而后加以考试,备将来业医者咸知科学治疗,则憔悴民生倒悬可解,浅尝医士操术有方,一得之愚,惟钧部裁察之。①

医学代表们给教育部的电文显示,他们对医师资格制度和执业认许制度设置必要性的态度是明确的、一致的。但是,在《管理医师暂行规则》(1922年)颁行以前,民国政府没有颁行过此类法令,也未曾举行过资格认定,因此,医学代表们认为国家对于"医士仅定考试规则,未筹传习方针不教而考,使民间无标准之遵循",为此,医学代表们建议教育部"通饬各省建设医学传习所广授相当知识而后加以考试"。当然,《管理医师暂行规则》(1922年)并没有规定医师考试制度,医学代表们真正抗议的是民国政府法令要求医师认许的资格限定于"领有毕业文凭",但由于当时真正毕业于正式医学院校的西医师为数较少,多数为非医学院校毕业,而该部分医师已经执业多年,《管理医师暂行规则》(1922年)的颁行意味着取缔了该类医师的执业资格。

由此可见,《管理医师暂行规则》(1922年)从立法本意上来讲,是为了推动西医在中国的发展,在具体措施上,采取的是资格认定和执业认许制度。但该法令一经问世就饱受争议,且争议的来源不是与西医为敌的中医,而是来自西医师群体内部。如果说,中医与西医存废之争,涉及的是西医的整体利益的话,那么,西医师群体对《管理医师暂行规则》(1922年)的批评,是因为该法令触及了他们的具体利益和微观利益,即"不教而考""未保护即取缔"。也就是说,该法令引发了另一个法律制度即西医学校教育制度。《管理医师暂行规则》(1922年)最终无果而终,除了当时政局不稳的原因外,可能也是由于医师法制化是一个复杂、系统的工程,牵一发而动全身,很

---

① 《医学代表致内教两部之代电》,《申报》(上海),1922年7月12日,第15版。

难毕其功于一役,更不可能通过简单立法而实现医师法制化。

二、西医师执业许可制度的刚柔之争

(一)限期登记领证

由于《管理医师暂行规则》(1922年)未能施行,西医师执业也处于"无法"状态。南京国民政府建立后到1929年间,西医师执业的"无法"状态仍在继续,对于西医师的执业资格认定,事实上是由地方医师职业团体来完成的。比如,1928年1月31日《申报》报载,上海特别市卫生局为取缔庸医,发起了医师登记,凡是有正常资格者,给予免试;给予免试的有当时著名医师程瀚章、蔡禹门、徐乃礼、俞凤宾、余云岫等362人,上海医师公会会员大多均在免试之列。为此,卫生局致函上海医师公会称:

> 兹据西医试验委员会审查结果,合格医师共有三百六十二人,凡为贵会会员,请即推举代表来局,领取全体会员应领之医师执照,并请将上次所发之查考单转知各人,填写清楚,连同执照费暨印花税费,即由贵代表汇总具领后,再分给各会员。①

由于没有国家层面的医师法令,西医师的执业资格认定事实上由医师职业团体掌控,履行事实上的医师执业认许职能。这既有其进步性,在一定程度上解决了医师执业的无法、无序状态,但其缺陷也十分明显,主要体现为"私人执法"、尺度不一,导致纠纷百出、迁就给照等乱象。例如,1928年6月6日《申报》报载称:

> 上海医师公会昨呈内政部文,大部以医师法规尚未颁行,而各省县市地方官吏已任意规定章程举行医生登记,其章程即不一致或以敛取登记费用为惟一目的,纠纷百出,甚至自订章程。所不及格者,不惜出以迁就举行形式考试一律给以执照,其有不应试不领照者,又许其自投私立学校挂名补习以为方便,其流弊所致恐又将蹈前内务部暂行章程覆辙,敝会为地方职业团体,对于一切法令只知服从,似此行政不统一、执法不严正,不独有负大部整理内政之初衷,且大违先总理注重民生之遗意。②

---

① 《医师公会会员行业执照之发给》,《申报》(上海),1928年1月31日,第14版。
② 《上海医师公会请颁医师法规,各省县市暂停医师登记》,《申报》(上海),1928年6月6日,第14版。

上海医师公会呼吁内政部尽快颁行医师法规,且在该法未颁以前,明令各省县市暂停医生登记,以统一全国的医政。为此,1928年6月13日内政部发布第164号批文称:查医师条例,本部业已起草,不日公布施行,至令各省县市暂停登记一节,应毋庸议。①但中央政府未规定统一登记的具体办法。

1928年12月24日,国民政府核准了《医师暂行条例》,并由卫生部于1929年1月15日公布,其第1条至第3条规定了西医师的资格制度和执业认许制度。②

南京国民政府为了结束西医师执业的"无法"状态,颁行了《医师暂行条例》(1929年),但随着该条例的颁布,针对该条例的争议接踵而至,西医师群体对其态度与对待北洋政府时期的《管理医师暂行规则》(1922年)的态度,有惊人的相似。

虽然《医师暂行条例》(1929年)规定"本条例自呈经国民政府核准之日施行",但实际上,国民政府已经在1928年12月24日核准,也就是说,该条例在公布之日已经生效。同时,该条例第8条规定:本条例施行后,凡现在开业之医师,未经领有部证者,应由该管官署限期令其呈领。因此,卫生部在该条例施行后,即通令各省市主管机关限于文到三个月内将医师领证事项一律办理完毕,后因期限即将届满,卫生部在1929年4月间通令展期三个月,以便一律领证。但是,1929年8月13日,卫生部向行政院呈文备案称:

> 现查前次展期业又届满,迭据各省市医师药师等呈请展期俾得领证前来,查核所陈系全国地面远廓、交通不便,恳请宽予限期,俾便悉数登记起见,事属可行,除通令再展期三个月外,理合将助产士药师医师展期领证各缘由呈文。③

1929年8月17日,上海县政府公安局查照办理卫生部关于再次展期的第236号训令,并出示布告,要求医师务必于该次续展限期以内领证完毕。④

(二)暂准执业与修正条例

1929年8月20日,上海医师公会、中华医学会及上海支会、中华民国医药学会上海分会等西医团体要求修改《医师暂行条例(1929)》,并致电卫生部称:

---

① 《内政部将颁医师条例》,《申报》(上海),1928年6月14日,第16版。
② 参见陈明光:《中国卫生法规史料选编(1912—1949.9)》,上海医科大学出版社,1996年,第631页。
③ 《呈行政院呈报助产士医师药师展期领证缘由请鉴核备案文(八月十三日)》,《卫生公报》,1929年第1卷第9期,第71页。
④ 参见《医师药师领证再展期三月》,《申报》(上海),1929年8月18日,第14页。

敝会等佥谓其中有窒碍难行不合时宜之处,适刘次长莅沪,当派代表牛惠生晋谒,面请放宽资格,俾大多数开业医生,均有登记希望等情,猥蒙采纳并奉感电允准,并示条例中不能给证之开业医生,大部正在另拟办法等因,敝会等爰于勘日开联席会议,佥以此项另拟办法,早日公布,以慰群情,此其一。科学医业,为社会中之高等职业,政府应如何予以保障及权利,锡以奖励,解除压迫,发展学业,以资提倡,若如暂行条例所规定者,惟有义务与惩戒,未免迹近摧残,弁人格,应请改将登记医师之待遇,此其二。同人等鉴于暂行条例颁布后,引起各方反对,众口同声,恳请大部此后厘订医师法时,准许教会等有参加讨论之权,此其三。①

为集中全国力量以影响国民政府的决策,上海医师公会、南京医师公会、宁波医师公会、武进医师公会、杭州医师药师协会、无锡医师协会、苏州医师协会、中华医学会上海支会、中华医学会、中华民国医药学会上海分会等10个医学职业团体发起成立"全国医师联合会"。全国医师联合会针对《医师暂行条例》(1929年),在其成立宣言中称:

然按其资格第三条及义务二十条等,关于今日新医之发展,出入甚巨,且该条例中只有义务惩戒,而不予保障,依据字面条文,未免有风雨摧残之感,是仍为洽于今日之暂也可知。兹不得不联合我全国医师同界,为今后之自卫与学术进行计,结集群力,相应同声,拥护中央卫生委员会议决各案,要请政府尊重,而根据其原则,逐一执行,兹宣布主旨于次:请卫生部根据中央卫生委员会议决案,放宽第一届医师登记资格。(二)请教育卫生两部根据中央卫生委员会议决案,急须设法增加全国医师人数,以利卫生行政之进展。(三)请卫生部确立医师保障法。②

全国医师联合会会议第一日,关于医师登记问题就有七件提案,例如筹备会提议"拥护中央卫生委员会中字第十五号审查案(全字第七号)",上海县医师公会提案"请大会电请中央俯顺舆情,收回医师暂行条例成命,一面速颁布医师法,明文规定医师对于国家及社会应尽何种义务,应享何种权利,以资职业保障案(第三十号)",大会讨论结果是"一致主张拥护中央卫生委员会中字第十五号审查案,其办法:(一)请当局将医师暂行条例暂缓执行,先照中央卫生会审查案办理登记,且延长期限至十九

---

① 《新医界反对医师登记暂行条例》,《申报》(上海),1929年8月20日,第13版。
② 《全国医师联合会筹备宣言》,《医药评论》,1929年第18期,第41页。

年底"。大会第三日,由大会主席团提出补充前一日临时动议之议案议决"对于登记问题,若未得到圆满解决以前,各地卫生当局有强迫行为时,应由本会执行委员会将事实呈报国民政府、行政院、卫生部及当事人所在地之地方长官,并对于推行苛政者,切实弹劾,要求上级机关给予合法处分"①。

全国医师联合会一方面公开《全国医师联合会对部证条例宣言》②,另一方面向国民党中央党部、行政院、卫生部呈文。全国医师联合会认为"现行医师暂行条例不合目下国情,妨碍卫生行政发展",故其在《全国医师联合会为请修改暂行条例事上当局文》中要求"按照中央卫生委员会中字第十五号审定案原则修改并予延长登记期限,以利进行而杜流弊"。全国医师联合会称:

> 查我国卫生行政方始发轫,正宜参照各先进国前列先从宽大入手,以冀易于施行。况医界人数正感缺乏,现时所有已属不敷社会之分配,若按照暂行条例登记资格,在通都大邑,虽尚有少数可以及格之材而内地僻壤则甚难入选,此条例果施行,将举全国大多数之医者尽行摈斥,不得执行医师业务。而此大多数之医者,既已开业有年,在社会上各得有相当之地位,即令政府屏不登记而职业不能骤改习俗,难以速化,彼等仍私操其职务,病人亦愿受其治疗,明令虽布,实效难见,弊端既开,后患无穷,无聊之徒接踵效尤,若斯则始也,固为慎重,计其终也,驯至私医充斥愈滋危险而已,因果适得其反。若从宽大入手,反侧皆安,弊窦自塞,群材入彀,指挥可定,补充讲习,挽救有方,不患其品流庞杂也。③

同时,全国医师联合会还委托具有特殊政治背景的褚民谊向卫生部施加影响。西医背景的褚民谊,同时也是国民党中央执行委员会委员,身份比较特殊,在政坛权势颇大,其直接写信给卫生部长薛笃弼称:

> 夫一国医学校设立之多寡,视其国人口之多寡为正比例。吾国国立医校,寥落无几,即并私立者计之,以吾国幅员之广、人口之众,如以需要为比例,恐独不及十分之一,且国立医校,既极缺乏,则私立者不免充斥……舍采取立案之办法,以取缔不良之私立医校外,对于医师本身,乃不得不有登记之办法。旧医非学校出身,登记无所凭藉,故不置论;新医皆由学校出身,自应遵照卫生委员会议决

---

① 参见《时闻:全国医师联合会大会消息志详》,《医药评论》,1929年第22期,第25-29页。
② 《全国医师联合会对部证条例宣言》,《诊疗医报》,1929年第2卷,第21页。
③ 《时闻:全国医师联合会为请修改暂行条例事上当局文》,《医药评论》,1929年第22期,第25-29页。

案办理,特是吾国国立医校极少,私立医校已成立数年或数十年者,其毕业之学生服务社会,亦已多年,尚因其为私立学校,遂加以取缔,不许其登记,则此辈医生势难半途改业,固不免有生活之恐慌,而社会亦有缺乏医生之恐慌。惟有限期登记之一法。①

从褚民谊给卫生部长薛笃弼的信可知,西医界反对《医师暂行条例》(1929年)如此激烈,关键在于是否给予"私立学校及医院毕业生免试登记的资格"。

《医师暂行条例》(1929年)不符合当时国情,为此,全国医师联合会还起草了《修正医师暂行条例(草案)》送交卫生部。②

由于《医师暂行条例》(1929年)之修正条例迟迟没有公布,全国医师联合会议决将已按照《医师暂行条例》(1929年)领回的执照由会员自愿退回卫生部,等待条例修正再统一领取。1929年11月12日,《申报》报载《褚民谊退还医师证书,刘瑞恒将何辞以对》一文,褚民谊为退还部照致函卫生部部长称:

> 夫以卫生事业幼稚之吾国,医师人才缺乏之今日,姑论国立医校,寥落无几,私立学校之未经立案者犹多,其业经开业行医之医师,以言资格,若照贵部所颁医师暂行条例办理,恐限制过严,合格之医师甚少,将使地广人稠之中国顿起医师缺乏之恐惶。盖一般普通医师,或由私立医学专门未曾立案之学校毕业,或由医院出身业经开业行医有年,今一律加以取缔,直不啻使方在萌芽之新医无形中摧残其滋长。医师本身姑不论,其如全国人民需要何。此点想吾兄亦曾计及。窃意目前补救之法,惟有查照中央卫生委员会议决案,拟具变通办法,一面将贵部所颁之医师暂行条例再延期一年执行,一面将初次登记照中央卫生委员会议决案将十八年改为十九年底截止,庶中央威信与社会实情两不妨碍。因念弟前在贵部业已登记得有证书,今即有以上之主张,自未便享特殊之利益而任听大多数医师向隅。爰将证书照全国医师联合会之决议,交全国医师联合会总事务所,以便汇齐寄还贵部,为全国医师请命,俟得有圆满解决后,再行请领。③

褚民谊的主要意图,还是为了放宽对"由私立医学专门未曾立案之学校毕业或由医院出身"医师的执业许可条件。其认为,放宽该类医师执业许可条件

---

① 《褚民谊致薛笃弼书为医师登记事》,《医药评论》,1929年第16期,第36-37页。
② 参见全国医师联合会:《医师暂行条例(草案)》,《诊疗医报》,1929年第2卷第5期,第23-25页。
③ 《褚民谊退还医师证书,刘瑞恒将何辞以对》,《申报》(上海),1929年11月12日,第16页。

的原因是：西医在中国刚刚萌芽，国立医校极少，如果严格按照《医师暂行条例》（1929年）执行，则合格的医师更少，更难以保障全国人民的医疗需要。为此，褚民谊建议制定变通办法，一方面将卫生部所颁之医师暂行条例再延期一年执行，另一方面将初次登记照中央卫生委员会议决案将十八年改为十九年底截止。如此，均不妨碍中央威信和社会实情。

这时的卫生部长已由曾任中华医学会会长的刘瑞恒接任，刘瑞恒复函如下：

民谊仁兄同志大鉴，惠书敬悉。现已开业医师，务使均得领证，部中初意本是如此，奈两次呈请变通给证，均未邀准，正在另拟办法之时，蒙以目前补救之道见示，曷胜感佩，部中现正根据中央卫生委员会议决案，拟再呈府院，以求贯彻初衷。惟医师暂行条例，由国府公布后，施行已满一年，势难突然中止。盖条例既已执行，则无所谓执行之延期也。纵令呈请，亦难邀准，但不妨将登记之限期推后，即于此展期之内，妥筹救济之办法，以副尊嘱耳。至吾兄退还证书，意在为多数同业谋利益，尤深钦佩。但本部对于此事，亦拟于最短期间内力求圆满解决，当不至令诸同业向隅，而吾兄等固不必有此退证之举也。①

为了避免全国医师联合会所称的未曾立案之私立学校毕业或医院出身的"开业医师的生活之恐慌"和"社会缺乏医生之恐慌"，卫生部于1929年12月12日颁发第56号训令称：

为令知事，案查医师暂行条例施行以来，各省市转呈领证合格者固属甚多，不合格者亦所在多有，当此医师甚形缺乏之时，为社会之需要起见，实未便将不合格之医师概行按照条例停止营业。且此项条例，现因医师联合会之呈请，业由本部拟具修正在案，在修正案尚未奉令核准以前，所有尚未领证之开业医师应暂准其继续营业，勿庸加以取缔。②

《修正医师暂行条例》经立法院第88次会议通过并于1930年5月11日颁行。然而，早在1929年11月，全国医师联合会因《医师暂行条例》（1929年）"不切时要"召集全国医师代表大会议决一致，主张拥护中央卫生委员会中字第十五号审定案，请卫

---

① 《褚民谊致刘瑞恒书（附刘瑞恒复函）》，《医药评论》，1929年第21期，第32页。
② 《令各省民政厅、各特别市卫生局令饬在修正医师暂行条例草案尚未核准以前，所有尚未领证应暂准其继续营业由》，《卫生公报》，1930年第2卷第1期，第39页。

生部宽放第一届医师登记资格,其起草的《医师暂行条例(草案)》第3条规定:

> 凡年在二十二岁以上具有左列资格之一者呈请给予医师证书:
> (一)在国立或政府有案之公立私立医学专门学校以上毕业领有毕业证书者。
> (二)在外国官立或政府有案之私立医学专门学校以上毕业领有毕业证书或在外国政府领有医师证书者。
> (三)外国人曾在各该国政府领有医师证书经由外交部而得本部审查委员会认可者。
> (四)经医师考试及格或由医师审查委员会审查其学历予以免试者。
> (五)在同一地方开业三年以上经该管官署证明确实者,但具此项资格证者只限于民国十九年以前呈请给证。

但是《修正医师暂行条例》第1条规定:

> 凡年在二十五岁以上,具有下列资格之一者,经考试或检定合格给予证书后,得执行西医业务:
> (一)国立或经立案之公私立医学专门学校以上毕业,得有证书者。
> (二)教育部承认之国外医学专门学校以上毕业,得有证书者。
> (三)外国人在各该国政府得有医生证书,经外交部证明者。

从草案与修正条例的规定来看,草案对医师执业许可的条件较为宽松,尤其第(四)、(五)项;修正条例显然与全国医师联合会的草案大相径庭。

为此,全国医师联合会于1930年6月7日致电卫生部刘瑞恒部长,请求暂缓执行。全国医师联合会称:

> 卫生部刘部长钧鉴,报载立法院通过之医师暂行条例既与初次公布者不类,又与去年十二月十六日钧部医政司所示之修正草案大相径庭,其窒碍难行之处尤多,以致群情惶惑众口纷呶,职会农接各处医师会来函对于第一、二、五、十五等条各有贡献,拟于日内汇集群言缮呈台电谨恳暂缓公布执行。再此,次立法院通过之全文既与钧部呈院草案大异,不知系由立法院当席修改,抑系钧部重拟第

二次草案,希先垂示,曷胜感盼。①

卫生部电复全国医师联合会主席徐乃礼称:

现行医师条例,经本部拟具修正草案于去年十二月间呈准国民政府送交立法院,去后,会经立法院电邀本部部长出席说明修正之意见,但仅一次而已。此次立法院通过之西医条例,对于本部原拟修正草案多未采用亦未发交本部重拟。贵会如有意见,希即分呈国民政府立法院、行政院,备供参考为荷。②

从卫生部对全国医师联合会的电文来看,修正条例即《西医条例》的审议,卫生部仅就修正之意见进行过一次说明,并未真正参与制定。立法院通过《西医条例》与卫生部的送审草案多有不同,所以全国医师联合会怀疑"系钧部重拟第二次草案"。

(三)变通给证

为了应对全国医师联合会的反复质疑,1932年7月12日经内政部拟定,行政院第49次会议通过了《变通医师给证办法》。随后,内政部向全国医师联合会致函称:

案查接管卷内,前准贵会来牍,以医师人数缺少,请参照各先进国前例先从宽入手等由,现经本署拟具准变通给证办法二条:(一)在未经立案之医学校四年以上毕业,其学校之课程设备,经本部考查认为完善且在十八年医师暂行条例未颁布以前毕业者。(二)经本部考查认为设备完善之医院,实习五年以上且在十八年以前开业,经所在地之该管官署发给行医执照或证明文件,且证明确有医师能力。核查无异者,暂准给予证书一次为限,嗣后不得援以为例。③

上海市卫生局随即落实《变通医师给证办法》,并于1932年9月20日发布布告称:

为布告事,案奉内政部卫字第五七号训令内开为令遵事,案查医师变通给证办法,前经本部令发遵照在案,该项办法内所稽一次为限者,系限定十八年医师暂行条例未颁布以前毕业,或十八年以前开业其资格合于该项办法之一者,准

---

① 《请缓公布医师暂行条例》,《申报》(上海),1930年6月7日,第14版。
② 《代电上海全国医师联合会,电复此次立法院通过之西医条例对于本部修正草案多未采用亦未交部重拟由》,《卫生公报》,1929年第2卷第2期,第147页。
③ 《内政部变通医师给证办法》,《申报》(上海),1932年8月1日,第14版。

予变通给证一次；其在十八年以后毕业或开业者，不得援该项办法之例。至变通给证之期限自应加以限制，如非匪区及特别障故者，均限于文到之日起一年以内，将该项未立案医学校毕业或医院实习出身之现业医师一律转报领证。[①]

为了能够保证《变通医师给证办法》如期、有效执行，内政部还于1933年8月2日明文通令全国各省市，称对医师变通给证办法，期满一年，即行停止，不再展延。[②]

但是，1933年，汉口怀宁等医师公会致函全国医师联合会称，"自内政部医师变通给证办法颁布以来，瞬届一年，但以我国幅员广袤、天灾人祸，恐僻居乡镇寄迹逆旅者，尚未见有此项明令，不免有挂一漏万之虞，函请总会呈请当局展期，以达普遍目的"。全国医师联合会也为此呈请当局展缓，但内政部1933年9月19日卫字第39号批示称：

> 查暂准医师变通给证办法于民国二十一年八月颁行之时，限以一年为度，以各地方奉到之时为准且有（匪区及特别故障者在外）之规定，各地方奉到之时先后不一，大约均在九十月间，与来呈所称情形尚无不适，所请展期一节，应毋庸议。[③]

实际上，关于《变通医师给证办法》，卫生部早在1929年8月19日就向行政院呈文拟定办法，卫生部称：

> 前经公布之医师暂行条例第三条关于医师给证之规定、药师暂行条例第三条关于药师给证之规定，其第一款均以在国立或政府有案之公私立专门学校以上毕业，领有毕业证书者为限，而同条之第四款则为规定经医师、药师考试及格，领有证书者，在当日立法之意，原为未经政府立案之公私立医药学专门学校以上毕业生，及在医院实习出身，现已开业者，不妨应医师、药师考试。惟自该两项暂行条例公布以后，呈请领证之医药人员合各该条例第三条第一款之资格者为数无多，而毕业于未经立案之医药专门学校，或由各院实地练习出身者比比皆是。核其出身学校未经立案之原由或因前次南北阻绝政令未能统一，或现时方经呈请正在当局审核之中，但考其课程设备，多与已经立案各校无所分别，至于曾在

---

① 《医师变通给证之限制》，《申报》（上海），1932年9月21日，第15版。
② 《医师给证期限一年》，《申报》（上海），1933年8月3日，第9版。
③ 参见《医师变通给证期限不再展，内政部批》，《申报》（上海），1933年9月20日，第12版。

医院实习多年之人员,质疑问难不乏名医指示而实地经验亦属可贵难能。现时考试办法尚未确定以前倘一律予以驳斥,则匪特有不平之虑且无考试以济其穷。当此注重民族健康而又医药师缺乏之时,其何以应社会之需要。①

根据以上史料可知,在卫生部看来,《医师暂行条例》(1929年)规定医师执业许可的条件,即第3条第(1)项"在国立或政府有案之公立、私立医学专门学校以上毕业,领有毕业证书者"以及第(4)项"经医师考试及格,领有证书者",其本意是未经政府立案之公私立医药学专门学校以上毕业生及在医院实习出身但已开业者,可以通过医师资格考试取得执业许可。但是《医师暂行条例》(1929年)颁行后发现,按照第(1)项获得医师执业许可的较少,而大量"毕业于未经立案之医药专门学校,或由各院实地练习出身者"无法领证。

民国时期,即使是加上无法取得执业许可的私立医学校毕业生或医院出身的"医师",也难于满足当时社会的需要,更何况将该类医师排除在合法执业的范围之外。譬如,1936年2月1日《申报》报载:

南京本京人口最近已逾百万,但市内中西医师,据卫生事务所统计,仅六百九十一人,未能满足事实上之需要,又从二十四年间,死亡人数调查未获任何医学救济者,竟逾全数三分之一。②

可见,《医师暂行条例》(1929年)制定前,政府并未就"毕业于未经立案之医药专门学校,或由各院实地练习出身者",以及学校及医院之"课程设备"进行周详考察,但客观上也存在"南北政令未能统一、审核学校尚在进行"的原因,而根本原因是,立法者对当时社会"医药师缺乏"的客观现实认识不清。

《变通医师给证办法》是为了对未能依照《医师暂行条例》(1929年)领证执业的医师的补救措施。但是,该变通办法仍有疏漏之处,即时人汪于冈所列举的"在十九年毕业至今二十一年已有六年新医学术之人,以及在十九年开业至今二十一年至少已有七年新医学术之人",将可能因为该变通办法的疏漏导致无法执业。

关于《医师暂行条例》(1929年)以及《变通医师给证办法》对西医师行业的影响,还有过因无法领证而自杀的极端事件。

---

① 《呈行政院为医师药师不敷社会需要拟请暂行变更给证办法藉救济文(八月十九日)》,《卫生公报》,1929年第1卷第9期,第71-72页。
② 《京市医师人数统计》,《申报》(上海),1936年2月1日,第12版。

时人济计霖在《医药评论》刊登了浙江平阳金乡包尚朋于1930年9月17日的绝笔。包尚朋是1930年经医院实习四年毕业的医学生，《医师暂行条例》（1929年）颁行后，包尚朋发现没有领证行医的资格，于是"竟觉得这个恶浊的世界，不幸的我，已经没有留恋的必要，所以自杀的念头"，其时，被济计霖成功劝导。但是之后的《变通医师给证办法》规定"只能适用于十八年以前开业的新医，我不幸十九年从医院毕业出来，是没有领证的资格了"。由于中央政府两次法令均不能使包尚朋获得合法的执业许可，包尚朋选择了"还是早点死去，免得再受万恶社会之折磨"。《医药评论》编者在文尾感叹道"包君以恐不能登记而死，殊属可惜"①。

由此可见，即使有了《变通医师给证办法》，有些西医师也面临"无法"执业的困境。截至1933年底，全国有两千多医师按照医师变通给证办法领到通字证书。② 而为期一年的《医师变通给证办法》施行，实难做到全国普遍通行。据统计，从1929年至1937年，全国共有5620名医师在卫生署登记，其中大部分是在变通办法实施后登记的。③

1936年10月9日，卫生署公布《医师甄别办法》，该办法本质上是对医师资格考试制度的补充办法。关于医师执业许可制度，该办法第9条规定"领得甄别证书者，仍应依照《医师暂行条例》第五条之规定，请领医师证书"④。因此，《医师甄别办法》没有对医师执业认许制度作出新的规定。

《医师暂行条例》（1929年）颁布以来，围绕该条例所规定的医师执业认许制度，西医师及其职业团体与国民政府展开了持续、反复的立法博弈，就医师执业认许制度的落实进行了1次限期、2次展期、1次修正、1次变通。西医群体为了维护自己的职业利益，也为了西医事业在中国的健康发展，针对《医师暂行条例》（1929年）和《西医条例》（1930年）一再表达自己的强烈主张，甚至对该条例的合法性提出了质疑。正如上海医师公会宋国宾所言"身为门外之汉立法以绳门内之人"⑤，更有当时国民党中央委员褚民谊以退还医师证书相要挟，公然抗议该条例所确立的医师执业认许制度。甚至有报道称有医院实习毕业生不能登记执业而以自杀相抗争。由此可见，《医师暂行条例》（1929年）、《西医条例》（1930年）对西医师执业许可要求之刚硬，与西医师群体渴求从宽登记之宽柔，产生了激烈的冲突和对抗。

---

① 参见济计霖：《值得注意的一封书》，《医药评论》，1933年第89期，第53-55页。
② 《邓祼和医师为变通给证医师发行医学补充讲义启事》，《社会医药报》，1934年第2卷第3期，第2页。
③ 《卫生署历年发给医事人员登记证统计》，1948年，中国第二历史档案馆藏372-863。
④ 陈明光：《中国卫生法规史料选编（1912—1949.9）》，上海医科大学出版社，1996年，第649页。
⑤ 宋国宾：《立法之四弊》，《医药评论》，1929年第18期，第1页。

三、西医师执业许可制度的确立与补充甄训

1943年,国民政府《医师法》的颁行,完全统一了医师资格制度和执业许可制度。民国《医师法》的医师资格与执业许可制度的完备程度,已经达到了现代医师法律制度的发达程度。

民国末年,虽有完备之医师法律制度,但医师资源仍然稀缺,民众的医疗获得程度依然较低。据1945年卫生署的医事人员的登记,1944年1月到1945年6月期间,全国医事人员的登记数和1929年1月到1945年6月的累积数如下表(表7)所示。

表7　医事人员的登记表[①]

	登记数		累积数
	1944年1—6月	1945年1—6月	1929年1月—1945年6月
医师	253	139	12964
药剂师	32	34	918
牙科医师	18	6	353
助产士	50	53	5189
护士	16	17	5972
药剂生	14	4	4290

由上表可知,自1943年《医师法》颁布以来,有据可查的资料显示,西医师在1944年上半年全国的登记人数仅为253人,1945年上半年全国西医师登记人数为139人,而自1929年实行登记以来至1945年6月,16年间全国西医师累积数量为12 964人。

为此,国民政府再次通过法令在《医师法》的基础上进行了全国范围内的一次性补救。1947年3月2日,中央社南京二日电文称:

> 甄训全国无照医师办法业由考试院商同教部卫生署拟订,不日即可公布实施。至各地医师所设之短期训练班,则只供其对学业之进修,不能视为领照或甄训之资格,倘有以领照号召而招生之训练班,则系敛财欺骗,政府决予取缔。[②]

1947年5月27日,国民政府行政院颁布了《医事人员甄训办法》。该办法规定:

---

① 《金宝善文集》,北京医科大学公共卫生学院印,1991年11月,第31-32页。
② 《甄训无照医师办法业经拟定》,《申报》(上海),1947年3月3日,第2版。

第1条　凡执行业务有年，未具法定资格之医事人员，除法令另有规定外，应依本办法之规定，参加甄训，以取得开业资格。前项甄训之办理，以一次为限。

第2条　本办法所称医事人员如下：（一）医师；（二）药剂师；（三）牙医师；（四）护士；（五）助产士；（六）药剂生；（七）镶牙生。

第5条　医事人员甄训分为暂准执业及训练两科。

第11条　暂准执业期满成绩优良，或训练期满成绩及格者，经医事人员甄训委员会决议，送由考选委员会转呈考试院核发医事人员甄训合格证书，送由卫生署登记。持有前项合格证书者，得合卫生署请领医事人员执业证书。[1]

《医事人员甄训暂准执业办法》第3条规定，暂准执业期限为一年，其执业期满，服务成绩经医事人员甄训委员会审议不及格者，于接到通知后，不得继续执行业务。[2]

《医事人员甄训声请登记须知》规定：

各类医事人员声请甄训登记应注意事项，一具有左列资历之一者得请备费件声请甄训登记：

（子）医师：

1. 曾在未经立案之医学校毕业且已执行医师业务持有证明文件者。

2. 曾在立案之医学专科以上学校修业二年以上且已执行医师业务持有证明文件者。

3. 曾在医院学习医学经实习期满且以执行医师业务持有证明文件者。

4. 曾在军医训练班或军医补习班或省市举办之相当于医师资格之训练班修业期满且已执行医师业务持有证明文件者。

5. 曾参加卫生署第一届医师甄别试验核准应甄别持有证明文件者。

6. 曾领有前内务部及大本营内政部西南政务委员会所颁发之医师或医士证照持有该项证照者。

7. 曾参加高等考试未经录取或经高等检定考试及格或科别及格且已执行医师业务持有证明文件者。[3]

---

[1] 陈明光：《中国卫生法规史料选编（1912—1949.9）》，上海医科大学出版社，1996年，第759页。
[2] 陈明光：《中国卫生法规史料选编（1912—1949.9）》，上海医科大学出版社，1996年，第761页。
[3] 《医事人员甄训声请登记须知》，《上海卫生》，1947年第1卷第2-3期，第5-8页。

从上述7项规定来看，符合甄训条件的医师主要有私立医学校毕业生、公立医学专科以上学校修业两年、曾在医院学习期满、在军医训练班补习班修业期满等并持有相关证明的，都可以视为符合医师甄训登记条件，从而大大扩充了西医师的来源。也降低了《医师法》所规定的医师从业资格标准。这从一个侧面说明了，即使到了1947年，民国政府在西医师执业许可法律制度的建设过程中，仍然没有很好解决立法理想与社会现实的契合问题。国民政府不得已求其次，通过甄训的方法来扩充西医师从业人员。比如，当时的媒体就报道了关于医事人员甄训办法具体落实的一个案例：

> 答读者陆彬林君，准贵科社字第一一九九号函，暨附读者陆彬林君咨询关于医事人员甄训疑问函一件，兹分别解答如次：（一）仍需参加甄训，以取得法定资格。（二）甄训登记，在首都举行，全国分区，并分三期。第一期为各省省会，各院辖市，省辖市及京沪铁路沿线各县，自本年八月至十月。其他两期，请参阅本会在报纸上所刊载之通告。此项甄训，系全国性，仅举行一次，以补救确实具有医药专门技术而未具备法定执业资格者，自以参加登记听候甄训为宜。（三）高等检定考试科别及格者，仍应参加下届检定考试，补考未及格科目，全部科目及格后，可取得高等考试医师考试应考资格，或检齐证件参加甄训。准函前由，相应函复，即希查照转知为荷！[1]

从这份资料来看，当时的医事人员甄训办法涉及不少人员的切身利益，资料中所提到的陆彬林大概就是当时符合甄训办法要求但不符合《医师法》的代表人物。因为不清楚对涉及自己利益的政策，权威媒体对该政策进行了公开的释惑答疑。这虽然以个案的方式出现，但不应是个别人的事，其具有一定的社会普遍性，反映了当时医事人员甄训制度的真实一面。统计显示，截止1950年，西医师的统计数量为41 400人。[2]这较1929年1月至1945年6月间的全国西医师累积登记数12 962人，发生了巨大的变化。

回望民国时期西医师执业许可制度的创立过程，可以发现立法的理想主义在面对现实的社会生活时，往往会遭遇社会现实主义的抵抗，法律制度的确立往往不是一帆风顺的，甚至可以说制度的确立不是建构的而是生成的。

---

[1] 《医事人员甄训释疑》，《申报》（上海），1947年8月20日，第8版。

[2] 中华人民共和国卫生部：《中华人民共和国建国十周年卫生统计资料汇编（1949—1958）》，1959年9月印刷，第68页。

第三节 外籍医师的执业认许

民国时期,在华外籍医师是民国西医师群体中的重要组成部分,外籍医师在华行医,促进了中国医学和医疗卫生的发展。但是,如前所述,外籍医师的成分及行医动机非常复杂,有以传教为目的的、以捞利为目的的、以研究为目的的、以谋生为目的的,甚至还有以服役为目的的,而且由于治外法权的限制,民国政府对外籍医师难以实行有效管理。

一、自外交证明到医政许可

最早涉及外籍医师管理的民国中央政府法规是1922年3月9日北洋政府内务部颁行的《管理医师暂行规则》。该规则第3条规定,20岁以上的外国人领有其本国政府的医术开业证书,且经外交部证明认为适于执行医业的,可以发给医师执照。

北洋政府对外籍医师的执业许可有以下二个条件:一是申请医师执业的外国人须在其本国领有医术开业证书。二是经外交部证明,认为适于执行医业者。对此,全国医师联合会在其《医师暂行条例(草案)》中附注认为,在西洋各国外医入境开业须经考试,目前中国医师缺乏,虽不必严格取缔但亦须经一定手续之审查,像原条例仅由外交部证明似欠郑重。[①]

《管理医师暂行规则》(1922年)因医界的强烈反对,北洋政府对其听之任之,"由各该省区警务处暨警察厅暂按各该地方情形及向来习惯实酌办理,所有前项暂行规则应即暂缓实行"[②]。故《管理医师暂行规则》(1922年)并未贯彻实施。

南京国民政府成立以后,虽有多次修订医师法规,但其施行未能显著改善对外籍医师的管理效果。1929年1月15日颁行的《医师暂行条例》第3条规定,外国人凡年在二十岁以上,曾在各该国政府领有医师证书,经外交部证明者,得呈请给予医师证书。可见,《医师暂行条例》(1929年)对外籍医师的执业许可管理采取的是"外国医师证书+外交部证明"模式。这一规定与《管理医师暂行规则》(1922年)在立法表述上以及实际执行上没有根本区别。例如,1930年9月20日卫生部第735号公函称:

案据上海市卫生局呈送外籍医师Victor M.Yang及Hagopos Couyoumdjian

[①] 全国医师联合会:《医师暂行条例(草案)》,《诊疗医报》,1929年第2卷第5期,第23-25页。
[②] 《部令缓行管理医师规则》,《申报》(上海),1922年7月17日,第11版。

等二名毕业证书影片履历证明书等件,请核发医师证书等情到部,查现行医师暂行条例第三条第三款有(外国人曾在各该国政府领有医师证书经外交部证明者)之规定,除附送医师暂行条例一份外,相应检送原件函请查核见复并希将证书影片证明书发还以凭核办为荷。此致外交部。计送外交部毕业证书影片二份、彼国总领事证明书一张、医师暂行条例一份。①

1930年《西医条例》对外籍医师的资格要求除年龄在二十五岁以上外,与《医师暂行条例》(1929年)完全相同。

1931年,国民政府内政部颁行了《外籍医师领证办法》②。该办法对外籍医师的资格管理采取的是"毕业文凭+资格证明+外国领事查核+卫生署验收"的模式,也就是说较《医师暂行条例》《西医条例》,《外籍医师领证办法》不仅要求申请执业的外籍医师提供其本国医师证书,还要求提供其毕业文凭,且认定程序更为严格。

1938年《医师暂行条例》延续了《西医条例》和《外籍医师领证办法》的做法。

1943年《医师法》统一规定"经医师考试及格者,得请领医师证书",并规定参加考试的资格为"领有国内外学校毕业证书"或"在外国政府领有医师证书并经卫生署认许者",但是《医师法》第1条规定,中华民国人民经医师考试及格者,得充医师,而没有规定外籍医师的领证资格及程序。

1944年国民政府卫生署制定了《外籍医事人员领证办法》五条。根据该办法规定,外籍医事人员依据外国人应医事人员检核办法经考试院检核及格领有证书者,可以向卫生署请领执业证书;同时,该办法规定,依照外国人应医事人员检核办法规定免试中国语言,检核合格者,仅限于原服务机关或学校执行业务有效,不得为自行开业之用,否则应当按照规定重新检核以申请获得执业许可。③

二、外籍医师执业认许的规与从

《管理医师暂行规则》(1922年)、《医师暂行条例》(1929年)、《外籍医师领证办法(1931年)》等系列法令规定了外籍医师执业认许应当遵从的法律规范。但是,

---

① 《函外交部函外籍医师Victor M.Yang证明影片请查核证明由》,《卫生公报》,1930年第2卷第17期,第99页。

② 1931年《外籍医师领证办法》规定:(1)外籍医师具领医师证书,应先将毕业文凭、证明资格文件,送就近该国领事查核,请其出一证明书。(2)俟取得证明书后,连同履历书一纸、半身二寸照片两张、证书费五元、印花税洋二元,交由所在地之该管官署,呈由主管机关转报内政部卫生署验收后,核给证书。

③ 参见《外籍医事人员领证办法》,《广西省政府公报》,1945年1992期,第11页。

根据1932年国民政府内政部卫生署编印的《全国登记医师名录》,自1929年至1932年在卫生署登记的医师,来自15个国家或地区的外籍医师中,仅99名医师进行了登记,而日籍医师无一人登记。

对外籍医师的执业认许制度实施中遇到的登记问题,时人金宝善认识到"外籍医师因治外法权的关系,对于中国法令,很多不肯遵守,以致登记很不完全"①。

外籍医师受领事裁判权的保护,往往对中国法令置若罔闻。1929年《首都政府公报》就登载了印度籍赛根德虚报文凭、日籍产婆久田代调剂主任的不法案件:

> 卫生局自奉部颁医师条例后,对于外人行医,均照章呈验凭证,原以重国权而保障民命,乃本市前有外医赛根德者,在贡院西街开设德济眼科医院,所用药品器械,不合医学原则,其诊例亦有不正当嫌疑,当由该据查实,限令呈验凭证,而赛根德竟不遵从,到局声称系印度籍,且自称报告英领事,该局因七人如此藐玩,当即呈明本府,转请英领事署,饬即遵章办理,嗣后英领事复函,谓该医并无文凭,当无医学知识,由本府令行卫生局照章取缔。又下关日人所设置粟林医院,竟以产婆久田代调剂主任,殊为玩忽业务,当经该局限令该院长坂坡留一及助产士久田,呈验凭证,亦复玩延,复有该局呈报本府,函日领事饬令遵照,似此依照国际手续,实行严厉取缔,自不容再有诿延。故本市外医志愿开业者,均将遵章声请核准。②

为加强外籍医师执业认许制度的落实,南京国民政府卫生部于1929年12月14日颁行中外医师一律待遇令:

> 查外国人在国内行医,卒多不向主管官厅注册领照,历来主管官厅又取放任主义,遂致法令之公布实施,外人漠不预闻,现医师暂行条例、管理医院规则,业经本部先后呈请公布在案,自应使外人在国内行医者知悉,所有外国人设立之医院,当然按照中国法令与中国人一律待遇,以符中外医师一律平等之意。③

1933年,国民政府内政部卫生署再次颁发训令以督促外籍医师限期领证,训令称:

---

① 《金宝善文集》,北京医科大学公共卫生学院印,1991年11月,第31页。
② 《取缔外医》,《首都政府公报》,1929年第49期,第35-36页。
③ 《中外医师一律待遇训令》,《申报》(上海),1929年12月14日,第15版。

> 查医师开业，不论国籍如何，按《医师暂行条例》之规定，均应先行呈领部证，即已开业之医师，未经领有部证者，亦应限期令其补领。而尚未领部证者，亦应照章补领。未领部证之医师，不得执行业务。所有外国人设立之医院，当然按照中国法令，与中国人一律待遇。经前卫生部于十八年十一月通令遵照在案。现查医师暂行条例施行迄今，已逾四载，各地外籍医师遵章领证者固属不少，其延未请领者仍不乏人，应即转饬当地查明外籍开业医师未请领证人数，限期令其遵照条例规定请领部证，方得执行医师业务，以符法令。①

随后，上海市政府遵照内政部要求及时饬令外籍医师限期请领证书，上海市政府认为"医师开业，按照医师暂行条例之规定，不论任何国籍均应呈领部证"，但是当时上海市的外籍医师未领证的很多，因此，上海市政府督促上海市卫生局首先查明外籍开业医师未领证的人数，然后限期遵照条例规定请领部证手续。②

1934年，时人宋国宾建议限制外籍医师的开业以保存华医的权利，宋国宾认为"吾国以积弱之故，对于外人之一切侵略，皆无过问之权，外籍医师之来华开业，吾人苟一究外籍医师来华之内容，则多为在本国无地位或非正式之医生"③。宋国宾指出在华外籍医师：

> 江湖者实居大半，其来华之目的，完全处于经济侵略之野心。一方因国人拜外之心理，而其地位自高，一方因吾国新医界之介绍病人与新药商推销药品而其营业日盛。……要知本国之江湖医生，其江湖之伎俩有限。有识之士望而知其奸诈，所谓只可欺人于一时，而终难逃于社会之明鉴也。至于外籍之江湖医生与舶来之江湖药品则不然，有其强有力之政府为其后盾，有其雄厚之资本供其铺张，而更有为虎作伥者效其奔走。职是之故，国人对于本国之新医、国产之新药，多所怀疑，而惟外来者之是尚！无形之中，堕其彀中而不能自拔矣。至于其出身之是否正当，学术之是否高明，药品之是否精良，举皆无暇问及，其江湖之手腕，不亦高明万倍耶？

宋国宾综合外籍医师的来华目的、外籍医师的技术水准、保障民命以及保护中国

---

① 《转饬限令外籍医师请领部证》，《广东省政府公报》，1933年第229期，第59页。
② 参见《外籍医师限期领部证》，《申报》（上海），1933年6月23日，第12版。
③ 宋国宾：《医事建设方略》，《中华医学杂志》（上海），1934年第20卷，第961-966页。

医学发展等方面,提出:

> 须知学术为天下之公器,虽非一国所能私,而职业为民命所关,实有保护之必要。故外籍医生来华者,若能遴选其铮铮佼佼之流,而以教授之位置,则对于国内学术之饥荒,未尝不可以小补;若听其开业,限制毫无,其为吾国医界之障碍,匪言可喻。吾党之士,虽无操纵政令之权,而有贡献意见之责。①

宋氏进一步提出了《请政府管理外籍开业医师案》,拟定解决办法:

(一)习华二年以上。
(二)精谙华语。
(三)有正式之资格。
(四)如无正式资格,须经严格考试合格。
具有以上资格者,得在中央卫生署登记,当地医师公会入会。②

---

① 宋国宾:《本刊今后言论之方针》,《医药评论》,1934年第6卷第3期,第1页。
② 宋国宾:《请政府管理外籍开业医师案》,《医药评论》,1934年第6卷第2期,第8-9页。

第五章　民国医师的权利与义务

民国时期,关于医师的权利与义务,除有法律规制外,时人也有相当的研究。时人蒋振勋认为医师有治疗权、药治权、营业权等三项权利和三项义务,即守秘密之义务、应召请之义务、报告官厅之义务。而关于医师的权利,宋国宾则认为,医师有五项权利即开业权、加入公会权、接收诊金权、保持病人权、介绍药品之权。

第一节　医师的权利

一、开业权

医师的开业权,是指具备医师资格之人,依照法律规定行医的权利。医师的开业权是医师的最基本职业权利。但是,医师开业权的行使受到法律的限制。一般而言,具备医师资格之人,皆可向法定机关申请登记注册以便执业。然而,通常情况下,申请登记注册也有限制性条件,即法律规定申请注册执业不予许可的情形。也就是说,法律规定医师开业权采取"执业许可+执业禁止"两方面进行规制,执业许可为原则,而禁止为例外。

民国政府在颁行《管理医师暂行规则》(1922年)《管理医士暂行规则》(1922年)之前,医师执业无统一的规范,医师执业往往呈"自由状态",法律无限制性规定。两《规则》第4条均对医师的开业权有了限制性规定:

> 凡有下列各项之一者,不得发给医士(医师)开业执照:(一)曾判处三等以上有期徒刑,但国事犯之业经复权者,不在此限。(二)在停止公权中者。(三)聋者、哑者、盲者、精神病者、禁治产者、准禁治产者。

《医师暂行条例》(1929年)第4条规定:

有下列各款情事之一者,虽有前条资格,仍不得予医师证书:(一)非因从事国民革命而曾判处三年以上之徒刑者。(二)禁治产者。(三)心神丧失者。

《西医条例》(1930年)和《中医条例》(1936年)对申请开业没有类似限制性规定。而至1940年8月6日颁行的《管理中医暂行规则》中,除"非因从事国民革命而曾判处三年以上之徒刑者、禁治产者、心神丧失者"外,对中医师执业有了特殊的限制,即凡年在六十岁以上,且耳聋目昏不堪执业者。当然,耳聋目昏不堪执业者不能申请执业是医师执业许可制度的本质性要求,该规定可以将因年老原因不能实际执业的医师排除在外,一定程度上保障了病家的权利。在管理西医师方面,《医师暂行条例》(1940年)沿用了《医师暂行条例》(1929年)第4条规定。

1943年9月22日《医师法》施行,其第4条规定了不得充任医师的两项条件:曾背叛中华民国证据确凿者、曾受本法所定除名处分者;同时该法第9条规定"医师非加入所在地医师公会不得开业"。这是民国时期,首次规定"加入医师公会"为医师开业的前提条件,国民政府意在通过医师公会强化医师的自律。同年11月27日颁行的《医士暂行条例》对医师开业限制性规定还有:(1)曾受三年以上之徒刑者,但政治犯已复权者不在此限制。(2)吸食鸦片或毒品者。(3)受禁治产之宣告或心神丧失有确据者。(4)受破产之宣告确定后尚未复权者。民国时期的各项医师法规,对医师开业条件的限制,保障了医师执业能力和水准,体现了政府保障民命之国家责任。时人蒋振勋将开业权称之为营业权。而关于医师开业之范围,蒋氏认为,营业权者即行医为业者也,同时,医师之营业权只限于其诊治范围以内。①

二、诊治权

医师的诊断与治疗权是医师开业后的主要执业权利。蒋振勋所称的治疗权、药治权即属于诊治权的范围。蒋氏认为:

> 治疗权者即医师对于病人所施治疗行为是也。所谓治疗行为者,可分为六项,即病之可愈者愈之、不易愈者减轻之、可防者防之、可矫正者整正之,以及助产收生、试验治疗等皆属焉。而此特权法律上当只限于正式医师始与之,非正式医师绝不得假也。吾国古说过信医为仁术,故能为病人设法者,莫不可行其治疗权,后人流弊所至,不第庸医杀人毫不为怪,甚至神戡乩笔,也可为病人下药,视

---

① 蒋振勋:《论医师之权利与义务》,《新医与社会汇刊》,1928年第1集,第35-38页。

人命为儿戏,其祸诚不堪设想。愚见今后不欲以民命为重则已,不然治疗权必须以法律严加限制也。又秉治疗权者,施行治疗行为时亦须出于谨慎;若不符病人心愿而强制治疗或不经诊查而迅拟方案,岂事理人情所许,法律上亦当有以取缔之。①

在蒋氏看来,治疗权在法律上只应限于正式医师,非正式医师不能行使,也就是说,治疗权是医师的专属法律权利,其认为我国传统社会中,"过信医为仁术",故只要为病人设法治疗的,都可以行使治疗权,从而造成了"庸医杀人""巫医施治"的不良现象。同时,蒋氏认为,即便是正式医师也不能当然地行使治疗权,"若不符病人心愿而强制治疗或不经诊查而迅拟方案,岂事理人情所许",蒋氏的此项观念至少包含了现代医师法律中所确立的两项内容,即医师的亲自诊查义务和病家的知情决定权。

关于药治权,蒋氏认为:

药治权者即购备药品之权及调给方药之权也。此权在德律只限于药医师始与之。吾国自古医药分途,医者无药剂权,已成惯例。自新医盛行,医者对于己所诊察之病人,自行给药者,实居多数,不啻为医师而兼药剂权矣,论者无不薄之。不过医师非药商可比,法律上当只许其本人治疗行为之下有药剂权,若代人调药或贩售制品,则当取缔。②

蒋氏在此区分了医师的药剂权和药医师的药剂权。蒋氏认为,医师的药剂权应当在法律上仅限制在其本人的治疗行为之下,也就是说医师的药剂权应以其治疗权的行使为前提,医师不应单纯行使药剂权,如医师代人调药或贩售制品的,因不属于诊治权范围,应当予以取缔。这说明,蒋氏主张医药分家,其意图是否在于排除医师为了经济利益而售药的弊端无法得知。医药分家却是在当下中国医药改革的重要内容。

诊治权包含诊断与治疗的权利。北洋政府时期,《管理医师暂行规则》(1922年)与《管理医士暂行规则》(1922年)对中西医诊断、治疗权有着不同的规定,即"医师执行医师之业务""医士执行医士之业务",但《管理医士暂行规则》(1922年)规定采用西法之医士可按照《管理医师暂行规则》(1922年)执行业务。这说明,北洋政

---

① 蒋振勋:《论医师之权利与义务》,《新医与社会汇刊》,1928年第1集,第35-38页
② 蒋振勋:《论医师之权利与义务》,《新医与社会汇刊》,1928年第1集,第35-38页。

府认为中医师可以采用西医师的诊治方法；反之，两规则并无相对应的规定。

《医师暂行条例》(1929年)是专门规制西医师的法令，并不适用于中医师。1929年，宁波中医学会呈请卫生部解释，卫生部于11月30日解释称：

> 查以注射器注射各种药品以供治疗之用必须洞悉解剖、生理、细菌、药理诸学方能应用得宜。我国中医不具备科学知识，自应禁止使用，以免流弊，听诊器亦必须有同样学识并了解诊断学方可借以诊察之助，否则毫无意识之使用，虽无大弊究何取义，前令一律查禁以重民命。此外，中医不得用中(西)医名称，犹之西医不得用中医名称，均为事理之当然，无解释之必要。①

从南京国民政府卫生部解释来看，卫生部认为，中医和西医分属于两个知识体系，所以中医师不得采用"西医之法"，西医师也不得采用"中医之法"。

1929年9月25日，国民政府卫生部查禁未领部证的医师使用听诊器及注射器为人诊病、注射，实际上是查禁中医师使用"听诊器及注射器为人诊病注射"，其文如下：

> 为令遵事案，据南京特别市卫生局呈称，案准首都公安局函开，查医生职务关系人命，理宜慎重将事，所以卫生部对于西医之取缔条例业已明令颁布在案，惟对于中医如何办法尚未有明白规定。近闻有因衣食所需，冒充西医者，以为社会上西医盛行非模仿不可，于是备听筒、购注射器，谬称精研中西医术，实则人体之生理不详、注射之手续多误，视人民生命儿戏。此种不法医生为害社会，实非浅鲜，自应严加取缔，以保社会安宁等由。准此，查医师之用听筒原系根据学理为诊察疾病之助，既经诊察，然后乃能分别施以药品或行注射，学有由来，责非浅鲜。而一部分旧医冒效新医，学理既不明白，药性更属罔知，无意识之听闻，究不知其用意何在，针药乱施，尤觉有关生命，他若挂名中西医者，全国各埠屡见不鲜，自谓学贯中西事诚有之，而夷考其实一无所长，招摇惑众，遗害民生，紊乱医政，有玷国体，实均有取缔之必要，理合据情转请钧部可否命令禁止，伏乞鉴核示遵等情到部。查该局所呈各节确有查禁之必要，嗣后，凡不备具正式医师之资格者一概不得用听诊器及注射器为人诊病及注射，至中医之用中西医名称者，亦应查明禁止，以杜冒滥而重人命，除指令并分行外，合行令，仰该厅局遵照转饬分别

---

① 《批宁波中医学会据呈请解释第三三五号训令特予分别解释仰即知照文(十一月三十日)》，《卫生公报》，1929年第1卷第12期，第47页。

查禁为要。①

《中医条例》(1936年)第8条规定：

> 西医条例第四条、第六条、第七条、第十条、第十一条、第十五条及第十七条，中医准用之。

《中医条例》准用《西医条例》的相关规定，使得中医取得了与西医相同的诊治权。

然而，《管理中医暂行规则》(1940年)第17条规定"中医不得擅行适用科学医之器械、药品或注射法"。至此，中医师的诊治权再次受到了限制。

1943年9月22日颁行的《医师法》采取中西医统一立法的模式，就中西医师的诊治权利范围未行分别规定，中医师依法获取西法诊疗的权利，一定程度上减轻民国医师资源的缺乏。诚然，中西两医分属于不同的医学知识体系，其相应的诊疗原理与诊疗措施也应由掌握相应医学知识的人员行使。也就是说，只要接受了正规的中医或西医教育，并经正式程序认定其执业能力，则即使一人同时执行中西两医，也应准许，而不能限其行医范围。

三、医疗文书签署权

医疗文书签署权，亦属于医师的法定权利之一。但是民国时期，政府对此权利采取默认、限制的态度，同时，对中西医有不同的规制。例如，1922年3月9日颁行的《管理医师暂行规则》第18条规定"医师若无法令所规定之正当理由，不得拒绝诊断书、检案书及死产证书之交付"。而《管理医士暂行规则》(1922年)第17条规定"医士若无法令所规定之正当理由，不得拒绝诊断书"。依照两《规则》规定，签署医疗文书为医师或医士之法定权利，所不同的是，医师有诊断书、检案书及死产证书的签署权，而医士仅有诊断书，却无签署检案书、死产证书的权利。北洋政府对医师和医士赋予不同的医疗文书签署权，实际上仍然是基于其对西医和中医的认识和态度，所以没有赋予医士签署检案书、死产证书的权利。

南京国民政府时期，医士的医疗文书签署权发生了变化。由于医师人员严重不足，而生死统计则难以完成。为此，1933年北平卫生处请医师、医士签定死亡证书。

---

① 《令各省民政厅特别市卫生局令饬查禁未领部证之医师用听诊器及注射器为人诊病注射文（九月二十五日）》，《卫生公报》，1929年第1卷第11期，第23-24页。

《中华医学杂志》刊文称：

> （北）平市卫生处，前为便于统计本市人口出生及死亡确数，曾拟委托本市各医师，于自己负责治疗之市民死亡后，协助阴阳生，赴各死亡人口家庭检视，出具证明，并函请医师公会，转知各医士核酌办理。该会曾于日前成立会时，曾提及此事，咸以为此尚有二点困难，即（一）各医师多有每日应诊，尚且不暇，再行担负是项死后检视之责任，事实上殊难办到。（二）若一病者经数医师之诊治，死亡后应有最后负责诊治之医师出具证明一节，事实上亦有许多困难。如人将垂危，始行延医，俟医生至，而人已死，此种关于病症方面，最后负责之医师，即无法证明。有此二点，该公会曾当即决议，推行方石珊负责向卫生处交涉不能照办之苦衷。方已于十二月五日至卫生处，作口头之答复。本处以此事既多困难，已允俟一度考虑后，再行决定办法。①

从上述史料可知，南京国民政府时期，北平市卫生处请医师、医士签定死亡证书，实际上是欲赋予医士签定死亡证书的权利，而其理由仅为完成政府生死统计的责任。《医师暂行条例》（1929年）仅适用于医师，当时无规制医士的法律规范。《中医条例》（1936年）第4条依法赋予了医士死亡诊断书和死产证明书的签署权。

除上述各项权利外，宋国宾还主张医师有介绍药品之权和保持病人之权。宋国宾提出医师有介绍药品之权，意在杜绝病家接受劣药。宋国宾认为：

> 售药者商，用药者医，为杜一二药商之销售劣药起见，于是医师乃有介绍药品之特权。年来外药倾销，抵制无法，本权之实施，乃为当前之急务矣！

由于民国时期病家依从性较差，且同道或非正式医师多有攘夺病家的现象，宋国宾提出保持病人之权，其认为：

> 医师诊治病人，负无限之责任，故医师当视病人为自己之所有物，而病人则亦当自视为医师之所有物。病家固不得私自易医，同道亦不得私自攘取。故医师特有之权利，即在于保持病人，盖必如此而后始能负责，始足以尽治疗之能事。若病家朝秦暮楚，始甲终乙，则医师之责任无从负也。故医师于病家来诊之先，

---

① 《北平卫生处请医师医士签定死亡证书》，《中华医学杂志》（上海），1933年第19卷，第1076页。

可郑重声明此点,若病家不能遵守,则宁可拒绝于前。而同道有意攘夺,则亦诉诸公会也。至于非正式医生,则病人之就诊者,系出于一时之误会,若觉而他往,正如入迷途者中道而返,而正式医师之接受此项病人,亦正如指迷津,登彼岸,与攘夺正式同道之病人未可同日语也。①

民国政府的医师法令,包括《医师法》,均不是以保障医师权利为目的,医师权利始终是医界所主张立法的重要内容。例如,宋国宾针对《医师法》评论称:

> 年来医讼案件,时有所闻,业务纠纷,层见迭出,吾辈所希望之医师法,在能保障医权,减少医讼。本法虽列开业及组织公会之权,而于医权之条文,如使用麻醉毒品,施行手术,中止妊娠,解剖尸体,鉴定疾病死伤,及最后病诊金之保障等问题,似应条分列举,明文规定。②

四、诊金收取权

宋国宾认为,医师有收取诊金的权利。其在《医师之五权》一文中论述道:

> 枵腹从公,世无此理,故接收诊金,为医师应有之权利。夫生命为无代价之物,医师之诊病,一方负无限之精神,一方负无限之责任,而对于病人之关心,决不减于病人之家属,些微之诊金,在医者受之,仅为劳苦之报酬,在病者视之,则不得谓为生命之代价,即止于是也。而一般病者,往往以不付诊金为荣,或以为既付诊金,则对于医师之义务已尽。不知诊金既为医师所应有,若吝而不付,则无异于资窃行为,昔贤有言,"不付诊金斯为贼",诚至言也。故医师对于病者,若不付诊金,可直接索取,可诉诸法律,而法律对于此种病人,亦须加以严厉之处罚,始足以服人心而保医业。虽然,此就正式医师言之也。③

宋国宾认为,医师不但有收取诊金的权利,而且有通过诉诸法律追索诊金的权利。至于医师的诊金收取权的理由,宋国宾则认为,一方面,医师不可能"枵腹从公",另一方面,诊金仅为医师劳苦之报酬,而不是生命之代价。宋国宾甚至倡议对于违反

---

① 宋国宾:《医师之五权》,《医药评论》,1934年第6卷第2期,第1-2页。
② 宋国宾,宋恩灏纪录:《读医师法感言》,《申报》(上海),1947年5月9日,第7版。
③ 宋国宾:《医师之五权》,《医药评论》,1934年第6卷第2期,第1-2页。

诚信不付诊金的病人给予严厉的法律处罚。

蒋振勋将收取诊金之权利归属于营业权中,并认为医师有权就诊察、手术、体格检查、给药等向病人征收相当代价。

> 故医师为人诊治疾病,乃事业行为而非法律行为,又医师以诊治行为易病人报酬固无不可,若藉此行非分要索,则有失营业道德。故医费昂贱虽法律上不加约束,似应由医师公会议定标准,以示限前。①

蒋氏的上述论述,首先肯定了医师诊金收取权的正当性,同时,蒋氏认为,医师不应违反职业道德要索报酬。那么,如何才能区分是应当收取的诊金,还是"要索报酬"呢?蒋氏进一步认为,应由医师公会制定标准,就医师的报酬进行限定。这样既保证了医师的诊金收取权,也一定程度上避免了医师向病人索要报酬,从而损害病人的合法利益。

五、加入公会权

关于医师的加入公会权,宋国宾认为:

> 同道之间,有应守之信条,互相遵守,而后医事之纠纷可弭,医业之进步可期。公会之设,固在于联络同道之感情,谋医业之进步,而明定其规律,以为同道遵守之资,则尤重要之条件也。故在一地方之开业医师,为保持个人之权利与不侵犯他人之权利起见,实有加入公会之必要,而公会亦有令其加入之必要。惟加入之条件,则以正式医师为限,非正式医师根本即无开业之权利,正式医师之集团当亦无加入之可能矣!故加入公会者,亦正式医师所特有之权利也。②

在宋国宾看来,加入医师公会至少有以下理由:一是联络同道之感情。二是谋医业之进步。三是保持个人之权利。四是不侵犯他人之权利。当然,作为医师职业团体,其在维护医师群体的整体利益上更为重要,在政府而言,医师公会还可以进行医师群体自我管理。

《管理医师暂行规则》(1922年)首次规定了"地方医师会",并称关于医师会章另行规定。但其后,政府没有具体的医师公会之法令。直至1929年10月25日,国民

---

① 蒋振勋:《论医师之权利与义务》,《新医与社会汇刊》,1928年第1集,第35-38页。
② 宋国宾:《医师之五权》,《医药评论》,1934年第6卷第2期,第1-2页。

政府核准《医师会规则》。该《医师会规则》是迄今为止中国唯一一部政府法令性质的医师职业团体规范。医师会首先是维护医师权利的职业团体。但《医师会规则》由于是由卫生部颁行，几乎是一部"医师会管理法"，故宋国宾发表《医师会规则案评议》，认为这样做"官权太重""医权毫无"[①]。

1943年9月22日，《医师法》颁行以后，加入医师公会，不仅是医师的权利，也是医师的法定义务和执业前提。

第二节 医师的义务

如上所述，时人蒋振勋认为医师有三项义务即守秘密之义务、应招请之义务、报告官厅之义务。就民国时期法律规范而言，医师的职业义务，包括应召请之义务、保守秘密之义务、报告官厅之义务、接受官厅或司法机关指挥之义务等。

一、应招请义务

民国之前，中国医患之间的基本关系是，病家"择医而治"，而医家"择病而医"，医家施治与否，取决于医家是否愿意应诊，医师无应诊之法定义务。同治年间，《申报》登载"医士陈曲江一事"即是例证：

> 十月二十六日晚九点钟，时有四马路友人梁某身患急病，慕名往请医士陈曲江先生以图急救。讵料曲江以时候已迟不肯出门，再四恳求，曲江云必须先付洋蚨，方允前往。梁之来人，忽猝延医，实未携带。请其前往诊治后定当如数奉酬，而曲江谓必须回去携洋再来相请，辩论恳求直至一点钟之久，来人泪下哀鸣，岂料曲江坚执不移。梁之来人无法，只得望抛球场，另请余叔陶先生往诊。余先生好行方便，立刻起身，讵料时候耽误太久，竟未及抵家，已知其人告毙矣。[②]

该案中，陈曲江拒绝应诊的理由起初为"时候已迟"，在病家再四恳求之下，陈曲江又要求"先付洋蚨"再往诊治，最终因病家未携带"洋蚨"拒绝应诊。医师拒绝应诊，对病家而言，将导致疾病不能获得医治，对于医家而言，至多类似于本案由新闻媒体予以报道、谴责，无需承担其它后果，这就是法律没有将医师的应诊作为法定义务的

---

① 宋国宾：《医师会规则案评议》，《医药评论》，1929年第19期，第1-3页。
② 雁湖居士：《医生勒索误致人命》，《申报》（上海），同治壬申十月卅日，第184号。

不良社会结果。

将医师应诊作为法定义务,民国法令中称之为"应招请之义务"。1917年,在民国缺乏医师法令的情况下,时人即认为"政府当于此法令中另有特别之规定,能免此患,不观乎医师无故不应招致处罚规定以及治疗药价之规定乎"①。

关于医师的应招请义务,民国时期蒋振勋认为:

> 医师业务有关人命安全者,实属至钜,法律上既以治疗权专与正式医师,自应负其责,无故不得拒绝应招之义务,更当严行取缔因报酬无着而坐视危险病人。但亦有人主张医师为自由业务,万无强其为病人诊治疾病之理。实则不然,治疗权既不轻假人,设遇公共娱乐日,为医者皆不愿应招,则病人不将坐以待毙乎?②

在蒋振勋看来,医师负有应招请之义务的理由,除"医师业务有关人命安全者,实属至钜"外,其法律上的理由是:治疗权既是法律赋予医师的专有权利,如果医师可以不应招,则他人无权行使治疗权,病人只能坐以待毙。自此可知,在中国传统社会,治疗权未能在法律上成为医师的专有权利,应招请之义务当然没有成为法定的义务。另外,从蒋振勋的分析来看,其已经注意到现代社会所探讨的"医师的应招请义务"和"医师的强制治疗权"的不同之处。

民国时期,首次规定应招请之义务的法令当属内政部颁行的《管理中医暂行规则》(1940年),其第15条规定"开业中医除有正当理由外,不得拒绝诊察"。但关于何为"正当理由"及其具体情形,该法令并未明确规定。《医师法》第20条规定了医师的应招请之义务,但其规定"医师对于危急之病症,不得无故不应招请或无故延迟"。《医师法》的应招请之义务仅限于危急病症之情形,而非所有病家。

时人蒋振勋认为,医师和病家在法律上将当然可以作为契约关系论,但医师诊疗为事业上行为,并不是法律行为,所以事实上究属于何种契约,颇难定论。除德国有所谓家庭特约医师,完全是雇佣性质外,普通总是由病家请托,医师承诺,然后成立契约,其结果医师负诊疗的义务,病家负买医费的义务。从这点来看,可算是准委任的契约。但是在委任关系以外,有时亦白尽诊疗义务,譬如人事不省的病人并无家属在旁,医师遇着了,万无因未有契约关系而袖手不问的道理。总之,医师的行为属事

---

① 生痴:《吾人医事行政管见》,《民铎杂志》,1916年第1卷第2期,第1-10页。
② 蒋振勋:《论医师之权利与义务》,《新医与社会汇刊》,1928年第1集,第35-38页。

业上而非法定的。①蒋氏的观点于《医师法》有相当契合之处。但是在《医师法》之后颁行的《医士暂行条例》(1943年)第15条再次规定"医士无正当理由不得拒绝诊断",可见此条例未将医师的应诊义务限制在急症情形。

二、遵从执业规范的义务

遵从执业规范的义务,是指医师在为病家诊疗时,应当遵从执业规则的义务。该项义务具体包括亲自诊察的义务、病历记载与保存义务等。

亲自诊察的义务,即医师非经亲自诊察,不得施行治疗或开给处方,签署诊断书、检案证明、死产证明。政府已经充分认识到,医业为专门职业,疾病的诊断与治疗,应由医师亲自实施。此项义务的规定见于《管理医师暂行规则》(1922年)第13条、《管理医士暂行规则》(1922年)第15条、《医师暂行条例》(1929年)第11条、《西医条例》(1930年)第5条、《中医条例》(1936年)第4条、《管理中医暂行规则》(1940年)第11条、《医师暂行条例》(1940年)第11条、1943年颁行的《医师法》第10条及《医士暂行条例》(1943年)第11条。

民国时期,政府对病历记载及保存期限,已经有了详细的规定,其主要目的无非是便于政府核查医疗行为是否得当,但其对中、西医往往有不同的规定,尤其在保存期限上,中医保存期限较短,其原因应与当时中医师以私人开业为主有密切关系。

《管理医师暂行规则》(1922年)第14条规定"医师宜各备诊疗簿,记载病人姓名、年龄、病名及治法等类,以十年为保存期限"。同日颁行的《管理医士暂行规则1922年》第13条规定"当诊治时,即将年月日、医士姓名、病人姓名、年龄、药名、分量、用法等项,编号填记,并自盖名戳。一联给予病人,一联汇存备查。如有药方不符,或医治错误,经该管厅查实时,分别轻重,予以相当之处分"。

《医师暂行条例》(1929年)第12条规定:"医师执行业务时,应备治疗簿,记载病人姓名、年龄、性别、职业、病名、病历、医法。前项治疗簿应保存五年。"《西医条例》(1930年)沿用了《医师暂行条例》(1929年)的规定,但保存期限改为三年。《中医条例》(1936年)规定准用《西医条例》(1930年),故没有对此义务规范进行修订。《管理中医暂行规则》(1940年),沿用了既往制度,并将病历保存期限统一为五年。1943年《医师法》延长了病历保存期限,统一规定为十年,但是同年《医士暂行条例》(1943年)中又将中医病历的保存期限改为五年。

民国时期,医师的告知义务并非在取得病家同意这一意义上而定,就当时法令而言,医师的告知义务主要目的在于给予病家对治疗上的明确指示。例如《管理医师

---

① 蒋振勋:《什么叫做医师》,《医药评论》,1929年第23期,第3-4页。

暂行规则》（1922年）第10条规定"医师对于诊治之病人交付药剂时，应于容器或纸包上，将用法、病人姓名及诊治或自己姓名逐一注明"。其后的法令，直至1943年《医师法》及《医士暂行条例》（1943年）均有此规范。此项告知义务的规定，除考虑医疗职业的专门性之外，还应与当时民众文化素养普遍不高有关。当然，由于医疗行为的高度专业性，疾病调查、证据保全需要等原因，告知义务也是现代医师法律制度的应有要求。

三、诚信义务

民国时期，医士的诚信义务主要包括不得非法堕胎的义务、保守秘密的义务等。

北洋政府在《大清新刑律》的基础上制定了《中华民国暂行新刑律》，延用了"堕胎罪"。[①]1928年及1935年《中华民国刑法》也规定了这一罪刑。这也体现在医师法律规范上，例如，《管理医师暂行规则》（1922年）第19条、《管理医士暂行规则》（1922年）第18条规定"医师（医士）不得因请托、贿赂、伪造证书，或用药物及其他方法堕胎，违者，照现行刑律治罪"。

但是1928年《中华民国刑法》对妇女堕胎极为严格，而且没有考虑母体生命权益的保障问题。该法第23章专章规定了"堕胎罪"，其第304条规定"怀胎妇女服药或以他法堕胎者，处一年以下有期徒刑、拘役或三百元以下罚金；怀胎妇女听从他人堕胎者亦同"。第305条规定"受怀胎妇女之嘱托或得其承诺而使致堕胎者，处二年以下有期徒刑；因而致妇女于死者，处五年以下有期徒刑；因而致重伤者，处三年以下有期徒刑"。[②]

1935年《中华民国刑法》对妇女生命权益保障具有重大意义。该法第24章"堕胎罪"第288条第2款规定"因疾病或其他防止生命上危险之必要，而犯前二项之罪者，免除其刑罚"。[③]同样，对医师而言，1935年《中华民国刑法》的颁行意味着由一律禁止医师施行堕胎术，转向了有条件的堕胎，但须以防止生命上危险之必要为限，否则，仍然不得施行堕胎术。

关于保守秘密的义务，1943年以前的医师法令均未涉及。1943年《医师法》第22条规定"医师因业务知悉之他人秘密，不得无故泄露"。而同年公布之《医士暂行条例》（1943年）却没有相应规定。时人蒋振勋认为：

---

① 《司法部修正中华民国暂行新刑律》，《江苏省司法公报》，1912年第2期，第1-32页。
② 《刑法十七年三月十日公布》，《最高法院公报》，1928年创刊号，第1-69页。
③ 《中华民国刑法二十四年一月一日》，《司法公报》，1935年第15期，第1-53页。

> 医师对于病人法律上应责其代守秘密。盖人事秘密既属天赋之特权，法律自当加以保障。医师在业务上，往往一发人秘密。若任意宣泄，无异蹂躏人权，故当受法律制裁，但法律上指定医师有报告义务者，则不在此限。①

有关医师违反保密义务的刑事责任，1928年及1935年《中华民国刑法》均规定，医师、药师、药商、助产士、宗教师、律师、辩护人、公证人、会计师或其他义务上佐理人或曾任此等职务之人，无故泄露因业务上知悉或持有之他人秘密者，处一年以下有期徒刑、拘役或五百元以下罚金。

民国法令对医师诚信义务，还包括按章收取诊金的义务。如《医师法》第19条规定"医师不得违背法令或医师公会公约，收受超过额定之诊疗费，开设医药者亦同"。同时，医师关于其业务，不得登载或散布虚伪夸张之广告，除正当治疗外，不得乱用鸦片、吗啡等毒剧药品等义务，在民国医师法令中也多有规范。

四、对官厅的报告与遵从义务

该项义务包括两方面，一是报告官厅的义务，二是遵从官厅指挥的义务。关于报告官厅之义务，蒋振勋认为：

> 国家为谋社会安宁及公众卫生计，不得不设各种法规责令人民遵守，但人民往往为便私图起见，阴违其法者实繁有徒，医师在业务上恒易发人秘密，既如上述，自应秉公报告，以助官厅视察不周于万一。故各国法律中均规定医师有报告官厅之义务。如死体、死产有可疑之点者及患传染病而应隔离或速葬，医师苟有所知，应报告，不容稍有掩饰，如有隐藏秘密，当与病家同罚。②

蒋振勋认为，医师有报告官厅的义务的理由是基于"国家为谋社会安宁及公众卫生计，不得不设各种法规，责令人民遵守"。报告官厅之义务显然是国家对医师所赋予的公法上的义务。该项义务主要包含传染病之报告义务、死体或死产涉嫌犯罪之报告义务，以及医师歇业、复业或转移等时的报告义务。蒋振勋还主张违反此项义务者，与病家同罚。该项义务自《管理医师暂行规则》(1922年)和《管理医士暂行规则》(1922年)，直至1943年《医师法》均有相应规定。

遵从官厅指挥之义务，是指"医师关于审判上、警察上及预防等事，有应遵从该

---

① 蒋振勋：《论医师之权利与义务》，《新医与社会汇刊》，1928年第1集，第35-38页。
② 蒋振勋：《论医师之权利与义务》，《新医与社会汇刊》，1928年第1集，第35-38页。

管厅指挥之义务"①。除《管理中医暂行规则》(1940年)和《医士暂行条例》(1943年)外,民国医师法令对此项义务性规范均有延续。

---

① 有关此类规定见《管理医师暂行规则》(1922年)第20条、《医师暂行条例》(1929年)第20条、《西医条例》(1930年)第14条、《中医条例》(1936年)第6条、《医师暂行条例》(1940年)第20条、1943年《医师法》第23条。

第六章　民国医师的职业法律责任

一般而言,民国时期医病纠纷的处理路径有和解、调解与诉讼三种,而在诉讼过程中还涉及鉴定程序。发生在1937年的重庆韦汉青控告夏志刚医士医病纠纷案即可以说明病家选择处理医病纠纷的路径,其具体案情如下:

> 据夏氏观其(蒙氏)情形,耳聋呕咳,问其病,胸满肋痛,口苦厌饮,切其脉,沉弦而紧,遂认为少阳经之邪,然已属伤寒坏症,则退却另请高明。殊汉青再再求方,而夏医士本抱恻隐之心,不忍待毙,姑处以小柴胡加油朴枳壳之方,辞出。不一钟之久,该汉清来家,说蒙氏将故,乃夏医士之药所误耳。遂请夏医士于茶社理剖,谓庸医杀人,有干法纪,双方争执辩驳,未得解决。后经警察局讯明,谓该夏医士诊病后,一时之许,此药决定尚未服食。想汝妻亡故,或属前医之误,或属久病虚弱之故,判明夏医士无过。如不服从,可移于法院检察处。于二十八日审讯,仍庭谕夏医士无过,但要将前后药单开会鉴定是否有过,再核办。①

且不论该案夏志刚医士有无过失,但发生医病纠纷后,蒙氏之丈夫韦汉青首先要求与夏医士"茶社理剖",理由是"庸医杀人,有干法纪",由于医病双方争执不下,则报警察局处理,警察局调查调解未能成功,遂移送法院进入诉讼程序、鉴定程序。该案处理的三个阶段充分说明了民国医病纠纷的处理路径:和解、调解、诉讼。当然,从史料来看,该案为刑事诉讼案件。

民国时期,医师的职业法律责任已经明显区分了刑事责任、行政责任、民事责任。有关行政责任,在各医师法令中均有规定,主要包括罚金、暂停营业、吊销医师开业执照等,民事责任则无专门的法律规范,而是适用一般民事法律的规定。鉴于本书研究主题所限,以下主要研究民国医讼案件的鉴定和医师业务过失罪。

---

① 《夏志刚开了送终汤,病家已向法院起诉》,《国医砥柱月刊》,1937年第4期,第50页。

第一节 民国医讼案件的鉴定

就医讼案件的现有研究,更多倾向于对当下法律、社会问题的研究,如对医疗服务合同、医疗侵权责任、医疗活动和社会管理制度等研究,这些研究对于解决社会具体问题、反思目前法律制度有很重要的价值。但基本都是对目前法治的横断面研究,缺乏历史纵深分析,因此,难以解释目前一些"背后"的问题,尤其是目前法律当中存在的某些不足之处出现的根源。医疗鉴定是审判医讼案件的关键环节,中国现代医讼案件鉴定制度始于民国,在其建立之初就必须面对历史传统与现代制度的冲突问题。时至今日,我们仍然可以看到,当前医讼案件鉴定制度中依然存在法医鉴定医讼案件等类似缺乏科学性的问题,从历史的经验教训中,可以汲取有益的借鉴。

一、法医解剖掀起医讼案件鉴定革命

(一)首次尸体解剖的轰动效应

1913年11月13日下午,在江苏发生了一件中国法医学史上的大事,即在中国历史上"第一次正式"进行了现代意义上的尸体解剖。① 为了见证该事件的革命性,江苏省立医学专门学校举行了隆重的尸体解剖仪式,现场场面盛大隆重,并称之为"四千年未有之创举"。事后,该校校长蔡文森在《医药观》上特作序言,记述这一盛举的动机及意义:

> 今世医学首推德,次日本,而英、美、俄、意又在其次。固世界之公论尽人所知者也,考其文明开化之次第,则先后适与相反,有后来者居上之观。森窃怪之而求其故,并讯诸日本诸前辈之游欧者,始知德日之所以能占优胜者,止在以全力注重基础医学耳。基础医学者何,乃临床医学对待之名,其中科目曰解剖、曰病理、曰生理医化、曰细菌,而解剖学尤为基础中之基础。故德日二国极力注意于此,以解剖尸体之多寡、解剖标本设备之完否为学校优劣之标准。盖在普通人之欲讲卫生保护其生命尚不可不知生命所寓居各部之构造,况在司命之医者乎?以保障生命之医者,而又或昧于各器官之构造,或仅凭空论以揣摩,则犹航海者不知罗盘而航远洋,其为危险当如何也?夫今世之所谓医者,仅以病者为药

---

① 王吉民:《中国新医事物纪始》,《中华医学会杂志》(上海),1945年第31卷第5-6期,第289页。

物之试验品,蔑视解剖而忘大本往往有之,虽然人患不知耳,苟有所又知安可不急起直追面力图补救耶。森受命长医校以来,即注意于此,幸秉省长之指挥、教育司之助力,得请于地方之行政司法官五阅月而手续粗完,遂于十一月十三日得尸体一具,供本校解剖,开四千年未有之创举,行解剖开始式。是时森适东渡视察,未能躬与此事,而又幸此举之得焉。嚆矢也,故序数言以识之。①

从中医本身的学科体系来讲,对解剖是十分陌生的,受中医影响的整个传统中国社会,也从未有过尸体解剖这种活动,即使传统的仵作、检验吏进行的检验活动,也不是真正的解剖。因此,西医解剖的引入对传统中医来说是革命性的。从传统社会的文化观念中,在社会习惯上,主流社会意识是"死者为大",对尸体怀有某种神秘、敬畏的社会心理,因此尸体解剖在传统社会中根本就不存在。此次尸体解剖,在整个中国历史上尚属首次。从西医引入的角度来看,解剖及解剖学是西医基础医学当中的基础科目,甚至西方医学院校以"解剖尸体之多寡、解剖标本设备之完否为学校优劣之标准",可见,解剖在西医当中的极端重要性。此次解剖对西医在中国的发展具有开创性意义。西医解剖的引入不仅对中国医学的发展具有重大的历史意义,而且对中国法医制度的形成和发展具有重要的历史意义。

(二)从仵作到检验吏的改革

清代,没有独立的法医鉴定制度,但在传统的刑事办案过程中,有仵作从事相应的检验活动,辅助官府承办狱案。据《清朝文献通考》记载,1725年(雍正三年)对地方官府的仵作设置作出了明确规定:

> 大州县额设三名,中州县二名,小州县一名,仍各再募一、二名,令其跟随学习,预备顶补;各给《洗冤录》一本,选委明白刑书一名,为之逐细讲解,务使晓畅熟习,当场无误;将各州县皂隶裁去数名,以其工食分别拨给,资其养赡。②

从上述史料看,清朝地方官府普遍设置了仵作,仵作设置的数量根据州县的大小确定,如大州县三名仵作,小州县一名;对于仵作的专业培训涉及这样几个方面:一是专业技术方面,有专门的理论学习,具体的学习内容是《洗冤录》。二是因为承办狱案的需要,仵作不仅需要具有专业技术,还必须通晓朝廷律法,因此"选委明白刑

---

① 蔡文森:《江苏省立医学专门学校执行尸体解剖开始式序言》,《江苏教育行政月报》,1913年第7期,第1-10页。
② 《清朝文献通考》卷23,商务印书馆,1936年,第5055页。

书一名,为之逐细讲解",做到"当场无误"。另外,为了稳定仵作专业技术队伍,在职业保障上给予"资其养赡",甚至为了保证仵作的经费,可以裁减皂隶等非专业技术人员。从长远来看,当时的清朝政府为了培养仵作的后备人才,明确要求在规定限额之外"募一二名,令其跟随学习,预备顶补"。因此,可以说在当时已经形成了相对成熟和稳定的检验队伍。

仵作制度历经数百年发展,到了清末,流弊丛生,远远不能适应官府办案的需要。由于仵作从业人员的职业素质参差不齐,带来了不良的社会后果,甚至出现了冤案。

1909年(宣统元年),东三省总督徐世昌、云贵总督沈秉堃等具奏将仵作改为检验吏,他们认为:

> 各厅州县仵作虽有例设名额,大率椎鲁无学,平日于洗冤录一书,不特未经讨论,间有不识字义,欲谙习文理通晓检验者,实已戛乎其难,每于相验事件,尚多未能了澈,驯至误执伤痕、颠倒错乱不一而足。若遇开检重案,无不瞠目束手。①

从上述奏文来看,当时的仵作制度最大的弊端就是仵作从业人员不具备仵作应有的执业能力,不仅不熟悉《洗冤录》,甚至有的仵作根本不识字,一般的相验事件都会颠倒错乱,对于刑事重案需要开检的,仵作更是束手无策。也就是说仵作制度已经丧失了制度设计之初的基本功能。造成这种仵作制度失效的原因是:

> 仵作一役往昔视为卑贱,工食亦极微薄,自好之辈多不屑为,而身充其役者又皆滥竽充数,相沿既久,成法荡然。若不亟为整顿,殊非慎重民命之道。然检验系专门之学,一切生理解剖诸术必确有经验,乃足承充斯役。②

徐世昌等人分析认为:一方面,检验是专门的学问,需要生理、解剖诸术,而且必须确有经验,才能充当此任。另一方面,在社会看来,仵作是一种低贱的职业,供奉极薄,对于有能力的人来说,仵作职业不具有吸引力,不屑于充任仵作,而对于椎鲁无学之辈来讲,仵作又成了他们的谋生之所,但是他们没有能力承担检验职责,结果导致有能力的人不任仵作,无能力的人滥竽充数。这种现象的出现,导致了仵作制度的失

---

① 《护理云贵总督沈秉堃改仵作为检验吏给予出身片》,《政治官报》,1909年第780期,第12-13页。

② 《护理云贵总督沈秉堃改仵作为检验吏给予出身片》,《政治官报》,1909年第780期,第12-13页。

效。因此徐世昌等人建议：

> 通饬各厅州县每庭选送身家清白、文理明通、年在二十岁以上聪颖子弟各二名，来省城入堂肄业。
>
> 凡生理、死理、检验法、检验术、修身体操，入门以洗冤录为主课，添用实验成案、中西医书、人体解剖学及在官法戒録等书择要讲教，以补充洗冤录之所不足。定期一年，毕业给予文凭，发回各庭充役，改名曰仵书，优给工食，比照刑书一体给予出身。①

上述建议，首先对检验吏的选拔资格作出了具体明确的要求，突出了"身家清白"，意思是说备选人员要具有一定的道德素质，并且能够"文理明通"，具备一定的文化素质。其次，对备选人员的教育培训内容除了传统的《洗冤录》之外，又增加了"实验成案、中西医书、人体解剖学及在官法戒録等书"；相对于雍正三年仵作制度，培训培养更加全面、科学、系统，并越来越体现专业化，而且由于西医的引入，当时已经认识到《洗冤录》本身存在一定的不足。再次，从对检验吏的职业待遇来看，在具备一定的职业资格的基础上，提高了检验吏的经济待遇"优给工食"，同时，职业身份也有了提升，具体为"比照刑书一体给予出身"。

清末虽有司法检验制度的改革，以培养和提高仵作的品格，但是其在学科方面仍然只以《洗冤录》为主，无法真正为司法服务。

（三）西式法医的引入

北洋政府重视医学检验专门人才的培养。1913年11月22日，即在江苏1913年11月13日首次进行了现代意义上的尸体解剖后的第九天，北洋政府内务部颁行《解剖规则》，规定医士对于病死体，得剖视其患部研究病原，但须得该死体亲属同意，并呈命该管地方官，始得执行；警官及检察官对于病死体，非解剖不能确知其致命之由者，得指派医士执行解剖。②

1914年内务部颁行《解剖规则施行细则》，其第1条规定：凡国立、公立及教育部认可各医校暨地方病院，经行政官厅认为组织完全、确著成效者，其医士皆得在该院该校内执行解剖。③

---

① 《护理云贵总督沈秉堃改仵作为检验吏给予出身片》，《政治官报》，1909年第780期，第12-13页。
② 陈明光：《中国卫生法规史料选编（1912—1949.9）》，上海医科大学出版社，1996年，第736-737页。
③ 《解剖规则施行细则》，《医药观》，1914年第2期，第181-183页。

相对于传统的仵作检验制度,民国时期的法医制度更加具体,对常规性的尸体检验作出了明确的法律规范,出台了专门的《解剖规则》。与清代仵作、检验吏制度不同的是,民国初期,执行检验职责的人不再是以《洗冤录》为基础的仵作、检验吏,而是医士;而且,北洋政府内务部规定只有"国立、公立及教育部认可各医校暨地方病院,经行政官厅认为组织完全、确著成效者"才可以担此重任。

1915年,奉天高等检察厅呈司法部遵将高等法医学校原定章程经费表分别更正删除请鉴核施行文称:

> 为呈请事案,查本厅所辖高等检验学堂拟改为高等法医学校,前经本厅呈请核示在案,二月十五日奉指令开,据呈及章程并表均悉,检验事关重要,非有专门学术,毫厘千里遗误滋多,该厅为慎重民命起见,拟将检验学堂改为高等法医学校,预培此项人材,用意甚善,本部自应准予立案,惟章程所载学科,内有洗冤录一课,究系旧时检验制度,不甚适用,应即从删。至解剖尸体以供学术上之研究,各国本甚注重,因中国风俗习惯不同,应取渐进主义,所称将来死囚或罪犯有愿将尸体解剖留有确切证书者,发交该校藉供实习一节,应准酌量办理。①

从这份史料来看,1915年法医制度的发展有了根本性突破。具体表现为:一是法医培养机构由清末遗留的检验学堂制度向现代法医学校转变,当时的司法部称此种转变"用意甚善"。二是法医培养内容更加科学,自《洗冤录》出版以来,传统社会中形成的仵作培养制度出现了重大变化,宋元明清时期,对于仵作的教育和培养,其专业基础均是以《洗冤录》为主展开的,即使在清宣统元年进行的检验吏制度改革,仍然坚持了以《洗冤录》为主的专业培训内容,而西医是作为补充《洗冤录》关键不足之用;而该史料显示,当时民国中央政府认为《洗冤录》是"旧时检验制度,不甚适用"。这就使延续了几百年的以《洗冤录》为主的传统检验制度退出了历史舞台,以西医解剖为主的现代法医制度建立成为可能。比如,奉天检验学堂改为奉天高等法医学校后,制定了专门的学校章程即《奉天高等法医学校章程》,其第2条规定"本校以养成高等法医人材担任审判上之鉴定为宗旨。"该章程第2条明确了建校的宗旨,就是专门培养法医人才,担任审判活动中的鉴定职责。由此可见,现代法医司法鉴定制度初现端倪。

《奉天高等法医学校章程》第6条对法医本科三年的教学科目作出了如下的

---

① 《司法部指令奉天高等检察厅呈请改设高等法医学校预备检验人才准予立案文》,《政府公报分类汇编》,1915年第15期,第110页。

规定:

　　第一学期:解剖学、生理学、物理、算数、刑律、法制大意、刑事诉讼法、实地实验、东文;

　　第二学期:解剖学、生理学、法医学、物理、代数、刑律、法制大意、刑事诉讼法、实地实验、东文;

　　第三学期:解剖学、组织学、生理学、卫生学、法医学、无机化学、代数、法制大意、刑事诉讼法、实地实验、东文;

　　第四学期:法医学、卫生学、组织学、病理学、药品鉴定学、解剖学实习、无机化学、裁判化学、代数、实地实验、东文;

　　第五学期:法医学、精神病学、病理学、药品鉴定学、裁判化学、细菌学、解剖学实习、无机化学、几何、实地实验、东文;

　　第六学期:法医学、精神病学、病理学、药品鉴定学、裁判化学、细菌学、解剖学实习、有机化学、几何、实地实验、东文。①

　　从这份法医本科三年的应授学科科目来看,总数多达20多门,其中解剖学和解剖实习课贯穿于整个教学的始终,法医学教学占总学期的六分之五,而仅化学科目就有有机化学、无机化学、裁判化学等,法律课程涉及刑律、刑事诉讼法、法制大意等。

　　从当时的高等法医学校的课程设置来看,课程内容完全是西医化的,二十多门课程中,解剖学、病理学、卫生学、细菌学、精神病学、药品鉴定学、裁判化学、有机化学、无机化学等等,这些专门学科和知识不仅对中国社会的传统知识体系来讲是新的,对中国传统医学来讲,也是新的,作为传统检验人员比如仵作、检验吏的培训内容来讲,也是开创性的。历史地看,无论是雍正三年的仵作制度所规定的仵作培训内容,还是宣统元年所规定的检验吏的培训内容,其知识体系都是以《洗冤录》为主,高等法医学校的成立,完全排除了《洗冤录》为主导的培训内容,事实上宣告了传统检验制度的终结和现代法医制度的确立,这是历史性的重大变革。随后,法医院校和法医培养制度的影响慢慢向全国扩展。

(四)法医制度的初步建立

　　南京国民政府时期,法医培养制度有了进一步发展,其以法医专习班或专修班为主要培养模式。早在1925年,浙江高等审检两厅为养成法医专门人才以充实地方司

---

① 《奉天高等法医学校章程》,《政府公报分类汇编》,1915年第15期,第140-144页。

法,筹备委托医学专门学校开办法医专习班。①

与此同时,国民政府内政部于1928年6月公布了《解剖尸体规则》②,该规则规定:

> 第1条 大学院设立或认可之专门医学校,暨地方行政官署认为组织完备之地方医院,因研究学术之必要,得依本规则之规定,执行解剖尸体。
> 第2条 付解剖之尸体以下列各款为限:
> (一)为研究病源须剖视其患部之病死体。
> (二)非经解剖不能确知其致命之由之变死体。
> (三)愿供学术研究以遗嘱付解剖之死体。
> (四)无人收领之刑死体及监狱中之病死体或变死体。③

1929年,浙江高等法院院长向司法行政部呈请拟在浙江医学专门学校内附设法医专修班,待毕业后分配至各法院服务并提高其待遇。1930年7月18日,司法行政部即训令在全国范围内推行:

> 为令遵事案,查奉前中央执行委员会政治会议公函,以本部十八年四月份工作报告内列浙江高等法院院长呈拟在浙江医学专门学校内附设法医专修班,俟学生毕业后分发各法院服务并提高其待遇,此种办法应予推行,嘱即通饬各省高等法院仿办等因到部,业于上年七月十六日以第一一一六号训令附抄发浙江高等法院与省立医药专门学校,所订合同一纸通饬遵办在案。近查各省高等法院呈报筹设寥寥无几,殊不足以应现代检验之需要用,特重申前令。由该院长将该

---

① 《浙省请设法医专习班》,《法律评论》,1925年第87号,第9页。
② 在此规则之后,国民政府内政部、教育部于1933年6月9日修正颁行《解剖尸体规则》,其第1条规定:凡教育部有案之医学院及医学专科学校及其附属医院,或中央及地方政府有案设备完善之医院,为学术上研究之必要,得依照本规则之规定,执行解剖尸体。1948年12月21日国民政府以总统令方式颁行《解剖尸体条例》,该《条例》第1条规定:凡公立或已立案之私立医学院及其附属医院,或公立及核准有案、设备完善之私立医院,为学术上之研究必要,得依照此条例之规定,执行解剖尸体。这体现出民国时期,随着医学及医疗机构的发展,国民政府逐渐将尸体解剖的机构逐渐扩大到私立学校和私立医院。
③ 陈明光:《中国卫生法规史料选编(1912—1949.9)》,上海医科大学出版社,1996年,第738-739页。

项法医专修班克期筹办并将办理情形具报察核,除分令外,合行令,仰遵照。①

1930年,卫生部将中央卫生委员会第二次全体大会关于"培植法医人才改进国内法医事业之决议案"咨行司法行政部,司法行政部再次令催各省高等法院在省立医药专门学校内附设法医专修班。②

1934年12月,第一届法医学生毕业,由司法行政部发给法医师证书,派赴各省高等法院服务。1934年,教育部规定国内各大学及专门以上学校课目设法医一门,列为医学之必修科。③

伴随着法医学教育的发展,法医鉴定制度和法医鉴定组织也逐渐出现。

1932年8月1日,司法行政部成立法医研究所,任命林几为所长。④按照《司法行政部法医研究所暂行章程》第1条规定"本所属于司法行政部,掌理关于法医学之研究、编审民刑事案件之鉴定检验及法医人才之培育事宜"。研究所第一科职责即包括"审核本所检查鉴定事项"和"审核法院行政官署团体私人请求鉴定之文件证据事项"。司法行政部法医研究所是中国中央政府成立的第一个法医学鉴定机构。国民政府司法部颁行的《司法行政部法医研究所办事细则》第4条规定,该所第二科分为四股,具体职责如下:第一股掌关于化验毒质及与民刑案件有关之一切化学成分事项;第二股掌关于验断尸体或动物死体事项;第三股掌关于诊察事项;第四股掌关于检查物证病原及一切其他法医学检查事项。⑤1936年5月2日,司法行政部颁行《司法行政部法医学审议会组织大纲》,司法行政部法医研究所为"计划改进法医及协助解决医学上之疑难问题起见,特设立法医学审议会,其会址附设于法医研究所"⑥。1936年7月11日,法医学审议会成立。按照《司法行政部法医学审议会办事细则》第2条的规定,法医学审议会设四组:内科组、外科组、理化组、病理组。至此,民国法医鉴定制度得以完善。

虽然法医教育培训制度日益完善,法医鉴定制度和法医鉴定组织也逐渐出现,但这些全新的以西医为基础的法医制度,在民国时期的历史变革当中,在整个社会中所占的分量和比重偏小。不仅西医不能满足民众医疗的需要,法医制度的发展及法医

---

① 《令各省高等法院院长为将法医专修班克期筹办并将办理情形具报由(十九年七月十八日)》,《司法公报》,1930年第82期,第14-15页。
② 《法医事业之推行》,《中华法学杂志》,1930年第1卷第2期,第138页。
③ 宋大仁:《中国法医学简史》,《中华医学杂志》(上海),1936年第1-12期,第1273页。
④ 《知令司法行政部法医研究所所长就职日期》,《广东省政府公报》,1932年第200期,第134页。
⑤ 《司法行政部法医研究所办事细则》,《司法行政公报》,1936年第16期,第11-12页。
⑥ 《司法行政部法医学审议会组织大纲》,《司法公报》,1936年第113期,第62-63页。

人才的培养,相对于日益增长的现代法医鉴定需要来讲,远远不足以满足。

因此,时人姚致强认为,至1933年全国法院"除江浙二省外,其他各省皆无法医之设置",遇有疑难案件"致检验吏无法收拾者",各法院唯有"委托本地有名医师或医师公会代行鉴定"①。

二、西式法医、西医团体鉴定西医讼案

(一)法医鉴定医讼案件的确立

民国初期,初步建立了西医讼案鉴定制度。医病纠纷的鉴定主要由西式法医进行鉴定。其关于鉴定范围首先包括医疗诊察事项。也就是说,如因疾病的诊断行为发生纠纷,属于法医鉴定范围。《司法行政部法医研究所办事细则》第4条之规定"关于诊察事项"属于法医鉴定的范围。其次,法医鉴定范围还包括医疗行为、护理行为、司药行为,具体来说因医师在医疗服务过程中、看护在护理过程中以及药剂师在用药过程的行为出现医病纠纷,都属于鉴定事项。正如,中国现代法医学之父林几在《二十年来法医学之进步》一文中提到司法之民刑案件中"医疗看护司药等责任过失问题"也属于法医鉴定的范围。②再次,值得一提的是,传统以尸体解剖为中心的检验鉴定制度仍然得以延续,也就是说法医鉴定的范围在以尸体解剖为中心的基础上进行了扩展。

虽有司法部有关法医鉴定制度的建立,但司法实践中,医病讼案的医学鉴定,与国家规定并不一致,实践中主要做法是委托医学团体或医师进行鉴定。为此,时任中华医学会理事会理事长牛惠生于1935年2月呈请司法部明令各地法院关于医病讼案应请正式法医剖验尸体,以明真相。牛氏认为:

> 年来,医病讼案纷至沓来,法院于接受此种案件时,多函询国内之医学机关,以求正确之鉴定。盖此项鉴定之文件,皆根据学理与事实而来,初无偏颇之意见也。惟一般病家于败诉之后,多疑及医学机关之鉴定文字有袒护同道之嫌,以致不服而上诉者,比比皆是。

从这段文字记载来看,当时医病纠纷已呈逐渐增多之势,为满足司法审判的需要,法院对于医疗专门问题往往求助于医学机关。从专业角度来看,对于医讼案件的鉴定应当由医学专门人员来进行,既符合事实,也符合学理,而且容易得出科学、客观

---

① 姚致强:《近年来我国法医之鸟瞰》,《社会医报》,1933年第190期,第3964页。
② 林几:《二十年来法医学之进步》,《中华医学杂志》(上海),1947年第6期,第14页。

的结论,但是,由于医学机关是医师行业组织,由其鉴定医师的医疗行为,往往会给病家造成同道袒护的嫌疑,以至于病家乃至社会对鉴定结论缺乏信任,基于此种鉴定结论作出的裁判,往往导致更多的上诉案件。

牛氏进一步就病人死亡的原因及法院裁判分析认为:

> 医家治病,不幸而病人出于死亡,其原因究在于医家之误治,抑为疾病之不治,除主治医师之外,绝非他人所能揣测其原因,而加以切实之判断也。故医学机关之鉴定文件,也只根据法院之来文,作学理之推测。因此,法院于判决时无论胜诉之于谁方,皆难使败诉者心悦而诚服。

在病人死亡的医讼案件中,从专业角度来看,死亡原因是十分复杂的,死亡既可能是医疗过错行为导致的,也可能是病人的自身疾病所致,这种死亡原因的判定,除主治医师更有深切的认识之外,其他的局外人或非当事人很难做出客观、真实的判定,如果仅凭"文件"来做间接、学理的推测,更难得出客观的结论,也难使败诉者心悦而诚服。牛氏因此呼吁:

> 医之对象为病人,病人既死,则其对象为病人尸体,不幸而涉讼,亦当以尸体为唯一铁证,医者之是否误治,一经剖验尸体,不难彻底明了,否则舍病人之尸体而尚诉状或口头辩论之空谈,窃未见其能得是非真相也。惟是尸体剖验,若委之于毫无医学常识之仵作之手,则不但不能使真相大明,抑且有构成冤狱之势。故此项剖验工作,除正式法医外,殆非他人所能胜任。①

牛氏认为,在出现病人死亡的医讼案件中,尤其应当以尸体为中心展开专门的法医鉴定。从专业角度讲,不难对死亡原因得出客观、正确的结论,但如果不以病人尸体为中心而是根据诉状、辩论来分析死亡原因,既不能得出客观结论,实际上也无异于空谈。所以,对死亡医讼案件的鉴定工作既非传统仵作所能胜任,也非医学机关文件推测所能解决,而应以尸体为中心由法医专门从事此项工作。

法医都是西医知识出身,其鉴定结论与西医临床医师的鉴定结论大致相同,因此,法医研究所的鉴定,有力地维护了西医师的权益。

例如1936年8月25日《申报》登载一起案件:

---

① 《呈为呈请明令各地法院关于医病诉讼案应请正式法医剖验尸体以明真相事》,《中华医学杂志》(上海),1935年第21卷第3期,第321-322页。

上海虹口公平路普安医院院长兼仁济医院外科主任医师陈澄,被妇人马董氏在第一特区法院抟诉因业务过失致使其子马老大于死一案,业经法院将陈之诊断书等送交法医研究所鉴定,推事冯世德开庭续讯并将法医研究所之报告发表,谓鉴定结果:陈之诊断并无错误,且必须用此种治法,其马老大之死实因身体亏弱,肚中有毒入于心脏所致,于陈之开刀并无不合,后即庭宣告判决陈澄无罪。①

实际上,民国时期,医病纠纷的鉴定实行的是多轨制,既有法医鉴定,也有医学团体的鉴定,甚至有不经鉴定直接由司法官断处的。

(二)从法医鉴定到医学团体鉴定的转变

法医鉴定医讼案件为西医界所推崇。但是,随着对医讼案件认识的深入,医界发现单由法医鉴定医讼案件有其局限性,由医学团体鉴定医讼案件更能体现鉴定的科学性。

1934年11月13日,为保障医病纠纷之诉讼案件当事人的合法权益,中华医学会业务保障委员会呈请司法行政部要求医讼案件经过正式医学机关团体鉴定后判决。中华医学会业务保障委员会注意到:

> 窃查国内年来医家病家纠纷,有纷至沓来之势。每一案件发生后,动辄由法院或被控之医家、起诉之病家将全部事实及经过情形,请求各地之正式医学机关公正鉴定,以备判断时之参考,用意至为周密。惟近据被控医师之报告,仍有少数法院之法官,对于此项鉴定文件抹杀不问者,亦有未经正式医学团体鉴定,而妄加判决者。②

当时的中华医学会已经认识到医讼案件的专业鉴定对于维护病家和医家的合法权益有重要、积极的意义。但在当时也存在少数的法院和法官在审理医讼案件时,不进行专业的医学团体鉴定而妄加裁判的,也有对于医学团体之鉴定报告径直抹杀不问的。中华医学会认为,由医学团体鉴定是一个合理的制度安排,"用意至为周密",意在推动此项鉴定制度的普遍运行。

---

① 《陈澄医师无罪,法医鉴定诊断无误》,《申报》(上海),1936年8月25日,第14版。
② 中华医学会业务保障委员会:《为写在医病纠纷案件呈请令饬采取专家鉴定由》,《中华医学杂志》(上海),1934年第20卷第12期,第1561-1562页。

中华医学会业务保障委员会要求医讼案件由医学机关团体鉴定的理由是：

> 医之为学甚为专门。病情之变化更无常规。医师治病，初无不竭尽其智力者。不幸而病人死亡，究其原因，或为疾本不可为，或已失其时机，或因病人之特质，或系医师之误治，纷纭复杂，非深于医学者，不能分析也。故当此种案件发生，法官之处理自必棘手。盖法官虽明于法律，而非洞悉医理。如仅衡以人情，绳以法条，而不顾及其医学上之特殊情形，则真情难得，或有累于明德，是以凡正式医学机关根据学理与事实之鉴定文件，正为法官判断上之唯一良助，不言可知。①

上述理由重申了医师医疗行业的特殊性，非一般专业人员所能判定，法官作为法律研究的专门人员，自然没有判定医师医疗行为是非的专业能力，医学团体的鉴定意见应为医讼案件裁判依据的必然选择。

但是法医鉴定医讼案件存在局限性问题，例如1947年《医潮》就南京市立医院阑尾炎麻醉休克死亡案发表《向司法界进一言》一文，称：

> 南京市立医院阑尾炎患者刁某因腰椎麻醉发生休克身死，地方法院竟判主治医师钱明熙以一年又六月之有期徒刑。早期治疗在任何病症里是很值得重视的，但是除了少数的例外，在多数的病症里，数十分钟的延搁不至于影响治疗的效果。实际病人未到医院之前，不到严重万分，常是不肯就医的，而且是先求仙方，再试秘药，请最出名的中医凭过脉，吃了几剂草药不成功，请西医扎针也无效，最后病入膏肓、奄奄一息了，这才想到医院。这时挂急症号，急如星火地催请医师，其实前期也不知延误了许久！有效的治疗期间，已经失去，假如延误的过失，这过失是病家的，站在人道的立场，检察官应对病家提起公诉的。我国法官每以医学外行身份，专凭一己之见判断有关医药问题的是非，殊不自量，实则就是法医学者遇有特殊问题，也征询专家的意见，以为评判的根据。法贵平正，不平则鸣。这一点也极望司法界予以注意。②

以上史料显示，医界认为有关"医药问题"，法官是外行人，没有能力判断其是非，即使是有西医背景的法医，遇到医药问题上的特殊问题，也应当征询医师的意见，

---

① 中华医学会业务保障委员会：《为写在医病纠纷案件呈请令饬采取专家鉴定由》，《中华医学杂志》（上海），1934年第20卷第12期，第1561-1562页。
② 《向司法界进一言》，《医潮》，1947年第1卷第7期，第1-3页。

而不是仅凭法医自身力量对医药问题作出评价。

1948年,广州牙科医学研究会副会长池方也对法医鉴定医讼案件的能力提出了质疑:

> 查医学在各种技术中较为繁难复集,且吾人智识范围有限,近代医学进步,日新月异,倘一旦发生医案诉讼,则恐非司法官或法医师少数人所能正确鉴定者。为慎重罪刑及保障医事人员业务起见,本人以为苟有此类事件发生,应由公私立医学机构团体,或该业务法团,共同加以缜密之研究,然后根据其事实处断,方足以成信谳。①

池方的以上论述实际提出了医讼案件鉴定时适用的医学标准和相应的鉴定人选择问题,即医讼案件"自当以各种业务之学术进度及当时之实际情形以为断",非司法官或法医师所能鉴定者,应由公私立医学机构团体或该业务法团处断。公私立医学机构团体为医师组织。池方认为,医讼案件的鉴定应当由医师组织鉴定医师的行为,而非由法医鉴定医师的行为。对此,宋国宾在其《医讼之面面观》一文中提出了相同的见解:

> 夫医学为至专门之科学,病人之不治,死于医或死于病,非专家不能判也。法官虽熟于法律之条文,而不娴于医理,故受理之际,必须函请正式医团作公正之鉴定,以为判决之时根据,而同时施于尸体剖验,以求事实之大明,法官不得存一毫武断之态度于其间也。鉴定矣!剖验矣!②

依宋国宾之见,医讼案件分为两种类型:一种类型是病人没有死亡的,由医团作公正之鉴定。另一种类型是病人死亡的,应该以尸体为中心,以法医为主体进行死亡原因的鉴定,同时,由医团对医师的医疗行为进行鉴定。对此,《医潮》刊发的以南京市立医院的刁某身死案为例,向司法界强调病理解剖的重要性。

> 患者有无心脏病,是地院裁判的关键之一,但是既无身后检验的根据,则殊难令人心服,至于患心脏病者可否施以麻醉剂,虽为另一问题,自亦不得一概而论。心病种类、病势轻重,皆为施以麻醉剂前必须考虑的问题,若患者故后,曾经

---

① 池方:《医权保障运动》,《牙科学报》,1948年第2卷第8期,第13页。
② 宋国宾:《医讼之面面观》,《医药评论》,1935年第7卷第9期,第1页。

病理解剖,详为检验,则一切疑问,可望迎刃而解。非但医者可以增加见识,法律上亦少困难。①

民国时期,医界对医讼案件鉴定主体的认识,基本与现代医疗鉴定制度设计理念相吻合。

三、中医师、中医团体鉴定中医讼案

(一)西医师鉴定中医讼案之争

"内行鉴定内行"是对专门问题作出判断的唯一途径,医学作为专业性极强的学科,其专业问题的鉴定也应当遵循"专业问题同行鉴定"的专业规律。

民国时期,中西医并存,自然在医病纠纷中,按照医学专业规律,应当是中医师鉴定中医讼案、西医师鉴定西医讼案。如此,才能保证医学鉴定科学性和合法性。但是,民国时期,在有关医病纠纷鉴定的问题上,存在剥夺中医鉴定权利的现象。例如在1929年浙江鄞县张志元医事刑事案中,检察官起诉称:

> 讯据董庭瑶、郑蓉孙等供称认系瘖,后各经承诊开服方药不讳,当经本检察官以事关医术,非经专门家鉴定不足以明真相,即据呈案各方发交廷佐医院鉴定。旋据鉴定人应锡藩鉴定书内称:郑医所投之药服用过早致疹斑不能全身发挥,董医所处第四方之药剂未与投服第五方处之药剂,性寒属冷量尚轻微云云。可见郑蓉孙、董庭瑶先后对于张志元瘖症究竟有无已达透发之程度并不精密审查,遂处以寒冷药剂以致瘖点未能透发因而致死,自属玩忽已极,予以起诉。

从此典型案例来看,当时对于中医引起的讼案,在鉴定过程中,存在着以下几个问题:一是讼案发生的原因是由中医师的医疗行为引起,从专业角度来讲,应当属于中医讼案,需要具体的中医专业知识来对医疗行为进行专业判定。二是从主体来看,受诉法院委托了西医师一名,让不具有中医知识背景的应锡藩医师行使对中医讼案的鉴定权,这从专业性角度来看,确实有不合理之处,毕竟中医和西医分属于不同的专业知识体系,而且其内容十分庞杂,对任何一个具体的医师来讲,很难做到既精通中医又熟悉西医,基本不可能做到中西贯通。因此,应锡藩医师鉴定两名中医师的医疗行为,确实缺乏正当性。三是应锡藩医师使用中医话语表达了鉴定意见,但因其不具有中医专业背景,其鉴定意见缺乏可信性和权威性。四是从鉴定结论来看,应锡藩

---

① 《向司法界进一言》,《医潮》,1947年第1卷第7期,第9页。

医师认为病人死亡完全是由于医师的医疗过错所致，这很难排除应锡藩医师到底是同情病家或是利用自己的鉴定权打压、排斥中医。

这起中医讼案既引发了纠纷当事人对鉴定结论的不满，更引起了人们对此鉴定制度的反思。本案中，中医讼案由一名西医师鉴定，对此鉴定结论，郑、董二中医当然不服，遂求助于宁波中医协会。宁波中医协会为"西医鉴定中医药方"上书卫生部，请求卫生部转司法部请予纠正。宁波中医协会认为：

> 中西医术向属异途，中医无西医之学识经验，西医亦无中医之学识经验，是各自为学，不能相通。……是此次冯检察官将郑蓉孙等中医所开之药方不发交中医专家研究，而竟发交西医应锡藩鉴定，似属有意摧残中医；应锡藩西医对于郑蓉孙等中医所开之药方，不肯辞以不敏，而竟妄行鉴定，似属乘机推翻中医。苟此案成立，则将来国粹之中医无振兴之希望，大多数人业中医者之生命尽在西医掌握之中，生杀予夺，惟其所欲矣。①

此案发生在1929年中央卫生委员会"废止中医案"之际，在这种中医普遍得不到中央政府尊重的大背景之下，反映在中医讼案鉴定权的争夺上，西医明显具有垄断医讼案件鉴定权的倾向，即使司法人员面对中医讼案的鉴定时，往往首先选择西医师，而不是中医师，但就从专业的角度而言，由西医师鉴定中医师的医疗行为，确实存在不科学、不合理之处，毕竟"中医无西医之学识经验，西医亦无中医之学识经验，是各自为学，不能相通"。对于接受鉴定委托的西医师应锡藩而言，其谨慎、合理的做法应是婉拒检察官的鉴定委托，而不应越俎代庖、妄行鉴定。这种非专业的鉴定既不能得出客观、真实的结论，也容易引起中医群体怀疑、抗争。

宁波中医协会鲜明地指出了"外行鉴定内行"的问题，但这本质上反映了当时立法及司法官的严重西医倾向，故宁波中医协会认为是摧残中医、推翻中医。

2月12日卫生部对宁波中医协会的批复是：

> 该案既在地方法院涉讼，应候该院依法讯判，所请转详司法部一节，着毋庸议。②

---

① 《为西医鉴定中医方药上卫生部转司法部请予纠正呈文》，《中医新刊》，1929年第12期，第2-3页。
② 《批宁波中医协会据呈西医妄行鉴定中医方药请转详司法部迅即纠正着毋庸议文（二月十二日）》，《卫生公报》，1929年第1卷第3期，第27页。

卫生部对宁波中医协会的专业呈请采取了非专业化、司法化的消极处理方式，认为这是一个具体的司法个案问题，不是医学专业问题。在这里，卫生部转移话题、偷换概念，有意避开了当时争议较大的鉴定权的配置这一敏感话题。也就是说，如果中医讼案的鉴定权交由西医，就有可能威胁到中医行业、中医群体的生存空间。中医讼案的鉴定权问题，虽然在个案上属于司法问题，但在制度配置上，因关系到整个中医医学行业的发展，这在本质上也属于卫生部职责范围。

由于其主张未能得到维护，宁波中医协会再次上书卫生部。然而，宁波中医协会于1929年2月28日得到的批复是：

> 查医药无中西之分，应以科学为原则，此案以西医鉴定中药系法院指令办理，本部依法不能过问，所请应毋庸议。①

国民政府卫生部的批复貌似站在科学的立场上，中立地评判"医药无中西之分"，但科学本身又是西学的知识话语，因此，卫生部事实上还是站在了中医的对立面。不仅如此，卫生部更是以司法问题为由回避争议背后存在的鉴定制度的设置问题。

就"西医鉴定中医"问题提出异议的并非只有宁波中医协会，浙江省中医协会也呈文卫生部，但其于3月7日收到的复函仍是：

> 鄞县地方法院令西医鉴定中医药方请予纠正一节属司法范围，本部未便过问。②

（二）中医鉴定中医讼案确立

在民国时期，对于中医讼案的鉴定组织及鉴定程序有明文规定的，当属中央国医馆和中西医药研究社。

1935年11月8日，中央国医馆向司法行政部呈文称：

> 查各省市国医因执行业务发生处方诉讼案件，该管法院动辄以刑诉第一百十八条委任国医分支馆或医药团体任鉴定人，而当事人以不服鉴定之故或

---

① 《批宁波中医协会呈为西医妄行鉴定中西药方请更行审议转详司法部讯予纠正一案本部依法不能过问（二月十八日）》，《卫生公报》，1929年第1卷第3期，第29页。

② 《代电浙江省中医协会鄞县地方法院令西医鉴定中医药方请予纠正一节属司法范围本部未便过问（三月七日）》，《卫生公报》，1929年第1卷第4期，第72页。

依同法第一百十九条声明拒却,致诉讼无法解决。倘不另筹补救方法实不足以断疑案而昭折服。本馆有鉴于此,爰订处方鉴定委员会章程,延聘富有学识经验之国医九人为委员,嗣后各级法院遇有处方诉讼案件,如当事人不服当地国医分支馆或医药团体之鉴定声明拒却时,拟请原受理法院迳函本馆交由该委员会重新鉴定,以昭慎重。①

司法行政部随后于1935年11月21日通令各级法院一体遵照。从此史料来看,到了1935年,对于中医讼案的鉴定有了明显的进步。具体表现为:一是凡中医执业过程中所发生的处方诉讼案,不再交由西医或西医组织来鉴定,而是委任国医分支馆或医药团体充任鉴定人,实际上就是由中医师鉴定中医讼案。二是如果鉴定结论不能被当事人所接受,对于中医处方讼案可以交由更高层级的处方鉴定委员会鉴定,而该委员会成员完全是由"富有学识经验之国医"充任,这种制度设计实际上赋予了中医师对中医讼案的鉴定权。

同时,中央国医馆也制定了《中央国医馆处方鉴定委员会章程》,一并呈请司法行政部。②按照其规定:(1)处方鉴定委员会之鉴定以当事人不服当地国医分支馆或医药团体之鉴定,经法院函请该馆重新鉴定者为限。因此,其鉴定为重新鉴定,为首次鉴定结论之后提供救济机会。(2)委员会设有委员七人至九人,由馆长聘任并指定一人为主席,须由委员过半数之出席方得开会,出席委员三分之二以上同意方得议决。因此该鉴定施行多数人合议制。(3)由主席指定委员一人做初步审查,初步审查意见分送各委员签注后,应由主席召集会议决定;初步审查意见提出会议如不得出席委员三分之二同意时,应由主席另行指定委员一人复审查;复审查意见分送各委员签注后,应由主席召集会议决定;初步审查意见与复审查意见提出会议如均不得出席委员三分之二同意时,应由主席呈请馆长裁决。(4)鉴定书由指定之委员作成,但均由全体委员签名盖章交主席送呈馆长核定,以示负责。随后,中西医药研究社成立了"中医药讼案鉴定委员会",并向司法部呈文,呈请训令全国各法院指定该社为中医药讼案鉴定机关之一,鉴定委员会由"中西医药研究社理事会选聘中医药专家九人组成"并明确提出就中医药讼案的鉴定由中医团体进行。中西医药研究社

---

① 《为准中央国医馆函称关于处方诉讼案件,如当事人不服当地国医分支馆或医药团体之鉴定,拟径函本馆会重新鉴定由(附中央国医馆处方鉴定委员会章程)》,《司法公报》,1935年第80期,第22-23页。

② 《为准中央国医馆函称关于处方诉讼案件,如当事人不服当地国医分支馆或医药团体之鉴定,拟径函本馆会重新鉴定由(附中央国医馆处方鉴定委员会章程)》,《司法公报》,1935年第80期,第22-23页。

认为：

> 以中医药团体而行中医药讼案之鉴定于理固无不合，惟我国今日之中医药团体尚少真正之学术机关，此可不必讳言，则其鉴定时贿赂之施，感情之用，又何能免。①

中西医药研究社首先肯定了中医药团体鉴定中医药讼案的合理性，但在现实中，这种合理的鉴定制度未必能够得到落实，一方面是因为缺乏真正的学术机关，另一方面是因为当时的制度容易受到贿赂或人情因素的干扰。

而针对法医鉴定中医的现象，中西医药研究社认为：

> 我国今日之医制，中医与西医并行，使今日之法医，以行西医药讼案之鉴定则可，若行中医药讼案之鉴定，则殊非宜也。因中医药讼案完全根据经验而来，与科学医药不同，故其治病亦崇尚经验而疏于理论。若法医之曾未一涉中医之藩篱，宜其无能为得失之观测也。故法医之在我国，不克尽负医药讼案之鉴定责职，已甚明矣。②

中西医药研究社再次重申了"同行鉴定"的基本原则，对当时的医学鉴定而言，中西医药研究社认为法医属于西医，由法医鉴定西医讼案"则可"，但是如果由法医鉴定中医讼案，则超越了法医的鉴定能力，不能得出中医师"得失之观测"结论。

为争取司法部认可，中西医药研究社承诺鉴定"不受酬报"。《中西医药研究社中医药讼案鉴定委员会章程》第5条规定：

> 本会本中西医药研究社服务社会之旨，为社会服务，接受中医药讼案之鉴定，及审定他人中医药讼案之鉴定，不受报酬。③

需要注意的是，《中西医药研究社中医药讼案鉴定委员会章程》就鉴定的范围和鉴定适用标准等问题进行了规范。在鉴定范围方面，第14条规定：如讼案须有理化检验者，本会得转请法医研究所或上海市卫生试验所代行之。第15条规定：如讼案

---

① 《中西医药研究社中医药讼案鉴定委员会缘起》，《法令周刊》，1936年第338期，第8-9页。
② 《中西医药研究社中医药讼案鉴定委员会缘起》，《法令周刊》，1936年第338期，第8-9页。
③ 《中西医药研究社中医药讼案鉴定委员会章程》，《法令周刊》，1936年第338期，第8-9页。

须有检验或解剖尸体或毁坏物体者,则由法院法医与法医研究所行之,本会概不执行。而在鉴定适用标准方面,《中西医药研究社中医药讼案鉴定委员会章程》第7条规定:本会凡一讼件之鉴定或审定必求其公正允当,并根据中西医药学理与经验,附以说明以为各该讼案判决时之参考。《中西医药研究社医药讼案鉴定委员会委员服务须知》第3条规定:各委员接得鉴审案件及关系文件后,务须根据学理与经验做详细之鉴定。

对此,1936年11月27日,司法行政部发布训令称:

> 对于法院鉴定事务,尚不无足资辅助之处,嗣后各该院受理关于中医药讼案遇有不易解决之件,得酌量送由该社办理。①

中西医药研究社的积极行动,争得了对中医药讼案的鉴定权,有力保护了中医师的权利。中医药讼案鉴定也有委托中医专门学校进行的。例如,1933年间发生一起案件,楼介旅居绍兴,生子甫六月,患瘖延竹安诊治,服药一剂而殇,楼以业务上过失杀人诉汪于法,浙江中医专门学校接受高等法院检察处之委托,经教务处许究仁先生根据药方为之鉴定,并出具鉴定书。②

总体而言,在民国时期,围绕中医讼案的鉴定权问题,逐步发展出较为完善的中医讼案鉴定制度,中医讼案由早期的西医垄断鉴定权,经过中医团体的积极努力和争取,逐渐取得了司法行政部门的支持和同情,特别是中央国医馆处方鉴定委员会和中西医药研究社医药讼案鉴定委员会的成立,基本上确立了中医讼案的鉴定权由中医师和中医团体来行使的科学模式。中医专门鉴定机构也对自己的鉴定行为作出了比较细致、科学的规范,以保障鉴定的科学性和公正性,甚至为取信于社会和政府主管部门而主动要求免费鉴定。同时,在病人死亡的案件中,司法机关还采取尸体检验和药方评判一并进行,这在一定程度上解决了中医讼案中医疗行为是否存在过错的判定问题和病人的死亡原因查明问题,而此二问题是中医医讼案件医师责任成立的关键问题。例如:

> 1930年,闸北太阳庙路潘陈里八号门牌崇明妇人毛蔡氏投四区警署控称,伊夫毛渭岩,今年四十一岁,日前因寒热小恙,于二月五日延医生蔡有康诊治,讵

---

① 《中医药讼案得由法院酌量送由上海中西医药研究社鉴定令》,《法令周刊》,1936年第338期,第7页。
② 《汪竹安业务上过失杀人案之鉴定》,《浙江中医学校校友会汇刊》,1933年第6期,第43页。

遭庸医误投药石，盖因热而用热药医治，是促病人之死，要求究办。该署当将蔡有康传唤到署讯，据供称毛蔡氏并非仅我一人医治，并无错误云云，该署遂以事关人命即令二十七保十一图地保沈小和投地方法院报验，由朱检察官等莅场检验后谕令收殓，候将药方评判有无错误以凭核夺。①

四、专家证人出庭证明协助医讼鉴定

如前文所述，除《管理中医暂行规则》（1940年）和《医士暂行条例》（1943年）外，自《管理医师暂行规则》（1922年）和《管理医士暂行规则》（1922年）以来，民国医师法令均规定医师关于审判上事项有遵从指挥或协助的义务。因此，民国时期，医讼案件的审理也实行过医学专家证人出庭证明的制度尝试。例如：1946年，上海沪西平民妇孺医院产科男医师曾锦才及女医师在莲芳被控过失致产妇汪氏于死罪嫌一案，据《申报》报道：

> 1946年7月3日汪菊生伴其妻汪龚氏来院生产，当日下午即生下一女，系由助产士傅丰琼接生。当时经过尚佳，至晚忽发觉产妇有流血现象，经止血治疗，唯产妇身体虚弱，病势日益恶化。院方曾建议将子宫割除，或可挽救，为病家所拒绝，汪龚氏延至十日不治身死，并由圣约翰大学医学教授作学理上证明。院方认为对该产妇措施并未失当，汪氏之死实系身体虚弱所致。最后经承审推事曹当庭宣判，被告无罪。②

为保障医学专家出庭作证，镇江医师公会汪元臣等于1930年向卫生部请示医师出庭作证可否以书面代证言并请求损失赔偿。卫生部于同年8月18日以140号批文批示如下：

> 查因有关诉讼案事件出庭作证虽为法律上应负之义务，然因此所需之旅费日费仍可依法请求。至证言是否可用书面替代及原告或被告缺席不到，因此所受损失是否赔偿，事关诉讼程序问题，应向法庭请求核办，非该会所能议决，亦非本部所能置可否者也。③

---

① 《呈控庸医杀人案》，《申报》（上海），1930年2月11日，第15版。
② 《被控过失致死案两医师宣判无罪》，《申报》（上海），1946年12月1日，第5版。
③ 《批镇江医师公会汪元臣等据呈请核示医师出庭作证可否以书面代证言并请求损失赔偿案由》，《卫生公报》，1930年第3卷第9期，第54页。

但是，医讼案件未经专门鉴定机构鉴定，而单由医学专家一人作学理上的证明，难以保障裁判的科学性、公正性和公信力。

医学专家出庭作证一般是受法院委托，但也有医师团体设立专门机构在医讼案件中为司法官提供专业的咨询。医师团体为司法官提供咨询，其学理上的证明可能更为可靠。但是，医师团体的初衷是为保障医师的职业权利，而非为公正裁判之目的。

医学专家证人制度有其合理性，可以从专业角度为法官提供专家意见，有利于司法官作出更为符合科学的裁判。但是，医讼案件的审判不仅仅是医学本身问题，更是一个司法问题，司法裁判应当遵循其自身的规则，例如专家证人的选择权问题、专家证人的证明范围问题以及专家证人的诉讼地位等，均需由相应法律的规制，否则，单纯追求医讼案件裁判的科学性，将丧失医讼案件裁判应有的公正性和公信力。民国时期，诉讼法上没有专家证人制度，医讼案件中的医学专家证人制度仅仅是司法个案的尝试，缺乏制度设计。

五、观念、技术上的冲突与融合

随着西医尸体解剖的引入，法医鉴定制度逐渐确立，以医学判断为主要内容的医讼案件鉴定制度也逐渐制度化、规范化。医讼案件鉴定主要采取法医鉴定的模式，随着医界对医讼案件鉴定问题的深入认识和推动，医讼案件鉴定模式发生了重大转变，即法医鉴定主要是对病人死亡的医讼案件中就死亡原因进行鉴定，而关于对医疗行为的是非判断则由具备临床医学知识和经验的医师或医师组织进行，这符合"专业问题同行鉴定"的基本原则，也回归了法律关于鉴定制度的本质属性。

在中医讼案的鉴定问题上，民国时期，也经历了法医鉴定转为临床医师或医师组织鉴定的路径。但是，由西医师或其医师组织鉴定中医讼案，同样是"外行鉴定内行"，不符合"专业问题同行鉴定"的要求。通过医界的努力，中医讼案由中医师及其组织鉴定的科学制度也得以建立和施行。在"专业问题同行鉴定"保障鉴定意见科学性的前提下，医界及司法行政机关的制度设置，也一定程度上保证了医讼案件鉴定的公正性。当然，医学专家证人制度的萌芽，对医讼案件鉴定制度有着重要的补充作用。

自2002年《医疗事故处理条例》颁行以来，中国医讼案件的鉴定一般是双轨制，既有医学会组织的医疗事故技术鉴定，也有法医司法鉴定机构进行的法医鉴定，医界对此怨声载道。时至《侵权责任法》颁行后，在《医疗事故处理条例》尚未废止的情况下，各地就医疗损害案件的鉴定各行其是，例如江苏、北京、安徽、浙江等地区，均有其各自规定。一方面是国家没有统一的医疗损害案件鉴定制度,另一方面又是各地方自行制定"地方制度",造成医疗损害鉴定缺乏权威性和统一性。参考民国医讼案件鉴定发展历程,也许能为优化医疗损害鉴定制度提供借鉴意义。

第二节 民国医师的刑事责任

一、民国前的庸医杀伤人罪

在中国传统社会一般缺乏对行医的法律规制,尤其是对民间医患纠纷,法律所涉及者一般是行医致人死伤,给予刑事责任追究,民间及律法称其为庸医杀伤人。《伤寒论·原序》对庸医有这样的描述:"观今之医,不念思求经旨,以演其所知;各承家技,始终须旧,省病问疾,务在口给,相对斯须,便处汤药。按寸不及尺,握手不及足;人迎跌阳,三部不参;动数发息,不满五十。"① 但律法对"庸医"未曾明确界定。

《唐律疏议·职制》"合和御药有误"条:

> 诸合和御药,误不如本方及封题者,医绞。疏议曰:合和御药,须先处方,依方合和,不得差误。若有错误,"不如本方",谓分两多少不如本方法之类。合成仍题封其上,注药迟驶冷热之类,并写本方俱进。若有误不如本方及封题有误等,但一事有误,医即合绞。医,谓当合和药者,名例大不敬条内已具解讫。②

从这项法律规定来看,主要规范的主体是"御医",调整的对象是御医的"合和御药"行为,调整手段是刑事处罚,构成刑事责任的主观要件是过失,表现为"不如本方"和"封题有误等",一旦构成犯罪,刑事处罚极为严厉,"合绞"。但对于普通医师的日常诊疗行为没有规范,同时对于"处方"本身有误也缺乏相应法律规范和技术规范。

《唐律疏议·杂律》"医合药不如方"条:

> 诸医为人合药及题疏、针刺,误不如本方,杀人者,徒二年半。其故不如本方,杀伤人者,以故杀伤论,虽不伤人,杖六十。即卖药不如本方,杀伤人者,亦如

---

① [汉]张仲景:《伤寒论》,文棣校注,中国书店,1993年,第2页。
② [唐]长孙无忌等撰:《唐律疏议》,刘俊文点校,中华书局,1983年,第190页。

之。①

《杂律》对普通医师的医疗犯罪作了比较具体的规定,区分了过失犯罪和故意犯罪,即"误不如本方"和"故不如本方"。值得注意的是"卖药不如本方"也纳入到了过失犯罪之内,实际上相当于已经区分了医师过失犯罪行为和药师过失犯罪行为问题。

《大明律》卷十二《礼律·仪制》"和合御药"条:

> 凡合药御药误不依本方及封题错误,医人杖一百。②

从《大明律》的规定来看,对于当时御医诊疗行为的规范相对简单,从刑法惩罚的严厉程度来讲,远远低于《唐律疏议》的规定,比如《唐律疏议》"诸合和御药,误不如本方及封题者,医绞"。而《大明律》对同样的犯罪行为的处罚却仅为"杖一百"。

《大明律》卷十九《刑律·人命》"庸医杀伤人"条:

> 若故违本方,诈疗疾病而取财物者,计赃,准盗论,因而致死及因事故用药杀人者,斩。③

从《大明律》来看,"庸医"进入了法律规定,但没有对庸医进行具体的界定,仅仅是对行为人的借医疗诈骗钱财行为进行规范、处罚,并没有涉及对庸医的行医行为规制。从法条分析,庸医的诊疗行为无论故意或过失,只要出现死亡后果均处以"斩刑"。

《大明会典》规定:

> 庸医为人用药、针刺,误不依本方,因而致死,责令别医辨验药饵穴道,如无故害之情者,以过失杀人论,不许行医。④

从《大明会典》规定看,有两项规定明显与《唐律疏议》及《大明律》不同。其一是有了医疗过失行为判定的法定程序即"责令别医辨验药饵穴道"。也就是说,一旦

---

① [唐]长孙无忌等撰:《唐律疏议》,刘俊文点校,中华书局,1983年,第483页。
② 怀效锋点校:《大明律》,法律出版社,1999年,第90页。
③ 怀效锋点校:《大明律》,法律出版社,1999年,第156页。
④ [明]李东阳等撰:《大明会典》,[明]申时行等重修,广陵书社2007版,第1113页。

有庸医涉嫌犯罪,官府并不能直接追究庸医的刑事责任,而是应经过适当的专业技术认定程序,就是让庸医以外的其他专业医师对庸医的诊疗行为作出专业评判,再根据评判结果对庸医定罪量刑。其二是庸医被认定为犯罪的,除受到以"过失杀人论"的刑事处罚之外,还剥夺其行医资格,不许其行医。从这两项规定来看,已经体现了对诊疗行为的犯罪认识的深化,这标志着法律对医疗行为规范的进步。"责令别医辨验药饵穴道"可谓具备了医师医疗行为鉴定制度的雏形;"不许行医"可谓医师执业资格管理法制的雏形。

《大清律例》对庸医诊疗行为的法律规范,沿袭了《大明会典》的规定[①],但值得注意的是《大清律例》对庸医诊疗行为的受害人家属在法律上进行了规范,即"依律收赎,给付其家",也就是庸医除了承担刑事责任外,还要对受害方承担民事责任,这一规定明显不同于《唐律疏议》和《大明律》,这也表明法律对医疗行为的规范领域在扩大,突出了对庸医行为受害人的法律保护,这也是医师法律制度演变的一个巨大跨越。而《大清律例会通新纂》卷二十五则载:

> 全纂庸医杀人必其病本不致死,而死由误治显明确凿者,方可坐罪。如攻下之误而死,无虚脱之形;滋补之误而死,无胀懑之迹者,不使归咎于医者;其病先经他医,断以不治,嗣被别医误治至死,形迹确凿,虽禁行医,不治其罪,以其病原属必死也。[②]

从上述材料来看,法律对医疗行为的规范,到了清代已经达到相当成熟的地步,具体表现在医疗过失犯罪法律因果关系的认定上。

第一,对于医疗过失犯罪不再简单根据主观上的有误或无误来判断,换言之,对医疗犯罪行为的规范走出了漫长的主观归罪的历史泥潭。第二,在清代医疗犯罪行为的认定,也不再机械地根据致死、致伤结果来认定是否存在医疗犯罪行为,而是综合考虑诊疗行为与死伤之间的具体因果关系,也就是说对医疗犯罪认定摆脱了客观归罪的历史惯性。第三,对于医疗犯罪因果关系认识的深化,在当时已经意识到医疗行为是复杂的专业性行为,能否构成犯罪,既不能简单地根据主观故意或过失来判

---

① 《大清律例》规定:凡庸医为人用药、针刺,误不如本方,因而致死者,责令别医辨验药饵穴道,如无故害之情者,以过失杀人论(依律收赎,给付其家),不许行医。如故违本方,诈疗疾病,而(增轻作重乘危以)取财物者,计赃,以盗窃论。因而致死,及因事(私有所谋害)故用(反症之药)杀人者,斩(监候)。

② 姚雨芗原纂,胡仰山增辑:《大清律例会通新纂》卷1—3,沈云龙:《近代中国史料丛刊三编第二十二辑》,文海出版社,1987年,第2588页。

断,也不能以出现死伤结果来判断,而应医疗专业性角度分析诊疗行为与危害后果之间的因果关系来综合判定。比如,"如攻下之误而死,无虚脱之行;滋补之误而死,无胀懑之迹;其病先经他医,断以不治,嗣被他医误治而死",这三种情形均涉及复杂的医疗行为与危害后果之间因果关系的认定,相较于《唐律疏议》和《大明律》来讲,这也是一个很大的历史进步。

1907年,修订法律馆制定了《大清刑律草案》,用"业务过失罪"取代了历代"庸医杀伤人律",其第312条为"怠忽业务而致人死伤罪",规定:

> 凡因怠忽业务上必应注意致人死伤者,处四等以下有期徒刑、拘留或三千元以下罚金。①

1908年制定完成的《大清新刑律》第326条规定:

> 因玩忽业务上必要之注意,致人死伤者,处四等以下有期徒刑、拘役或二千元以下罚金。②

《大清刑律草案》《大清新刑律》均未明确"业务"之范围与类别,但修订法律大臣沈家本在其《大清刑律草案(附总说、沿革、理由及注意)》中认为:

> 业务上过失致人死伤者,医师误认毒药为普通药剂致患者身死,或矿师怠于预防因煤气爆发致多数工人死伤之类。③

沈家本对《大清刑律草案》中业务犯罪作出了说明,其中涉及医师业务犯罪,这就表明了清朝末年,拟对专业从业人员的职业行为涉嫌的犯罪进行专门规范,意味着对专业从业人员的日常行为法律规范提上了立法日程。

二、民国医师业务过失罪

《中华民国暂行新刑律》第326条规定"因玩忽业务上必要之注意义务,致人死亡者,处四等以下有期徒刑、拘役或三千元以下罚金"。④

---

① 宪政编查馆辑录:《大清法规大全》,考正出版社,1972年,第2064页。
② 高汉成:《〈大清新刑律〉立法资料汇编》,社会科学文献出版社,2013年,760页。
③ 高汉成:《〈大清新刑律〉立法资料汇编》,社会科学文献出版社,2013年,150页。
④ 《法部修正中华民国暂行新刑律》,《江苏省司法汇报》,1912年第2期,第1-32页。

民国时期，"业务过失犯罪"的主体包括了医师、矿师等专业从业人员，另外，当时也已经意识到医师注意义务与医患之间意思表示的区别，即使医病之间有了一致的意思表示，比如病人愿意"剖治"，医师不能根据病人已经同意剖治而降低自己的注意义务，更不能以病人同意作为自己免责的理由。这说明，相对于《大清律例会通新纂》对因果关系的认识，民国时期对医师诊疗行为涉嫌犯罪的判定，其考虑因素更加细化、深入，除了有因果关系的考量外，对于医病之间意思表示的情节，也成为定罪量刑的考量因素。医师诊治病人，"固应经双方合意，即病情重大，尚能表示意思者，亦然。但病人之愿剖治，原系希望病愈，如医生怠于医术上应尽之注意，致有不良结果，自不能以其已经合意即不负责"①。

1928年《中华民国刑法》第291条规定，因业务上之过失，犯前项之罪者（过失致死），处三年以下有期徒刑、拘役或一千元以下罚金。②

单从民国时期刑法典来看，并没有具体规定医师诊疗犯罪的相关内容，而且与传统律法规定相比，比如《唐律疏议》《大明律》《大清律》等都有御医犯罪和庸医犯罪的规定，但民国时期的刑法没有具体到医师这个特殊主体的犯罪行为，而是笼统地用业务过失犯罪来涵盖所有的专业技术性行为涉嫌的犯罪，因为，医师诊疗行为属于典型的技术性行为，而且在《管理医师暂行规则》（1922年）《管理医士暂行规则》（1922年）中对医师进行了具体的法律规定，明确了医师执业认许制度，也就是医师属于刑法典调整的业务过失犯罪对象，相对于民国前医师犯罪的法律规定，民国时期对医师诊疗行为规范更加全面和具体，刑事犯罪的构成有了行政违法性的规范前提，即医师必须具有执业行为上的行政违法性，才有可能构成刑法典上的业务过失罪。

但从刑法典对业务过失犯罪的量刑来看，明显轻于传统法律所规定的刑罚处罚。对医师过失犯罪的认定来讲，较传统法律规定更为复杂，比如医师过失犯罪的主观要件认定，刑法典已经有了明确的规定。

1928年《中华民国刑法》第27条规定了"过失构成要件"③。从这项规定来看，过失犯罪的主观要件认定，标准是法定的、明确的；对于过失的种类以及过失的具体构成都进行了规范，比如过失犯罪构成的前提条件是业务行为人必须有法律上的注意义务，同时这种注意义务具有客观上的可履行性，在有法定义务、能履行义务的前提

---

① 宪政编查馆辑录：《大清法规大全》，考正出版社，1972年，第2063-2065页；转引自王其林：《论民国医师刑事法律缺席的失衡——以业务过失罪为视角》，《河北法学》，2013年第31卷第11期，第144-149页。

② 王宠惠：《中华民国刑法》，中华印书局，1928年，第71页。

③ 1928年《中华民国刑法》第27条规定：犯人虽非故意，但按其情节，应注意并能注意而不注意者，为过失。犯人对于构成犯罪之事实，虽预见其能发生，而确信其不发生者，以过失论。

下,业务行为人没有履行就构成过失。对于医师而言,构成业务过失犯罪同样要符合上述法定标准,如果医师没有相应的注意义务就不能认定为业务过失,同样,超出了医师的注意能力,也不能认定为刑法上的业务过失。

1928年《中华民国刑法》第301条第2款规定了从事业务之人的"业务过失犯罪"及其刑罚。[①]该法对于业务过失犯罪不仅对犯罪构成进行了详细规定,而且根据业务过失犯罪所造成的危害后果,也进行了区别对待,从立法上分别予以规定。比如医师业务过失犯罪一旦构成,危害后果不同,刑罚处罚也不同。医师业务过失致人死亡的,应承担"三年以下有期徒刑、拘役或一千元以下罚金";医师业务过失致人伤害没有死亡的,应承担"一年以下有期徒刑,拘役或五百元以下罚金";致人重伤的,则应承担"二年以下有期徒刑,拘役或五百元以下罚金"。也就是说,医师业务过失犯罪,会受到三种不同程度的刑事处罚,致死的处罚最重,三年以下的徒刑、千元以下罚金;致重伤的,两年徒刑,五百元以下罚金;致一般伤害的,一年以下徒刑,五百元以下罚金。

由此可见,1928年《中华民国刑法》对医师犯罪的认识有了明显的进步。具体表现为:一是对医师业务犯罪定性的认识有了重大突破,不再把医师犯罪作为故意犯罪,无论医师的业务违法行为是否故意,都不作为医师业务过失犯罪的主观内容,从而在刑法上排除了医师业务"故意"犯罪的可能性。这实际上,就对医疗业务行为的认识和规范达到了比较科学的程度。二是医师业务犯罪的量刑,更加科学、合理,由于立法上排除了医师业务故意犯罪,实际上降低了业务犯罪的主观恶性要件的要求,反映在量刑上,刑罚处罚较为温和,即使导致病人死亡,最高刑罚也不过三年徒刑。同时,还区分了不同危害后果,并根据不同的危害后果规定了相应的刑罚处罚。

从历史角度看,1928年《中华民国刑法》对医师业务犯罪的刑事立法,相对于《唐律疏议》《大明律》《大清律》等而言,已经有了巨大历史进步,但从医疗行为本身的特殊性来讲,国家立法和行业自治仍有冲突,时人从医疗专业角度对刑法规定的主观要件提出了以下质疑:

> 惟究竟何者为"应"为、"能"为、"不"为,自当以各种业务之学术进度及当时之实际情形以为断。查医学在各种技术中较为繁难复杂,且吾人知识范围有限,近代医学进步日新月异,倘一旦发生医案诉讼,则恐非司法官或法医师少数

---

① 1928年《中华民国刑法》第301条第2款规定:从事业务之人,因业务上过失犯第一项之罪者(过失伤害),处一年以下有期徒刑,拘役或五百元以下罚金。致重伤者,处二年以下有期徒刑,拘役或五百元以下罚金。

人所能正确鉴定者。①

1928年的《中华民国刑法》不仅受到了医疗专业人士的质疑，而且在实际实施过程中也受到了当时社会医病纠纷的影响，特别是到了民国二十三年（1934年）社会中医病纠纷爆发式出现，这一年被时人称为"医事纠纷年"。或许是为了回应这一社会现实，国民政府对1928年的《中华民国刑法》进行了大幅度修改，导致1935年《中华民国刑法》医师业务过失罪出现了历史性的逆转。

1935年《中华民国刑法》第276条第2款规定了"业务过失致人死亡罪"②。从1935年的刑法典规定来看，同样是对业务过失犯罪的规范，1935年的刑罚处罚明显重于1928年的法律规定，比如同样是因为业务上的过失致人死亡，1928年刑法最高刑是徒刑三年，而1935年刑法最高刑为徒刑五年。医师作为业务过失犯罪的刑法调整对象，如果因为自己的医疗过失行为导致病家死亡的，应最高承担五年的徒刑，也就是说，1935年以后的医师职业法律风险要远高于1935年以前的医师职业法律风险。为什么会出现这种立法上的逆转情况？这很大程度上可能与1934年的"医事纠纷年"有关。

1935年《中华民国刑法》第284条第2款规定"业务过失伤害罪"③。同样，对于业务上的过失犯罪，致人一般伤害的，与1928年的刑法相比，量刑除了罚金有变化之外，徒刑没有变化，但致人重伤的，徒刑比1928年刑法最高刑加重了一年。这就意味着医师的业务过失犯罪，致人重伤的刑事处罚，1935年刑法比1928年刑法加重了。

民国时期的刑法对"业务过失"罪的量刑，比普通过失犯罪更为严重。

民国社会对于医师业务犯罪的认识，仍然没有脱离传统社会法律观念的影响。虽然，民国时期医师业务犯罪立法相对于民国前封建立法有了很大进步，但就医师业务犯罪与普通刑事犯罪相比而言，仍有加重医师刑事责任的倾向。关于此，1935年《中华民国刑法》表现得较为明显，比如1935年《中华民国刑法》第276条第1款规定普通人的过失致人死亡罪。④从此法条来看，在当时普通人因为自己的违法行为致

---

① 池方：《医权保障运动》，《牙科学报》，1948年第2卷第8期，第13页。

② 1935年《中华民国刑法》第276条第2款：从事业务之人，因业务上之过失犯罪之罪名者，处五年以下有期徒刑或拘役，得并科三千元以下罚金。

③ 1935年《中华民国刑法》第284条第2款规定：从事业务之人因业务上之过失伤害人者，处一年以下有期徒刑、拘役或一千元以下罚金；致重伤者，处三年以下有期徒刑、拘役或二千元以下罚金。

④ 1935年《中华民国刑法》第276条第1款规定：因过失致人于死者，处二年以下有期徒刑、拘役或二千元以下罚金。

人死亡的,如果构成过失致人死亡罪,应承担的最高刑事处罚责任为两年徒刑。

但同样是《中华民国刑法》,同样是规制过失犯罪,同样是针对过失致人死亡的行为,如果行为人身份不同,特别是对于从事专门职业行为的人员而言,在执业过程中,过失致人死亡的,将受到"五年以下有期徒刑或拘役,并科三千元以下罚金"的刑事处罚。

从此规定来看,具有特殊身份的人因业务上的原因过失致人死亡的,要承担最高刑达五年徒刑的刑事责任。也就是说,业务过失致人死亡的行为人,要承担的刑事责任远远高于普通人过失致人死亡的刑事责任。医师作为具有特殊身份的人,一旦在执业过程中过失致人死亡,就要承担高于普通人过失致人死亡的刑事责任。这种法律规定,在量刑上似乎加重了具有特殊身份的职业人员的责任,即同样过失致人死亡,业务上有特殊身份的人与普通人承担不同的刑事责任。

1935年《中华民国刑法》上的区别对待,也反映在过失致人伤害罪上。具体来说,如果医师过失致人伤害构成犯罪,所要承担的刑事责任与普通人过失致人伤害构成刑事犯罪所要承担的刑事责任,有明显的差异:

从《中华民国刑法》第284条规定来看,普通人因为过失致人伤害构成犯罪,如果是一般伤害,最高刑为徒刑六个月,如果造成重伤,其最高刑为徒刑一年;但对医师等专门职业人员而言,因业务上过失致人伤害,构成犯罪的话,造成一般伤害,最高刑为徒刑一年,如果造成重伤,其最高刑为徒刑三年。①也就是说,医师等专门职业人员犯罪,一般伤害承担的刑事责任是普通人犯罪应承担责任的两倍,而重伤害应承担的刑事责任是普通人犯罪应承担刑事责任的三倍。

由此可见,1935年《中华民国刑法》对于医师等专门职业人员过失伤害罪的量刑远远高于对于普通人过失伤害罪的量刑,其在立法精神上倾向于加重医师等专门职业人员的刑事责任。对于这样的法律规定,当时的医界代表人物也有不同的看法,医师王宇高认为:

> 自此四条之法行,凡从事医业之人,横受冤辱,惨遭荼毒,束手待毙,而无所告诉也久矣。夫当今之世,风气偷汗,人心诡谲,往往好诬篾人,而图猎货贿。况有此四法,以翼彼猛虎,而助之噬虐。故偶见医之不效,辄蔑为误药,大恣毒螫。所欲不遂,迫诬讼诸官,以彼家有死人而无反坐之忧也。司法之官,果以此四法

---

① 1935年《中华民国刑法》第284条规定:因过失伤害人者,处六月以下有期徒刑、拘役,或者五百元以下罚金;致重伤者,处一年以下有期徒刑、拘役,或五百元以下罚金。从事业务之人,因业务上之过失,伤害人者,处一年以下有期徒刑、拘役,或一千以下罚金;致重伤者,处三年以下有期徒刑、拘役或二千元以下罚金。

者援而加之,且逮捕拘囚,与盗贼之伤杀人者无异。呜呼,苟此四法长于从事加医业之人,而不更正,始则医士受无妄之灾,继则医学阻进化之道,终则病人绝复生之机。其殃民祸国,苛矣酷矣,无以加矣。①

时人王宇高医师对1935年《中华民国刑法》的评论显然有夸大其词之嫌,感性认识远远高于理性认识,但其对涉及医师刑事责任的四条规范的提炼是相当精确的。1935年《中华民国刑法》就立法规范来看,确实在法律上区别对待了两类人,一种是普通人的过失犯罪,另一种是业务过失犯罪,而且,对于普通人犯罪而言,无论是过失致人死亡还是过失致人伤害,在量刑上都远远低于医师等专门职业人员过失致人死亡或伤害所应承担的刑事责任,其实质是加重医师执业上的刑事责任,变相增大了医师的职业法律风险,尤为重要的是这种法律制度设计本身潜藏着巨大的社会负效应,可能给医师职业、医学发展、病人医疗带来伤害,这正是王宇高医师所担心的。

第三节 医师的行政责任

纵观民国医师管理法令,对于医师的行政责任主要有三种类型:罚金、停止营业和吊销执照。

一、罚金

《管理医师暂行规则》(1922年)第23条规定"自本规则颁行后,凡未领部颁行开业执照及执照取消与停止营业者,概不得擅自执行业务,违者处两百元以下罚金"。第25条"如违反本规则之规定时,得由该管警察厅所,分别轻重予以罚金"。同日颁行的《管理医士暂行规则》(1922年)第21条与第23条有相同的规定。

《医师暂行条例》(1929年)第22条的规定与《管理医师暂行规则》(1922年)第23条基本无异,但罚金的金额由二百元变更为三百元。《西医条例》(1930年)完全承袭了《医师暂行条例》(1929年)的规定,其后的《中医条例》(1936年)未规定未领证书擅自执行业务的处罚措施,但就受停止执业处分的中医师,规定处一百元以下罚锾,中医师违反条例规定时,除已定有制裁外,得处以五十元以下罚锾。至《管理中医暂行规则》(1940年)时,对未领中医证书或撤销与停止执业处分者擅自执行业

---

① 王宇高:《保障从事医业之人以资医学进化而免病人枉死案》,《医林一谔》,1935年第5卷第2期,第12-15页。

务的,处以五十元以上三百元以下之罚锾。同年《医师暂行条例》(1940年)关于罚锾的规定与《管理中医暂行规则》(1940年)完全一致。

1943年《医师法》对医师处以罚金有了较大的变化,主要表现在:

第一,与以往模糊规定处以罚金事由的做法不同,《医师法》第27条明确规定,医师违反本法第十条至第二十三条之规定者,由卫生主管署科以三百元以下之罚锾。而《医师法》第十条至第二十三条即为其第三章"义务"之全部内容。

第二,医师擅自开业处以百元以下罚锾的事由,除了未领有医师证书外,还包括未加入医师公会。值得注意的是,与《医师法》同年颁行的《医士暂行条例》(1943年)第19条规定"本条例施行后,凡未领本署医士证书或受撤销与停止执业处分者,概不得擅自执行业务,违者处以一百元以上一千元以下之罚锾",明显加大了罚锾的数额,这是否与当时立法者的西医倾向有关,自不可知。

综上,民国医师管理法令对罚金制度呈现三个特点:一是罚金适用的事由逐渐明确。二是未经领证或停止执业、撤销证书擅自执业的,始终是罚金的适用对象。三是罚金制度可适用于未加入医师公会者,意在强化医师公会自律功能。

二、停止营业、吊销执照

民国医师法令对于医师处以停止营业、吊销执照处罚的事由一般是"违反本规则之规定"①或"医师有不正当行为者"②。至于具体的违规行为,或何为不正当行为,则没有明确的规定。

值得一提的是,处以医师停止营业、吊销执照的处罚,有两个特色之处:一是《医师暂行条例》(1929年)与《医师暂行条例》(1940年)均规定,医师因不正当行为给予暂令停止营业时,须事先经过"地方医师会审议"程序,这在一定程度上保障了医

---

① 1922年《管理医师暂行规则》第25条规定:医师如触犯刑律时,应按照刑律之规定,送由司法机关办理。如违反本规则之规定时,得由该管警察厅所,分别轻重予以罚金,及禁止营业或停止营业之处分。1922年《管理医师暂行规则》第23条规定:医师如触犯刑律时,应按照刑律之规定,送由司法机关办理。如违反本规则之规定时,得由该管警察厅所,分别轻重予以罚金,及禁止营业或停止营业之处分。

② 1929年《医师暂行条例》第21条规定:医师于业务上如有不正当行为,或精神有异状不能执行业务时,应由该管官署交由地方医师会审议后,暂令停止营业。1930年《西医条例》第15条规定:西医于业务上行为不正当或精神有异状时,该管官署得停止其执行业务。1936年《中医条例》准用《西医条例》第15条之规定。1940年《管理中医暂行规则》第19条规定:中医于业务上有不正当行为时,该管官署得予以停业处分,或呈报内政部撤销其证书;倘触犯刑法者,并应移送法院依法处分。1940年《医师暂行条例》第21条规定:医师于业务上如有不正当行为或精神有异状时,应由该管官署交由地方医师会审议后,暂令停止营业。1943年《医师法》第24条规定:医师于业务上如有不正当行为,或精神有异状,不能执行业务时,卫生主管官署得令缴其开业执照,或予以停业处分。

师的职业权利。二是《医士暂行条例》(1943年)第18条规定,医士于业务上违反本条例时,该管官署得暂令停业,一面呈报卫生署,交付医药从业人员惩戒委员会,其触犯刑法者,并应移送法院办理。作为法定的专门惩戒机构"医药从业人员惩戒委员会"在民国医师法令中首次出现,但由于史料限制,未见该机构的具体职责与实际执行情况。

虽然当时的法令对于医师的权利没有充分的保障,但是医师群体自己权利的维护和捍卫是相当活跃的,不仅有学者从理论上进行充分论证,而且在实践中,医师群体也积极组建自己的职业团体。比如"巩固医家交谊、尊重医德医权、普及医学卫生、联络华洋医界"为宗旨的中华医学会于1915年就已经成立,而关于医师团体的立法迟于中华医学会等组织的成立。

第七章　民国医师的职业保障

第一节　保障缘由

由于医学尚未国家化，医师尚未法制化，民国之前的医师属于"自由职业者"，国家对医师这一职业群体既无系统的法律规范，又无具体的职业保障措施，整个医学、医师、医疗行业处于"自然状态"。

历史进入民国之后，随着西方医学及其医师法律制度的引入，政府开始对医学、医师、医疗行业进行法律规制，形成了略具雏形的医师法律制度。但是，由于当时中国社会处于从传统到近现代的转型时期，传统医学、医师、医业面临空前挑战，整个医疗行业处于"旧医已破、新医未立"的混乱过渡状态，民国政府为了应对医疗行业的混乱状态，加强了以整顿、管制为特征的医师立法，而忽略了医师权益保障，结果导致医师人身自由权、名誉权、诊金收取权等受到了不同程度的侵犯，即"医权"遭夺，"民权"被侵。

一、人身保障缺乏

如前所述，民国时期，医业品流芜杂，人民群众的生命健康经常受到很大威胁，比如，经常出现庸医敛财杀人事件，医病纠纷频发。就医病纠纷的发生原因而言，有多方面的因素。医病纠纷的引发一般是基于民众对医界的朴素认识，以及诊治后果的不满，而庸医行为导致民众对医界缺乏足够的信任。因此，即便是正式医师，由于发生疾病本身或者技术所限原因导致病家身体伤害或死亡的，也会引发质疑或诉讼，甚至招致刑案。民国著名西医师余云岫认为，医事纠纷多发，月必数起，而关于医事纠纷的原因则有：一是病家和医家作对。二是流氓和医家作对。三是官吏和医家作对。四是医家和医家作对，在暗中挑拨主持。其中，至少有一半以上是无理取闹的。[①]

---

① 参见余云岫：《大家团结起来》，《医讯》，1947年9月30日，第1页。

余云岫既是西医业务的执行者,又是民国时期医师立法的主要参与者之一,余云岫的上述言论可能与职业利益相关的缘故而有所偏向,但医事纠纷数量多、因非医疗业务不当所致的医事纠纷比重非常之大却是事实。当时的上海劳工医院范守渊医师也认为"一大半数,或者可说十九的案子,还是在于不实病家的误会,便是病家的不存好意"①。

1928年《中华民国刑法》第26章"妨害自由罪"的规定:

> 第302条 私人拘禁或以其他非法方法,剥夺人之行动自由者,处五年以下有期徒刑、拘役或三百元以下罚金。
>
> 第303条 强暴或胁迫使人行无义务之事或妨害人行使权利者,处三年以下有期徒刑、拘役或三百元以下罚金。前项之未遂犯罚之。②

虽然法律有具体、明确的规定,任何人的人身自由均应不受非法侵犯,一旦侵犯他人的人身自由,将可能承担三至五年有期徒刑等刑事责任。但在当时的社会中,此条法律规定并未起到保障医师人身自由的应有作用。在众多的医病纠纷中,医师的人身自由权往往受到严重侵犯。尤其在病人死亡的医病纠纷中,病家往往直接将医家"强行扭控"至警察机关。比如,1917年7月13日,《申报》报载:

> 上海南市董家渡之江湖医生施生福、胡少祥为浦东陆家渡乡民黄阿松治病,黄阿松因患肚角痛外症向之求治,议定包价洋十五元,已付十三元,施即用火针针治,讵不能医愈,旋即身死。黄之家属以被黄烙伤致毙,惟因天时炎热先将收殓。由黄阿松弟黄金林同寡嫂将两医生扭控警厅司法科讯核。③

且不论黄阿松死亡案中,施生福、胡少祥两位医师是否存在媒体所描述的包医以及黄阿松是否死于施生福、胡少祥两位医师的不当医治,但在没有经过权威机构的死亡原因鉴定及司法机关认定之前,两位医师的医治行为与病家死亡之间有无因果关系尚不确定,病家都没有权利直接限制医师的人身自由。本案中竟由病家将两医师扭控警厅司法科讯核,显然严重侵犯了医师的人身自由权,而这一国民权利在民国刑事法律中有明确的保障,医师也不例外。然而,病家的这种侵犯医师人身权益的行为,

---

① 范守渊:《这也算是一场医讼(续)》,《医药学》,1937年第14卷第4期,第23-36页。
② 《中华民国刑法》,《广州市政府公报》,1934年第498期,第20页。
③ 《江湖医生被人扭控》,《申报》(上海),1917年7月13日,第11版。

竟在警察厅没有得以纠偏。

1932年12月30日,《申报》登载了一起医师业务过失罪刑事案件:

> 据称上海宝河西农人王万余之次子道衔,前因小便不通至仁济医院医治,该院施行手术,因用药不慎致将道衔闷毙。经王万余将该院长段士东扭送公安分局转解法院。明系其徒李金荣所为,随将李金荣传案讯问供认不讳,当即收押,判决李金荣犯业务上之过失致人死一罪,处有期徒刑三月并科罚金三百元。①

就本案来看,导致病人王道衔死亡的直接原因,应该是经治医师李金荣的业务过失行为所致,其应受刑事控告、处罚,而医院及医院院长不应承担医师业务过失罪之法律责任。但病家采取的直接措施是非法限制仁济医院院长段士东的人身自由,而段士东本人对病家死亡既没有业务上的过失,也无法律上的违法行为,段士东纯粹属于该刑事案件的"局外人",病家以扭送段士东至公安局的暴力方式显然是不妥当的,明显侵犯了段士东的基本国民权利。

由此可见,在民国时期,无论是北洋政府时期,还是南京政府时期,一旦发生医病纠纷,作为病家的一方当事人为了实现自己的权益救济,往往直接采取损害他人权益的非法的私力救济方式。

1939年7月11日,《申报》登载:

> 外科医生绍兴人王肇邦(年三十七岁),近从原籍来沪,设诊处于北浙江路六百六十六号。本月三日至八日之间,有住居甘肃路二百二十三号甬人洪阿毛因右腿突生一疮异常红肿,遂与妻张氏雇车至王医生处求治二次,先开方消毒药着饮,另给敷药,均无效,而反增剧烈,第三次请渠到家疗治,彼即用手术开刀,第四次渠并以瓦罐一只,内盛某种药草、用火燃热、置腿上收毒,而洪阿毛甚觉痛苦并致昏迷,诓延至九日上午六时在家毙命,乃妻张氏悲痛之余认为王医生将夫用非正常之手术,用瓦罐燃熟治疮之法,洵属江湖医生草菅人命,遂据情报告一千七百九十四号华捕,同赴北浙江路渠之设诊所,中途在甘肃路相值,当将扭交华捕带入汇司捕房收押。昨晨解送第一特区法院刑三庭,捕房律师厉志山阐述经过,声请将王医生羁押,并称死者洪阿毛之尸体在验尸所候验云云。继据洪

---

① 《庸医杀人案判决》,《申报》(上海),1932年12月30日,第10版。

张氏证明乃夫被王治死等词,姜树滋推事谕仍还押,改期再核。①

与前述案件不同的是,该案中,王肇邦医师并非是由病家扭送至警察机关,而是由华捕根据病家的刑事控告将王肇邦医师带入捕房收押。显然,在民国时期,警察机关对涉嫌业务过失犯罪的医师,没有充分保障医师在刑事诉讼法上的程序权利,没有经过依法传唤和询问就直接采取了刑事强制措施予以羁押。这实际上是对医师进行了有罪推定,显然不符合当时刑事法律所规定的"无罪推定原则",提高了医师涉嫌刑事犯罪的职业法律风险。也就是说,只要病家控告或举报,医师在警察机关、捕房律师、刑庭推事眼里即为罪犯,这显然是不公平、不合法的。按照当时正常的刑事办案程序,一旦发生刑事案件,在追究犯罪嫌疑人刑事责任过程中,应当遵守1935年《中华民国刑事诉讼法》,该法第76条、第77条、第101条等对拘提、羁押的条件和程序有明确的规定。②

就本案来看,王肇邦涉嫌业务过失犯罪,按照1935年《刑事诉讼法》规定,应当不符合拘提、羁押条件,王肇邦医师有固定的经营场所,不属于"无固定之住居所者",也没有逃亡、毁灭证据等情形,更不属于死刑、无期徒刑等重型犯罪。按照法律规定不应该给予"不经传唤径行拘提",换而言之,依法传唤是法定先行程序,绝不是径行拘提、羁押,更不适宜由推事"还押"。《医药评论》就医师被非法控告、逮捕、监禁发表了《三民主义与医学》一文,评论认为:

> 各国的医师法规,对于医生所应享有的特殊权利,每每订得很详细精密。因为不如此,医师对于职业上就在在的感觉棘手了。我国则不然,社会对于医师,既不能明了其应有之权利,而医生自身呢,也常常不知道他是应享有职业的特殊权利的。于是医权横遭掠夺,甚而至于连普通的民权都被渐渐侵蚀了。现在一二年来的医病纠纷,就可以知道,病家可以非法控告,官厅可以非法逮捕,非法监禁,这不是连普通民权都被侵蚀了的证据吗?③

---

① 《腿上生疮,非法疗治毙命,江湖医生草菅人命,延医不慎亦难辞咎》,《申报》(上海),1939年7月11日,第11版。

② 1935年《中华民国刑事诉讼法》第76条规定:被告犯罪嫌疑重大且有左列情形之一者,得不经传唤径行拘提:(一)无固定之住居所者。(二)逃亡或有逃亡之虞者。(三)有湮灭、伪造、编造证据或勾串共犯或证人之虞者。(四)所犯为死刑、无期徒刑,或最轻本刑为五年以上有期徒刑者。第77条规定:拘提被告应用拘票。拘票应记载左列事项:(一)被告之姓名、性别、居住所。(二)案由。(三)拘提之理由。(四)应送达之处所。第78条规定:拘提由司法警察或司法警察官执行。第101条规定:被告经问询后认为有第七十六条定情形者,于必要时得羁押之。

③ 宋国宾:《三民主义与医学》,《医药评论》,1935年第7卷第1期,第9页。

针对当时频频发生的侵犯医师人身自由权的不法行为，当时的学者深感忧虑，曾专门论述这种侵犯医师人身权利的现象，其论述道：

> 有罪裁判未确定前，医师不应被警署、检察或司法机关羁押；现行刑事诉讼法以被告有第七十六条所定之情形且有必要者为限，得以羁押，第七十六条所列举之情形中，以无一定之居住所或有逃亡之虞最为适用，医师均系职业及地位之人，似应有医业团体呈请司法行政最高当局通令全国法院对于医师为列刑事被告之案件一概勿予羁押。①

显然，时人已经注意到，民国刑事法律中，既有对侵犯他人人身自由行为的刑事处罚规定，也有保障犯罪嫌疑人人身权利的刑事诉讼程序规定。但是，病家侵犯医师人身权利的案件频发，同时，作为司法机关，当时的警察机关、法院对此类刑事法律规定似乎"浑然不知"，既不制止病家的违法行为，更有甚者自己直接参与了该类违法事件。因此，时人倡导由医业团体呈请司法行政最高当局予以保障医师的应有权利。

二、名誉侵权多发

医师的身体权和自由权利遭受侵犯，名誉权自然更是无法得到充分保障。于是，时人沈凤祥在其《病家毁坏医生名誉之刑事责任》一文中称：

> 病家在或种情况下，每图防害医生名誉，以及其他损害医生业务上种种行为。盛名所享，所见尤多。良因此道崎岖，人心不古，设果薄有虚名，业务稍形发展，则忌刻之徒，咸相睥睨。于是吹毛求疵，藉端寻衅，以逞其私欲者，或竟出于同道攻人之短以炫己之长者，比比而然。矧因中医为形而上之学，聚讼所在，道旁筑舍，尤易授人乘虚攻击之柄。业医者更多未谙法律，遂致任人播弄，饮恨难伸。②

1933年间，发生了一起江湖青帮侵害医院及医师名誉的案件，为此，涉事江苏六合和平医院刘葆荣医师致函中华医学会请求维护其权利。中华医学会据其请求，呈

---

① 立信：《如何处理医师案件》，《震旦法律经济杂志》，1947年第3卷第11期，第154页。
② 沈凤祥：《病家毁坏医生名誉之刑事责任》，《光华医药杂志》，1934年3月第1卷第5期，第33页。

文至内政部卫生署,请求彻查究办此事。中华医学会称:

> 呈为呈请派员彻查六合医院被人捣乱事,窃本会迭据江苏六合县和平医院本会会员刘葆荣声称:六合有徐黎青者,对于和平医院及葆荣个人任意侮辱、勾结小报,凭空诬诋,更于本年秋间,藉盂兰会名义扩大宣传,沿街搭彩牌楼三十余处,于牌楼上或附近处所,悬挂纸灯,灯上画各种侮辱图画,并将葆荣姓名隐寓其中,例如,医院门首画一棺材,意谓入院必死。又如死人旁边站一西服医生(六合医生中穿西服者只荣一人),意为保死不活,每晚男女观者千万,以致敝院名誉大受损失。近乃公然诱买无知病人,任意捣乱,无法无天,忍无可忍。彼徐黎青为本地巨绅之子,又为青红帮首领,党羽甚多,腐恶势力,根深蒂固。葆荣再三思维,非求行政上之保障,已不能继续维持业务。为此恳请贵会转呈钧署。迅赐派员彻查究办,以资保障等语,查该和平医院设立多年,活人甚众,刘医师又系学识兼优之士,今竟横遭摧残,医业前途,何堪设想。伏念。钧署总理医政,对于成绩良好之医院及正当开业医师,无不尽力保护。为此据情具呈,肯请速赐派员彻查,如果属实,务乞核转令饬该管县府究办,以维医业,实为德便,谨呈内政部卫生署署长刘。①

本起案件中,青帮首领徐黎青"沿街搭彩牌楼三十余处,于牌楼上或附近处所,悬挂纸灯,灯上画各种侮辱图画,并将葆荣姓名隐寓其中"的行为显然严重侵犯了医院及医师的名誉权利,其甚至在"医院门首书一棺材,意谓入院必死"也严重扰乱了医院医疗秩序。该案应由地方当局依法惩处,但地方当局却对此行为"置之不理",这可能与民国当时青帮势力较大有关,致使地方当局不敢或不愿涉入。因此,导致六合和平医院及刘葆荣医师的合法权益被他人肆意侵害。好在,刘葆荣医师已就此侵犯个人名誉权的行为依法提起了自诉,其呈文之时,该案已经进入初审程序。

实际上,1928年《中华民国刑法》第26章"妨害名誉及信用罪"第325条即规定:意图散布于众,而指摘或传述足以损毁他人名誉之事者,为诽谤罪,处六月以下有期徒刑、拘役或五百元以下罚金。散布文字图书,犯前项罪者,处一年以下有期徒刑、拘役或一千元以下罚金。②

然而,虽有刑法之保障,但"业医者更多未谙法律,遂致任人播弄,饮恨难伸",因此,刑法之诽谤罪对病家而言,仅是一具文而已,毫无震慑作用。

---

① 宋国宾:《医讼案件汇抄》第1集,中华医学会业务保障委员会编印,1936年9月,第241-242页。
② 《刑法十七年三月十日公布》,《最高法院公报》,1928年创刊号,第1-69页。

民国时期，一旦发生医病纠纷，媒体经常根据病家的只言片语，偏听偏信，肆意报道，严重损害医师群体和医疗行业的形象和名誉。比如，1936年，上海劳工医院发生这样一起医病纠纷，该院医师范守渊描述了案件经过：

> 1936年9月4日下午3时半，适为劳工医院例诊时间，有镇江人病家唐立文之子名大狮子者，年甫二岁，前来本院就诊，当由内科医师张秀钰诊察检得该孩系患蛲虫症（Oxyuris），遂施用麝香草脑〇·二格、兰姆（Thymol 0.2）五包、蓖麻油十西西（Ol.ricini 10cc.），服法一项写明为每二小时服用一包，五包服过后二小时服蓖麻油，同时该小孩又患口腔炎，另由本院耳鼻喉科医师沙光君诊治，施用局部治疗，讵至晚间唐立文之妻唐王氏又抱孩来院。声言该小孩服药不肯下咽（该氏误将两包并合一包服之，惟该项药粉性质和平，即将两包一次合服亦无流弊，与本讼案无甚关系，故不提亦可），药水流于颈部，皮肤立即溃烂云云。于是即由张医师加以复诊，检得口腔内仍如前状，毫无变象，惟颈部皮肤确现红色，并起水泡如沸，水泡伤之状多处，当经医师对病家说明，医院所采用之药绝不致发生此项流弊，小孩颈部水泡发红等象，定系他种原因所致，当时即将服余之药一包当面涂擦护士臂部并无异状发现，以释病家之疑。惟该氏仍纠缠不清，难以理论，遂控诸普陀路捕房，当经捕房人员调查之下，证明所用之药并无错误，特该病家依然不服捕房之证明结果，终于往赴法院控诉张医师过失伤害。①

从上述案件经过看，医师的医嘱详细明了，写明了诊断，用药之用法、用量，但是病家声称药物导致病人颈部水泡出现，遂引发纠纷。但上海劳工医院"当时即将服余之药一包当面涂擦护士臂部并无异状发现"，且也经过了捕房人员的调查确定无误。因此，上海劳工医院应无业务上之过失之处，但该案经医院解释、捕房证明无误后，病家仍选择了刑事控告。但是在当月19日，即在法院上午判决前，上海各报纸上刊登出医师被控过失伤害（初控过失杀人未遂不能成立被撤回，后改过失伤害）的新闻。

对此，上海劳工医院范守渊医师感慨道：

> 似乎传布一件医讼事件的消息、发表医事纠纷的新闻，其重要性较之普通一般的新闻消息更宜加以留情，加以考虑的必要。留情病家控告医师时，被告者的医师之是否被诬，考虑原告者病家之所以控告医师是否合乎事实，是否因偏面的

---

① 范守渊：《这也算是一场医讼（续）》，《医药学》，1937年第14卷第4期，第23-36页。

不理解本身事件之故而出于误会，抑系否出于病家的存心不良借题敲诈，不然因为新闻记者所据为发表出去的事实，多属是根据原告者一面之词理，很会代了原告者的病家做了宣传员，把被告的医师做了无抵抗的名誉上的牺牲品的。我们看这几年来发生病家与医师之间的纠纷事件，因纠纷而涉讼的案子着实多极了，在这许多的医讼事件当中，过在医师方面不能说一件没有，但一大半数，或者可说十九的案子，还是在于不是病家的误会，便是病家的不存好意，借着题目向医师敲诈，要医师一点油水，这在医讼到了结束的时光，根据了事实总是宣判医师无过失驳回病家的原诉的种种情形可以为证。可是这所有的医讼案件在纠纷涉讼的开初，却没有不被新闻报纸大事宣传、大事刊布着，而所宣传的事实，所刊载的医讼内容又没有一件不是根据于病家的一面之词的口语情形的。①

关于医讼案件的原因，汪企张医师经研究认为：

涉讼必需律师，关系宣传常赖报纸。故律师，不花费用而即能草状起诉，记者，得不必请托他人而极易唤起舆论。对此两项职业家，病人偶一不慎即易涉讼。征之过去历史证据即是事实。惟吾人不欲指摘其人其事，然亦有得此两项职业人物为背景而自为傀儡者。②

在汪企张医师看来，医讼案件的发生、医师名誉权利的侵害，在很大程度上是由于当时律师的挑拨和媒体对医讼案件的过度报道。但是，正如时人宋国宾所说：

抑吾闻之名誉者人生之第二生命者也。而医之为业，尤以名誉之良窳为标准，一为病家所控告，则报纸之宣扬，社会者责备，早已胜于悠悠之口，无论其胜负之结果如何，要其难得易失之名誉已一落千丈。故医病讼案中，医师所受名誉之损失最钜，而金钱与精神身体尤次之，即使诬告之病家、误断之法院嗣后赔偿，而从前之名誉，亦勿能恢复于一时矣！③

医病纠纷、医讼案件中，医师的名誉受损最大，如果报纸等媒体不顾事实宣扬，其名誉无法一时恢复。因而，范守渊医师希望新闻界对医讼案件不要为病家片面宣传，

---

① 范守渊：《这也算是一场医讼（续）》，《医药学》，1937年第14卷第4期，第23-36页。
② 汪企张：《医家病家涉讼原因之研究》，《申报》（上海），1934年6月18日，第15版。
③ 宋国宾：《冤狱赔偿与医讼》，《医药评论》，1935年第7卷第7期，第3-4页。

也要求在法院判决之前不随意刊登:

> 新闻报界的诸君,嗣后对于刊载医事纠纷的医讼新闻时,希望笔下留情,勿使我们医师受无谓的名誉上的损失者,并非希望诸君在我们真的有什么对于病家的过失不去刊登而是并非医师的过失的医讼新闻勿一味的作病家片面的宣传,把医师做不应得的牺牲品,更望诸位凡遇到医讼事件时,应待医讼案件经公正的法院宣判之后才去发表,凡在未曾正式宣判之前,是非不明,真伪难分之时,万勿听凭原告者片面之词,而随便刊载任意传布才是哩。①

从上述记载来看,民国时期,社会上出现了一种引人深思的社会现象,即司法与传媒的关系问题,在当时涉及医讼案件时,报章等媒体自觉或不自觉地扮演了"法官"的角色,直接介入到医讼案件的处理进程中,媒体的宣传往往带有很大的片面性,很容易误导社会公众,既不利于医讼案件的公平裁判,也很容易造成对医师名誉的损害。

《震旦法律经济杂志》于1947年刊登的《如何处理医师案件》一文从法律角度分析认为,按照法律规定和法学理论,任何人在法院没有正式判决为犯罪人之前,都是无罪的,这是现代法治的基本原则。民国时期的立法就是按照这种无罪推定的精神来设计的,在涉及医师犯罪的案件中,医师是否构成业务过失犯罪,完全应由法院来判断,其他任何组织无权判定,新闻媒体的宣传报道行为也应当依法规范。正如当时学者"立信"所言:

> 有罪裁判未确定前,报章不得记载医事案件之内容。医事案件大都无理取闹或出于泄愤之目的,通常均以检察官不起诉处分或法院无罪判决而终结,可是一经报章披露,医师名誉一受打击,终身贻人口实。同时,病人或其家属抓住这弱点,往往以诉讼为要挟工具,假使医事案件禁止记载,是非真相,必有大白之一日,医师亦不畏与病家对簿公庭了,这一点似应在出版法内设法补充。②

三、刑事追究泛滥

由于中国民刑不分的司法传统,以及民国司法的建构主要借鉴日本以及其医事

---

① 范守渊:《这也算是一场医讼(续)》,《医药学》,1937年第14卷第4期,第23-36页。
② 立信:《如何处理医师案件》,《震旦法律经济杂志》,1947年第3卷第11期,第154页。

诉讼以刑事诉讼为主的经验,民国时期的医事诉讼也采用刑事诉讼为主模式。此模式在今天的台湾地区仍然沿用。用刑事法律来处理医疗纠纷使得台湾医师犯罪率成了世界第一。① 由于诉讼模式的原因,民国时期一旦发生医病纠纷,律师往往建议病家采取刑事诉讼。例如,1949年3月2日,《申报》登载了律师为病家提供法律咨询的一起新闻:

> 王启昌同胞弟王启明,廿一岁,服务于国防部人民服务总队第一中队。本年九月间,因鼻孔时常流血,请假返淮阴休养。不料于十二日二日淮阴又遭撤退,只身流亡南下。在途十日,风霜饥寒饱受,又遭挤跌受踏,于十一日下午抵镇。身体甚为衰弱,胸部微痛,但仍行坐,并未卧床。在亲戚处住宿一夜,中二日又进稀饭、葡萄糖,于下午乘人力车投镇恩沛医院医治,该院高恩沛医师仅用听筒,并未详加检查身体各部情形,亦未测量体温,即断云肺大叶炎,即仓服以药水、药片,而注射一针(不知何药),又即注射配尼西林一针。及至返回途中,已目光失神,前后约一小时而故。
>
> (一)该医生未能详细诊断,亦未索亲属保单,可见病势并不危险,而竟冒昧用药致死,是否应负法律责任?
>
> (二)该医生于其故后之次晨,尚索取手续费九十六元,只知要钱,玩忽人命,且本年内因过失杀人已五六次之多,历受控告在案,若此医生,应受如何之惩处?②

对于该案涉及的法律问题,当时的姜屏藩律师的解答是:

> (一)医生有无过失致人于死责任,应以其诊断之结果是否与其所用之药相符为断。
>
> (二)医生索取医药费或手续费,为其业务上应得之报酬,当与其有无过失致人于死之责任无关。如果该医生确有过失致人于死情事,尽可依法告诉,请求检察官加以侦查。

显然,在民国时期,媒体及律师对医讼案件,首先建议病家采取刑事诉讼模式,其

---

① 高斯斯:《岛内病医关系的十字路口》,http://www.chinataiwan.org/plzhx/hxshp/201111/t20111110_2147946.htm,2014年9月1日访问。
② 《读者咨询法律释疑,流亡客旅途劳顿,药石乱投庸医杀人》,《申报》(上海),1949年3月2日,第5版。

缘由除了中国民刑不分的传统、民国刑事立法外,可能还与医讼案件中病家的举证能力不足有关,而由检察官进行侦查在很大程度上解决了病家的举证能力问题,且病家采取刑事诉讼的最终目的也只是"以刑逼民"而已。

时人已经注意到,如果医讼案件,尤其是刑事控告案件泛滥,将导致医师拒绝应诊,而一旦医师这种防御性的思维、习惯形成,则社会一般民众均将无法得到应有的救治。对此,时人"立信"即有成熟的认识,他认为:

> 一般人的心理并不如此,治疗成功,视当然的事,医师受领了诊金,就有了治愈疾病的义务,反之,治疗失败,则不问病症的性质和程度,医师概应负杀人的罪名。医师所获的诊金是固定的,他们所冒的风险是无限的,每次他们接受病人的请求,为之诊治,就等于接受治疗失败的一切不幸后果,包括名誉及业务方面的损失,以刑事被告地位而应传出庭、监禁或其他刑事处分,好安恶危,人之常情,除非有着"我不入地狱,谁入地狱"的舍己为人的精神,才甘愿冒着坐牢的危险,毅然为社会服务。大多数医师概不因错过一笔诊金而冻妥之虞,他们又何必轻易替人治病,自寻烦恼呢。不久的将来,除了伤风咳嗽等无关紧要的病症,医师尚敢处方下药外,稍无把握的病症,恐怕一般医师本于明哲保身的教训,都要婉言拒绝了。所以医事案件万一太滥,决不是社会的幸福。①

在"立信"看来,一般病家对医病关系的认识是,医师有收取诊金的权利,同时也有"治愈"疾病的义务,否则即应负刑事责任;但是,医师收取的诊金是有限的,如果因其施诊行为将承担刑事责任,则医师处于"明哲保身"将婉言拒绝,尤其是高风险、高难度疾病的诊治,从而损害社会上大多数病家的利益。

从根本上分析,造成刑事控告案件泛滥的原因在于民国刑事诉讼法立法上的缺陷,即1928年《中华民国刑事诉讼法》、1935年《中华民国刑事诉讼法》均采取了"国家追诉主义"兼"私人追诉主义"。

以1928年《刑事诉讼法》为例,刑事案件有公诉和自诉之别。其中第2编第1审第1章、第2章分别规定了公诉和自诉。该法第一章"公诉"规定:

第213条　犯罪之被害人得为告诉。

第214条　被害人之法定代理人、保佐人或配偶得独立告诉。被告人死亡者,得由其亲属告诉,但不得与被告人明示之意思相反。

---

① 立信:《如何处理医事案件》,《震旦法律经济杂志》,1947年第3卷第11期,第154页。

第230条　检察官因告诉、告发、自首或其他情事知有犯罪嫌疑者,应即侦查犯人及证据。

第244条　检察官认为案件有左列情形之一者应不起诉:
(1)起诉权已消灭者。(2)犯罪嫌疑不足者。(3)行为不成犯罪者。(4)法律应免除其刑者。(5)对于被告无审判权。

以上各条款表明:(1)告诉或告发后,检察官应立即侦查,但"有犯罪嫌疑者"没有具体的标准。(2)"犯罪嫌疑不足者"没有相应规定。(3)检察官应不起诉者,除"犯罪嫌疑不足者"外,起诉权已消灭者、法律应免除其刑者、对于被告无审判权均是法律问题,也就是说,在该三项法律问题之外,检察官应予起诉处分的范围较大。第一章"自诉"规定:

第337条　被害人于左列各款之罪,得自向该管法院起诉:
(1)初级法院管辖之直接侵害个人利益之罪。
(2)告诉乃论之罪。

第338条　被害人之法定代理人、保佐人或配偶得独立自诉告诉。被害人死亡者,得由其亲属自诉,但不得与被告人明示之意思相反。

第342条　法院于接受自诉书状后应速将其善本送达于被告……

第343条　法院认为案件有左列情形之一者,应以裁定驳回之:
(1)已经提起公诉者。(2)不得提起自诉者。(3)自诉之程序违背自诉之规定者。(4)自诉不属于其管辖者。

自以上各条款可知:(1)就医事诉讼而言,被害人、被害人之法定代理人、保佐人或配偶得有权不经任何审查程序即可独立提起自诉。(2)法院于接受自诉书状后应速将其善本送达于被告,刑事诉讼程序正式及于被告医师。

综上,民国时期,医讼案件检察官立案侦查缺乏标准、检察官起诉处分权力过大、自诉程序缺乏适当限制,造成医讼案件中公诉、自诉过于"便利",而过于便利的刑事诉讼程序,必然会造成医讼刑事案件的泛滥。

研究《医讼案件汇抄》中的22起医讼案件(见表8),结果显示,公诉案件12起,自诉案件10起。由于民国制度上的缺陷,确实使得当时的医师频繁受到了刑事控告。在此22起案件中,有8起案件因史料所限,其最终裁判结果不明;其余14起案件中,8起案件均判决被告医师无罪,2起判决免诉,2起和解结案,1起予不起诉处分,仅王幼梅医师被判决有罪并处罚金四百元。也就是说,从该14起有明确结案结果的案件来看，最终构成业务过失犯罪者仅为一人，其余13案件的被告医师均属于无故受到刑事控告的。

表8 医讼案件汇抄案件统计表

序号	案发时间	被告	诉讼类型	初审法院	终审法院	终审裁判	附带民诉
1	民国十九年八月	邓青山	公诉	江西九江地方法院	最高法院	原判决关于罪刑部分撤销,本件免诉	银元五千元
2	民国十九年十月	汪元臣	自诉	江苏镇江地方法院	江苏镇江地方法院	原判决撤销,本件免诉	银洋一千四百四十元
3	民国二十一年十二月	邱邦彦	自诉	福建连江地方法院		不明	不明
4	民国二十二年一月	郑信坚	公诉	安徽合肥地方法院	最高法院	上诉驳回,被告无罪	不明
5	民国二十二年四月	恩格尔（Engel）	自诉	江苏上海第一特区地方法院	江苏上海第一特区地方法院	驳回上诉,被告无罪	不明
6	民国二十二年八月	俞松筠	自诉	江苏上海第一特区地方法院	最高法院	驳回上诉,被告无罪	不明
7	民国二十二年九月	林惠贞	自诉	上海第一特区地方法院	最高法院	不明	不明
8	民国二十三年十一月	江明	公诉	江西南昌地方法院	江西高等法院	不明	不明
9	民国二十三年十二月	葛成慧 朱昌亚	自诉	上海第二特区地方法院		此案经和解了结	不明
10	民国二十三年十二月	冼家齐	公诉	广西苍梧地方法院	最高法院西南分院	不明	不明
11	民国二十三年二月	亚兴斯克	自诉	江苏上海第二特区地方法院	江苏上海第二特区地方法院	驳回上诉,被告无罪	不明
12	民国二十三年三月	尹乐仁	公诉	江苏南通县法院	江苏高等法院	原判决关于罪刑部分撤销,无罪	不明
13	民国二十三年五月	沈克非	公诉	江苏江宁地方法院		不明	不明

续表

序号	案发时间	被告	诉讼类型	初审法院	终审法院	终审裁判	附带民诉
14	民国二十三年六月	吴旭丹	自诉	上海第二特区地方法院		不明	不明
15	民国二十三年六月	张湘纹 葛成惠	自诉	上海第二特区地方法院	上海江苏高等法院第三分院	撤回上诉（和解）	不明
16	民国二十三年七月	王颐 王幼梅	公诉	安徽芜湖地方法院	安徽高等法院	被告王幼梅处罚金四百元；王颐无罪	不明
17	民国二十三年七月	赵光元	公诉	宿县（具体不明）		不明	不明
18	民国二十三年八月	刘恋淳 叶力动	公诉	江西南昌地方法院	江西高等法院	不明	不明
19	民国二十四年九月	陈泽民	公诉	江苏上海地方法院		不起诉处分	不明
20	民国二十五年四月	张哲丞	公诉	陕西长安地方法院		被告无罪	原告之诉驳回
21	民国二十五年五月	欧阳淑清	公诉	湖北汉口地方法院	湖北高等法院	驳回上诉，被告无罪	不明
22	民国二十五年九月	张秀钰	自诉	江苏上海第一特区法院		被告无罪	原告之诉驳回

四、诊金收取困难

关于诊金收取问题，时人谢筠寿在《医费之法律观》一文中认为：

> 近年来，病家控告医师之案，层见叠出，推究其故，不外乎感情与意气，而诊金之收取尤为重大之原因，盖一般病家以为既病医而不愈，或竟医而致死，已属宽大。焉有再收诊金之事，如强行收取，即致涉讼。①

在当时病家看来，"病医而不愈"或"医而致死"，病家不支付诊金是当然的事，但如果医家再行收取诊金，则会招致医讼，而民国时期的医讼主要表现为刑事诉讼。也

---

① 谢筠寿：《医费之法律观》，《医药评论》，1935年第7卷第1期，第22页。

就是说,在这种情况下,医家收取诊金可招致刑事控告,将有牢狱之难。

1918年7月13日《申报》登载了一起医病纠纷案件,具情如下:

> 1918年7月,木工杨永生之嫂某氏被邻居江湖医生陈晓梅骗称,服其药丸便能成孚,取去洋六元,后因无效,向陈索还药资无着,将陈扭控一区一分驻所申送警厅司法科讯究。此事经该科长预审之下,着该医生交还所骗药本六元,押令照缴并呈奉徐厅长批谕云,据该管警所详报陈晓梅不学无术,假药欺骗愚民,只知惟利自图,不顾人之生命,殊属可恶,应行严加取缔、勒令陈停止营业,如违押逐。①

根据该报载可以看出:(1)杨永生之嫂某氏将医生陈晓梅扭控至警厅的理由是医治无效而"索还药资无着"。(2)警厅对此事件的认定结论是"陈晓梅不学无术,假药欺骗愚民",而其认定程序却仅仅为"警厅司法科科长预审"。(3)媒体虽称陈晓梅为江湖医生,但其属于有开业执照的合法医师。根据以上分析可知,如果病家认为医治无效,其即可扭控医师以索还医药费,而警察机关也可根据病家的控诉直接认定医师存在违法行为,从而责令退还医药费并禁止其营业,如涉案医师继续营业,则将会被押逐。在医师失去人身自由的情况下,医师的诊金收取权利更加无从保障。

对于病家拒付诊金的原因,当时的医界也有相当的研究。时人汪企张医师研究认为,病家拒付诊金的原因有二:一是金钱追逼,二是财产敲诈。

关于金钱追逼,汪企张论述道:

> 病家之义务即为金钱之报酬,而国人往往误解其旨,以病愈为金钱之代价。故不幸死亡即不愿负此义务而有不纳诊治各费为对抗。俗语所谓人财两空,心不甘也。若医家根据契约必欲使之履行,势必各走极端,追上涉讼途径。此类殊不乏例,尤以经济状况不甚丰裕之医病两家。盖一方不愿放弃契约上之应有权利而一方不堪再负金钱上之追加义务,势使然也。

在汪企张医师看来,造成病家拒付诊金的根本原因是国人误解医疗上的契约,医疗上契约中,医师的义务为提供诊治服务,病家的义务为金钱报酬之支付。病人不幸死亡时,病家会因"人财两空,心不甘"拒付诊金,而且如遇经济条件较差的病家,这种可能性就更大了。

---

① 《取缔不学无术之庸医》,《申报》(上海),1918年7月13日,第11版。

关于财产敲诈,汪企张医师认为:

> 病固需医必需费,而国人习惯医药费从来并不列入预算。故临时发生疾病,除有产阶级外,大都须调度金钱以为抵注。然金钱买命为一般社会之心理。命苟未能买得,丧葬复不可无费,乃运其匠心而转向医家。故每有病人死后,转托人要求丧葬费不遂而致涉讼者。若病者已愈,医药费无所出而构端敲诈,或嫉妒医之名位,故弄威胁之词令出金钱,以为泄愤地者,斯更下矣。①

出于财产敲诈目的是拒付诊金的另一重要原因。但自汪企张医师上述论述可以看出,病家拒付诊金的深层次原因有:一是国人没有预算医药费的习惯,大都在疾病时临时调度金钱。二是由于"金钱买命"的一般社会心理,病人在医治后死亡时,不得不花丧葬费。三是即使是疾病已经治愈,但因医药费无所出而敲诈医家。四是病家嫉妒医之名位。故弄威胁之词令医家出金钱,以为泄愤。

第二节 保障手段

一、医师保障法令

(一)医师权利法

从医疗专业来看,法令对于医师职业的保障,一般来讲应从两个方面进行:一是规定医师权利,以保障医师的个体职业权利。二是规定医师行业组织的运行规范,以保障医师群体的权利。

从民国时期的医师立法来看,对于医师权利的保障在法律上没有得到充分体现,甚至可以说,已经颁行的医师法令中没有一部法令是针对医师权利立法的。就医师单行法规而言,自1922年《管理医师暂行规则》《管理医士暂行规则》,到1929年《医师暂行条例》,再到1943年《医师法》,均无关于医师权利的规定,一系列法令制度仅以登记、整治医界为目的。

1922年《管理医师暂行规则》《管理医士暂行规则》的立法体例相对混乱,例如《管理医师暂行规则》关于医师不当行为的处罚出现在第20条、第24条、第25条,很难看出立法者的立法思路。

---

① 汪企张:《医家病家涉讼原因之研究》,《申报》(上海),1934年6月18日,第15版。

1929年《医师暂行条例》在立法体例上发生了很大变化,其共计六章,分别是总纲、资格、领证程序、义务、惩戒和附则,也无医师的权利性条款。由于医师管理法令缺乏医师权利的规定,时人宋国宾主张"医权",其认为由于医疗行业的特殊性,普通人权不能包括"医权",伤害、威吓以及使用麻醉毒品等,法律规定普通人如果实施,则科以重罚,唯独医师因业务之关系,实施上述行为,不属于违法;但在当时法律中尚未规定,因此,"医家乃日处于犯法之中而无切实之保障矣"。①

医师权利保障的缺乏,导致了上海医院联合会所称的"凡执行医事者,咸具戒心,其为明哲保身计,遇疑难急症遑敢接受"②。

时人汤于翰也认识到医师权利缺乏保障为患者乃至社会将带来的弊病,即防御性医疗。汤于翰认为,不能以病者死亡而概指医者为庸医,其理由是:

> 病非尽可医,假如医者承诊不治的病,则须蒙庸医的罪名,将来人类凡传染病者,医者必不敢加以诊疗。进一步说,即使病者危症尚有可救之望,但医者为前途名誉计,为避免囹圄计,明知可治,亦警于保护自己而不敢受诊。到那时,病者不应死的,也须一死,医者无心误人的,也轻易误人,这是谁的罪咎?因此,我们对于庸医的分析,事实上不能不极尽小心,以免构成社会间一种心理的弊病,而致无形中陷害病人于绝境,陷医学前途于绝境。③

民国时期,医师法令缺乏医师权利的保障应与当时政府整治医业的目标直接相关,如前文所述,其立法所规定主要内容之一是对医师惩戒的专章。

(二)医师职业团体法

民国时期医师职业团体的成立早于医师职业团体保障立法,首次在法律上规定医师行业组织的是1922年北洋政府颁行的《管理医师暂行规则》,该法令第26条规定"本规则颁布后,应由各地方医师组织医师会,其章程另行规定公布之"。但未见到北洋政府关于医师会章程另行规定的史料。

1929年《医师暂行条例》第21条规定:"医师于业务上如有不正当行为,或精神有异状不能执行业务时,应由该管官署交由地方医师会审议后,暂令停止营业。"其

---

① 参见宋国宾:《医事建设方略》,《中华医学杂志》(上海),1934年7月第20卷第7期,第961-966页。

② 《上海市参议会关于本市医院联合会请向政府建议保障医师人权的档》,上海市档案馆,卷宗号:Q109-1-1390;转引自龙伟:《保障医权:民国医师的职业忧患与业务保障》,《社会科学研究》,2010年第5期,第145-151页。

③ 汤于翰:《庸医误人》,《众论》,1944年第1卷第2期,第28页。

后，1929年10月25日经行政院核准备案卫生部颁行《医师会规则》，其第17条规定，医师会得议决或施行之事项如下：（1）规定于法令或会章之事项。（2）关于管辖官署之医事、卫生咨询事项。（3）关于医事、卫生建议于管辖官署事项。（4）关于医事、卫生研究事项。（5）关于医疗救济事项。① 对此规则，宋国宾评论认为其有四弊病即宗旨不明、不切时要、官权太重、医权毫无。② 可喜的是，《医师会规则》第25条规定"医师会不服该管官署之处分时，经大会之议决，得诉愿于卫生部；被解除职务之职员有不服时，亦得诉愿于卫生部"。这对于医师会集体维权提供了重要法律保障。

1943年9月22日，《医师法》颁行，该法第5章规定了"公会"。《医师法》规定，医师公会分市县公会、省公会以及全国公会联合会，全国公会联合会设于国民政府所在地；市、县医师公会由所属行政区域内九人以上开业医师设立，不满九人的，可以加入临近区域的公会或共同组织设立；省医师公会由省内五个以上市、县医师公会发起并经全体过半数同意设立，市、县医师公会不满五个的，得联合二以上之省共同组织设立；全国医师公会联合会之设立，应由省或院辖市医师公会七个以上发起并经全体过半数同意；同一行政区域内同级之医师公会以一个为限，但中医得另行组织医师公会。③

《医师法》对医师公会没有权利性规范。例如第36条规定完全是组织性或管理性的。④ 同时，国民政府就对医师及医师公会的行为有进一步管制的规定，例如《医师法》第37条规定，各级医师公会会员大会或理监事会议之决议，有违反法令者，得由主管官署撤销之。第38条规定，医师公会会员有违反法令或章程之行为者，公会得依监事会议或会员大会之决议，将其事实证据报经卫生署核准，予以除名，并应分呈社会行政主管官署备查。

从以上四部法令规定的内容来看，民国政府虽然规定了医师的行业组织"医师会"或"医师公会"，赋予了该行业组织的法律地位，但是其立法本意不在于医师通过医师会或医师公会维护其权利，而是意在利用该行业组织进行进一步的整顿医界。

---

① 参见陈明光：《中国卫生法规史料选编（1912—1949.9）》，上海医科大学出版社，1996年，第637-638页。

② 宋国宾：《医师会规则草案评议》，《医药评论》，1929年第19期，第1-2页。

③ 参见陈明光：《中国卫生法规史料选编（1912—1949.9）》，上海医科大学出版社，1996年，第670-671页。

④ 《医师法》第36条规定：各级医师公会之章程应载明下列事项：（1）名称、区域、会所所在地。（2）宗旨、组织、任务或事业。（3）会员之入会及出会。（4）理监事名额、权限、任期及其选任与解任。（5）会员大会及理监事会议之规定。（6）会员应遵守的公约。（7）贫民医药扶助之实施办法。（8）经费及会计。（9）章程之修改。（10）其他处理会务之必要事项。

二、医师维权组织

民国时期,从立法文本上来看,医师权利没有得到充分体现,当时的立法更倾向于对于医师的管理和惩戒。但医师权利的保障对医师而言是一个非常突出的现实问题。为了回应这种权利保障问题,医师职业团体应运而生。在当时,医师职业团体主要包括中华医学会、全国医师联合会以及各地医师公会或医师会。

（一）中华医学会及业务保障委员会

中华医学会于1915年2月5日在上海成立,其宗旨便是"巩固医家交谊、尊重医德医权、普及医学卫生、联络华洋医界"。1932年中华医学会与博医会①召开联席会议,会议投票议决中华医学会与博医会合并,合并后继续沿用中华医学会之会名。

1933年,为维护医师的合法权益,中华医学会设立特别委员会"中华医学会业务保障委员会",首任会长为民国医学伦理学家宋国宾医师。②医业保障委员会的任务主要有四项。③该委员会于1937年制定了《中华医学会业务保障委员会办事细则》。办事细则规定,其职责主要为处理纠纷及关注取缔非法行医和医界不正当行为方面,具体有:（甲）处理会员与同道之纠纷。（乙）处理会员与病家之纠纷。（丙）处理病家诊金之欠付事务。（丁）劝告及警戒江湖医生。（戊）建议政府提高医权。（己）建议政府取缔有关医药界之一切不正当行为。通常情况下,医业保障委员会接受会员报告医病纠纷案件之后,由主席召集委员会先行审查。若遇必要时,得征求其他专家意见。如认为该请求会员确无错误时,得为之具文该地法院,或代延律师辩护,假使案情迫切,可由主席酌量情形,随时全权办理。④医业保障委员会还具体参与医病讼案的处理。1935年9月,医业保障委员会出版了《医讼案件汇抄》第1集,其中汇集了1934年2月至1935年7月期间,其处理的21起医讼案件,1937年又出版了第2集,又收录该会参与的医讼案件7起。⑤

---

① 该会为1886年传教士医师在上海成立的一个全国性"中国教会医学联合会",简称博医会,其宗旨为:（1）促进医学科学发展和传教士医生之间的交流。（2）促进传教。（3）协调职业利益并维护医生道德。许多中国医生也是博医会会员。

② 参见《中华医学会章程及细则》,《中华医学杂志》（上海）,1933年第1-6期,第30-35页。

③ 内医界动态:《中华医学会业务保障委员会组织大纲草案》,《上海医事周刊》第13卷第18期,第3-4页。

④ 中华医学会医业保障委员会的任务有以下四项:（1）审议会员申请审议事项。（2）审议公私机关团体委托审议事项。（3）研究及检讨有关医事法律各问题事项。（4）向政府建议有关医事业务规程之修整事项。参见中华医学会业务保障委员会编:《医讼案件汇抄》第2集,中华医学会业务保障委员会印,1937年,第181页。

⑤ 中华医学会业务保障委员会编:《医讼案件汇抄》第2集,1937年,第1页。

(二)全国医师联合会

全国医师联合会是医界维权的又一典型职业团体,该联合会的成立即是医界为集中全国力量反对《医师暂行条例》(1929年)而发起的,其于1929年11月11日在上海成立,当时该会涉及17个省41团体参加。成立前,全国医师联合会还发布了《全国医师联合会筹备会宣言》:

> 兹不得不联合我全国医师同界,为今后之自卫与学术之进行计,结集群力,相应同声,拥护中央卫生委员会议决各在案,要请政府尊重而根据其原则逐一执行。兹先宣布主旨于次:(一)请卫生部根据中央卫生委员会议决案,宽放第一届医师登记资格。(二)请教育卫生两部根据中央卫生委员会议决案,急须设法增加全国医师人数,以利卫生行政之进展。(三)请卫生部确立医师保障法。①

从上述宣言内容来看,当时的医师界为了维护自身的利益,不仅成立了全国性行业组织,而且围绕自己权利保障发布了宣言,宣言内容的核心是医师的权利保障,包括医师资格准入条件、医师队伍壮大以及医师权利保障的立法。医师组织和医师宣言紧紧围绕"医权"展开,这从一定意义上弥补了当时医师法令对医师权利保障的不足,也促进了医师权利保障的立法进程。比如,《全国医师联合会章程》第2条规定,其宗旨是:

> (一)砥砺医德,研究学术,以谋医学及职务之进步。
> (二)联合感情,保障医权,以发挥互助之精神。
> (三)建议医事教育卫生行政等原则,以适应社会之需要。
> (四)促成完善的医师法。②

(三)医师公会

民国时期最早成立的医师公会是上海医师会,该医师会于1925年11月1日成立,首任会长为余云岫西医师,其成立宗旨为"除辅助学会研究外,解决新医学对于旧社会上种种困难之责任并为取缔医界之先声"③。上海医师会旨在维护西医师的权利,但其骨干成员也是废止中医的中坚派,该会的出现是中西医争论激烈化的表

---

① 《全国医师联合会筹备会宣言》,《申报》(上海),1929年10月15日,第16版。
② 《全国医师联合会章程》,《医药评论》,1929年第22期,第29-30页。
③ 《上海医师会成立》,《中华医学杂志》(上海),1925年第6期,第108-109页。

现。①如前所述,《管理医师暂行规则》(1922年)首次规定"地方医师公会",但民国政府没有地方医师公会之法令,直至1929年10月25日国民政府核准《医师会规则》。

此后,由于全国各地医师公会纷纷设立,时人章诗宾发现"自民国成立以来,各地公会如雨后春笋,先后陆续组织成立。初莫不会自为政,人自为谋,毫无统承,会员亦仍不能获丝毫之利益,与组织公会之本旨相去尚远,循至少数人操纵全会者有之,形同虚设者有之,甚至假公济私,或藉为护符者,亦匪无有,形形式式,不胜枚举"②。故呼吁政府制定"医师公会法"。1935年,上海医师会在第三次医师代表大会上再次提出制定"医师公会法",上海医师会认为:

(一)查各地医师之公会有名西医公会者,因而要求于医师公会法中划一医会名称。
(二)关于医事卫生各种法规之订定应征询医会之意见。
(三)开业医师必须加入公会方准执业。
(四)医事讼案法官应咨询医会意见以供参考。
(五)应明定会员应遵守之信条。
(六)医会每年度之预决算册需报告该管官署。③

中华医学会及其业务保障委员会、全国医师联合会、上海医师会等均是西医职业团体。在中医方面,中医师职业团体成立比较晚,其最具有代表性的是1929年成立的"全国医药团体联合会"。该中医药职业团体是为抗争国民政府单就西医师制定《医师暂行条例》(1929年),而使中医师"无法"执业的立法活动,以及卫生部中央卫生委员会"废止中医案"而被动成立的,其在维护中医的知识合法性、中医师的合法执业地位以及《中医条例》(1936年)出台等方面起了积极的推动作用。

中华医学会及其业务保障委员会、全国医师联合会、上海医师公会,以及全国医药团体联合会等医师职业团体,虽然具体组织形式不同,规模大小不一,成立时间也有先后之别,涉及地域也有全国和地方之分,但是这些组织的共同目标却惊人地一致,即主要围绕医权保障活动。

---

① 张大庆:《中国近代疾病社会史(1912—1937)》,山东教育出版社,2006年,第220页。
② 章诗宾:《论制定医师公会法之重要并对于原则之管见》,《新医药刊》,1934年第25期,第1页。
③ 卢髯:《医师公会法亟宜颁布及关于该会法原则草案之意见》,《医师会刊》,1935年第24期,第309-311页。

三、医师维权行动

民国时期，医师职业团体的维权行动主要表现在医师合法身份的维护和医师权利的维护两个方面。无论是中医师，还是西医师，对医师合法身份的维护、争夺，为当时中西医师职业团体的首要维权内容，而且整个民国时期这样的维权行动就没有停止过。其中，全国医师联合会通告全国医师一律暂缓登记一案最为典型。《医师暂行条例》(1929年)颁行，由于其过于严苛的医师资格制度，遭到了当时西医界的强烈反对。

1930年8月21日，《申报》报载《全国医师联合会之通告医师一律暂缓登记》一文称：

> 全国医师联合会昨通令汉口、南京、汕头、杭州、苏州、无锡、武进、永嘉、宁波、芜湖、如皋、金沙、盐城、青浦、江都、吴江、江阴等各地医师会会员函告。径启者：本会自去年全国医师代表大会闭幕以来，关于大会议决对于去年公布之医师暂行条例不切时要，联合一致主张拥护第一次中央卫生委员会中字第十五号审定案，请卫生部宽放第一届医师登记资格并由本会拟起医师暂行条例修正草案，呈部参考当蒙采纳修正在案，乃于本年五月十日报载医师修正条例业由第八十八次立法院会议通过，惟条例与初次公布者不类又与大会及卫生部修正草案大相径庭，其窒碍难之处尤多。其中如第一、二、五、十五、十九等条尚多疑义，后经大会第五、第六两次执委会议决呈请立法院卫生部覆议修改，后奉第三一六号卫生部批内开"呈悉，所陈各节不为无见，准予留候核办"等因，奉此，再经第七次执委会议决，通知各会员查照，理应抄录如上，并请于修正条例未获圆满解决以前，一体遵照暂缓登记，相应函达即希查照。①

"医师登记资格"的设定涉及医师行业的准入，是医师与非医师的法定标准，涉及当时已经行医的医师行为是否合法，更涉及每个医师的职业生涯，更广泛意义上，也关系到在"医师登记资格"下的医师数量是否能够满足当时中国民众的医疗服务需求。而全国医师联合会认为"医师暂行条例不切时要"，作为医师行业的全国性职业团体，全国医师联合会以医师法令是否切时要的卫生政治为根据，要求国民政府"宽放第一届医师登记资格"，并且要求全国各医师会"于修正条例未获圆满解决以前一体遵照暂缓登记"。医师登记是当时民国政府整顿医界的首要手段，而"一体遵

---

① 《全国医师联合会之通告医师一律暂缓登记》，《申报》(上海)，1930年8月21日，第16版。

照暂缓登记"即为对当时《医师暂行条例》(1929年)等医师法令的公然对抗。

医师职业团体的维权行动,还表现在其对医师普通民权和医权的维护。民国时期,一旦发生医病纠纷,报纸则往往根据病家的片面诉说报道,而报道不实或不遵循医学科学的情况屡有发生,严重侵害医师名誉,医师职业团体则采取专业调查的方式极力澄清,以维护医师及医界权益。

1930年5月14日,上海《申报》登载新闻一则称"沈歧卿子最近因感受风寒,经钱保华医师连抽骨髓两日而死"。无锡医师公会遂派员向各方面调查,并于同年7月1日致函认为完全与事实不符,无锡医师公会称:

> 查沈孩于二月七日早起病症状显然为脑膜炎,有续诊西医李克乐、谭述谟,致敝会之覆函可证,钱医仅于二月七、八两日诊治二次,后经中西医三十余人络续诊视,卒因注射血清次数不足变慢性,延至五月十日而死,距钱医初诊时已远隔三月余之久。①

无锡医师公会考虑到西医界全体信用及钱保华医师的个人名誉,要求《申报》在无锡地方新闻栏内登载事实真相及医学原理,以免除社会上种种怀疑及误会,阻碍日后西医之正当治疗。

为维护医师在医病纠纷中的名誉,医师程瀚章在1930年上海医师公会秋季大会上提出:

> 近来世道沦夷,人心不古,往往有不法病家,或受人怂恿,借不治之病,诬陷医师之玩忽业务而与讼者,其手段在利用医师深恐社会宣传,堕其信誉,乃不惜委屈求全,出资和解,长此以往,开业医师存在有被人欺诈之危险。提议人尝综合本埠各报社会新闻中所在此项新闻,细考其事件之来由及依法判决之结果,其咎多不在医家,然医家因此受金钱上及精神、名誉上之损失,恐属不少。而未经法院审判,一度登载各报而自行和解者,亦非少数。然设若各报记者不将此类新闻广为渲染,则医家方面苟理直气壮,自无委屈求全之必要,而病家诬陷之黔技势必自穷,敲诈之机会当然减少。如果咎在医家,则各报不妨待法院依法判决之后,始行登载其事实,则记者之责职之尽,而医家亦无所冤屈。固不必画蛇添足

---

① 《无锡医师协会函》,《申报》(上海),1930年7月4日,第10版。

于未判是非之前广为宣扬也。①

其后，在1948年全国医师公会第二次大会时，上海医师公会就提出呈请行政院社会部新闻局指令各地新闻界，嗣后遇有医事纠纷案件，在法院未判决以前，请勿随意刊登庸医杀人等妨害医师名誉之标题。

在医病纠纷中，不但医师名誉不能得到维护，就连医师作为普通公民所具有的身体权及人身自由权也频频受到侵害。例如，1934年8月28日江西省立医学专科学校附属医院皮肤花柳科主任刘恋淳等为患者刘一平施行手术发生意外而死亡。本案于1934年9月8日由检察官提起公诉，但刘恋淳医师已于9月4日被羁押，直至12月18日仍被羁押。为保障刘恋淳医师合法权益，中华民国医药学会北平分会致函江西高等法院，称"就法律言之，被告在未判决前，不能以犯罪论，该医师之未受判决先行羁押，亦不免有处置过分之嫌，是则医师仅有忍受法律上之特殊限制，而并未得到法律上之相当保障"②，并希望纠正错误。

由于医师的身体自由向无保障，警察局往往仅凭病家片面控告即拘捕医师，这显然有违当时的刑事法律。上海中医师公会选出陈存仁为参议员以后，陈存仁自己立誓为中医界做些事体，故于上海参议会第一次大会中，会同西医师庞京周、范守渊二人提出提案，先向卫生局长张维质询，问其领照医师何以任人吊销执照，又向警察局局长宜铁吾严词质询，义正词严，当由张、宜二局长口头答复以外，又以书面致答，谓任意拘押实属非法，当场通过此项提案：以后病家纠葛原案由除法院起诉法医侦查属实之案件，由法院办理外，吴国桢训令警察局不得拘押医生。而保障身体自由一案事关医师群体的基本人权，陈存仁氏深恐日久玩生，故由中医师公会将全案经过印成文书。③其后，上海确实执行了参议会决案。例如：

> 卅五年十二月针科中医师□□□因病人病重，一针毙命，警察局得讯后□□□提出陈存仁所印。另有内科名医□□□病家服药后胎儿堕落，病家立即报告成都路警察分局，坚强要求逮捕，警局告以医生有身体自由，非法院侦查属实不能拘押，病家争执不下，指为有意袒护，警察分局警员向陈参议员访问，当以陈氏告以药方内容，并将法律各点一一说明后，警局记录成案，即行拒绝病家逮

---

① 程瀚章：《凡关于病家与医家讼案在未经法院判决之前各报不得渲染以维医师信誉（上海医师公会秋季大会提案）》，《社会医报》，1930年第129期，第1410页。

② 参见宋国宾：《医讼案件汇抄》第1集，中华医学会业务保障委员会编印，1935年1月，第321页。

③ 参见《又讯》，《中医情报》，1947年创刊号，第4页。

捕之请求。①

广州牙科医学研究会副会长池方进一步认为：

> 查刑事被告,依刑法诉讼法之规定,非经合法传唤,或犯罪嫌疑重大,而无一定住所,或有逃亡之虞等法定原因者,不得径行拘提或羁押,又执行拘捕或逮捕,应注意被告之身体及名誉。查依法执业的医事从业人员,均有其职业上之身份、居所及领有法定之执业证明文件,自无逃亡之虞,依照上开各法条,则其罪既未经上开之医术机关证明之前,自不应遽加拘提或羁押,以保障其身体、名誉,纵其间具有必须拘提或羁押之原因者,为保障人权起见,亦应励行交保付保,以符立法本旨。②

医师权益不能得到切实保障的原因,医界认为是由于医师法令不健全,因此,医界多次呼吁要求政府尽快制定医师法令以保障医师权利。中华医学会业务保障委员会会长宋国宾于1934年以"民族健康之前途"的宏大视角提出"颁布保护新医之法规,实为保障医权当务之急"。宋国宾认为：

> 医为职业之一,其关系于民族健康之前途者至大且巨,故各国政府对于医师之产生既有其严密之规定,而对于已开业之医师,则又尽其保护之责任焉。吾国政府则不然,于律师及政府之行政人员皆有保护之法规,于医师则无之,此甚不可解也。频年以来,医师有无罪而受人控告者矣,有无故而受官厅之非法逮捕者矣！匪独无特别保护之可言,抑若普通人权而亦不能享受然者,凡吾国道,不将人人自危耶！政府不欲新医之发展则已,若欲中国有独立之新医,则颁布保护新医之法规,实为当前之急务也。③

同年,宋国宾在《请全国医师联合会组织"医业保障委员会"以保障全国医界权利并处理各地医事纠纷案》中进一步认为,关于医师权利,当时法律没有明文规定,导致医师应有权利无法获得正式的保障且社会对医师应有权利也无确切之认识,并指责"置此于异日图之"：

---

① 《警察局据病家报告不得拘押或逮捕》,《中医情报》,1947年创刊号,第4页。
② 池方:《医权保障运动》,《牙科学报》,1948年第2卷第8期,第13页。
③ 宋国宾:《医事建设方略》,《中华医学杂志》(上海),1934年7月第20卷第7期,第961-966页。

自政府奠都金陵以后，百废俱兴，其对于各职业团体，明定其保障之法律者，往往而是矣。独对于医业之保障，则始终未有明文之规定。于是全国医界，发生以下二种现象：权利无正式之保障，至不免外界之欺凌。一也。社会无确切之认识，至难得公理之昭著。二也。年来国内医界，纷乱异常，医家与医家之争执，医家与病家之纠纷，层出不穷，胜播人口，此无他，法律无切实能为人所了解也。于是一有事端，则社会之不满意于吾道者，攻讦沓至，诽谤纷来。吾医界无如之何也。盖医业之情形，最为复杂。其所应守之规则，应享之利益，非普通法律之所能包括无遗。欧西先进之国家，无不有医师法之颁布，而我国独无，此混乱之现象，所以无有已时也欤。本会为全国医界之总汇，对于全国医界的权利与困难，有代为谋划与解决之义务。然则如何始可保障医业之权利，如何始可减少医事纠纷，政府虽先其所急，而置此于异日图之，吾医界则事切本身，不可不亟谋所以解决之法。盖权利不在于过度之提高，而在于有确切之保障，纠纷不在于事后之处理，而在于有良法之预防。夫法令之颁布，其权利虽操于政府，非职业团体之所得擅为。至于催促进行，供献意见，则固本会之责任也。①

　　全国医师联合会的医师权利保障维权行动，充分体现了民国医师职业团体对医权保障的诉求和努力。

　　1929年11月9日，全国医师联合会在上海召开第一次代表大会。上海医师会为保障医师权利，提请大会电请中央收回《医师暂行条例》（1929年），从速颁布医师法，明文规定医师对于国家及社会应尽何种义务，应享何种权利，以资职业保障。②南京医师公会则为抵御病家的滥讼，提出"关于诊疗上之纠纷宜依据实习室之观察、尸体解剖动物试验之结果以断定其是非曲直，不能以人情权势为转移。凡检举或告发者，经科学法律手段审查后认为有诬告之行为者，应有反坐法以处分之"③。

　　1931年，全国医师联合会召开第二次代表大会。南京医师公会的提案为"司法机关关于裁判医事纠纷时应征求当地医师公会之意见案"。镇江县医师公会提案是"拟请政府分别行知司法行政审判各机关关于医师与病家之诉讼应经所在地医师公会或法定之法医审查后，始可决定事实"④。上海市医师会的提案则为"在国内有法庭

---

① 《请全国医师联合会组织"医业保障委员会"以保障全国医界权利并处理各地医事纠纷案》，《医药评论》，1934年2月第6卷第2期，第9-10页。
② 《议案》，《医事汇刊》，1930年第2期，第12页。
③ 《议案》，《医事汇刊》，1930年第2期，第13-14页。
④ 《提案》，《医事汇刊》，1931年底9期，第14页。

并律师公会之区域,由医师公会或会员组织医事护法机关保障人权"①。

1934年,全国医师联合会第三次代表大会上,上海医师公会代表的提案,建议组织"医业保障委员会",其职务为:(一)收集各国关于保障医业之法律、条例、著作,详细审核以为规定保障医权条例之参考。(二)拟具条例大纲,供献政府,以为将来规定医业保障法律之参考材料,并促其早日颁布。(三)成立医事仲裁机关,以处置各地医事纠纷之案件。②广州市医师公会则认为"一般社会人士,尤以军政界人,因不明了病理转归及预后之变幻不常,且往往以意气用事,对于无权无力之医师,加以强力恫吓,压迫羁押",提议"请切实保障医师业务之执行,非依法不得逮捕、监禁、处罚"。③

1936年,全国医师联合会第四次全国代表大会召开,由于当时"各地会员团体或以省县当局任意苛定条例横征暴敛为苦,或以公安人员恣肆威福滥施职权为累,对于业务上、精神上之损失,难以缕述",该会议决议"恳请通令各级主管官吏,以后各地于单行医事卫生法规颁布以前,应就近邀请当地医师公会,派员列席,贡献意见,采纳订定,庶几无偏无倚,易于实行。更请严令公安当局,慎毋滥施职权,对于正式医师,不得逮捕拘禁,或审问处罚等,以崇医业,而重医权"④。

全国医师公会于1948年开第二次大会时,上海医师会就"医师治病不愈或死亡,病家辄诬之于法,报章辄诬为庸医杀人"提出议案:

甲、呈请司法院及司法行政部:
(一)明令各法院遇有医病纠纷案件,承办之推检应注意医师之身体名誉职业而多加保障。
(二)遇有医学上稍涉专门之问题必须详征专家意见。
(三)案件尚未三审判决确定以前对于医师不得轻作不利于被告之任何处置。
(四)如遇含有敲诈性之告诉人,应谕知诬告之责任。
乙、呈请行政院社会部新闻局指令各地新闻界,嗣后遇有医事纠纷案件,在法院未判决以前,请勿随意刊登庸医杀人等妨害医师之名誉标题。
丙、建议立法院修改有关法令,今后如遇医病纠纷案件应采用专家陪审制度

---

① 《提案》,《医事汇刊》,1931年底9期,第23页。
② 宋国宾:《请全国医师联合会组织"医业保障委员会"以保障全国医界权利并处理各地医事纠纷案》,《医药评论》1934年2月第6卷第2期,第9-10页。
③ 《保障医师业务之执行非依法不得逮捕监禁处罚案》,《医事汇刊》,1934年第18期,第90页。
④ 《全国医师联合会吁请保障医权》,《申报》(上海),1936年6月9日第12版。

以昭郑重。①

此外,1930年,上海医师公会秋季大会议决,关于诉讼纠纷,由本会代托法律顾问,但其律师公费则仍由当事会员自行负担。②

第三节 诊金问题

一、诊金的授受

"医乃仁术"是中国传统的基本医学伦理原则。因此,医师的基本社会角色是"悬壶济世"。明代名医李梴即认为:

> 治病既愈,亦医家分内事也。纵守清素,借此治生,亦不可过取重索,但当听其所酬。③

在李梴看来,医家的分内事就是治病救人,医生的首先职责是履行这种道德义务,但对于行医行为性质的认识,是伦理化、道义化的。在传统社会中注重"义利"之辩的浓厚氛围下,"君子喻于义,小人喻于利"。病人在君子看来,就已经是应当值得同情的道德对象,如果此时借助治病行为,来获取病人的报酬,这就把道德关系和道德义务转化成了世俗交易关系,这在君子看来,就是不义或少义的"小人"行径。因此,即使在传统社会医师履行救治义务,但也难主动取酬,这并不是因为不能取,而是由于传统社会对"医乃仁术"观念的普遍认可,导致医师主动取酬为世人所不齿,从而导致大名医也要遵循"但当听其所酬"的被动"清素"。

随着西方医学及其文化在中国的输入和发展,中国医界,包括中医和西医对医师的角色有了新的自我定位:医师者,以摄生疾病为任务,于社会上为一职业。④

当时的医界进一步分析认为,医师行医的确是"营业"的一种,但是其遵循的是医学科学原理,目的是为人预防、诊疗其疾病。所以和一般的、单以营利为目的的营

---

① 《一般事件提案六件》,《医讯》,1948年2月第1卷第6期,第8-9页。
② 《上海医师公会消息》,《医药评论》,1930年第147期,第25页。
③ 李梴:《医学入门》,江西科学技术出版社,1988年,第1381页。
④ 刘永纯:《医师与社会》,《医药评论》,1929年第24期,第3-4页。

业完全不同,其实医业是社会上"一种学问的职业"。①

与传统社会对"医乃仁术"的认识不同,西医输入中国以后,西医的职业观念也进入了中国社会,受西方职业观念的影响,当时的中国医界对"医"进行了重新审视,普遍接纳"医师""行医"就是一种职业,就是一种营业的观念。而且,由于行医需要专门的科学知识,属于知识性极强的专业活动,所以在承认"医"是职业的同时,更意识到医师作为职业或营业的特殊性。具体来说,行医是一种高级的、知识性的营业,与普通的农业、渔业、工商业有显著的不同,更与没有"高等学术"为基础的普通劳作有巨大差异。因此,西医输入中国后,不仅是技术上对传统中医形成冲击,而且在观念上也带来了巨大影响,传统观念中的"医乃仁术"转身成为高级、知识性的"营业"活动,医从道德理想国里的"仁术",慢慢转变成世俗生活中的谋生活动。这种观念上的变化是巨大的,甚至带有"从身份到契约"的进步意义。在"医乃仁术"的视野中,医病关系具有身份性的特质,病人是弱者,需要帮助;医师是强者,应当"悬壶济世",应当"见义勇为",这样医师在"见义""济世"的道德氛围中,就具有了道德使命感,道德使命感很容易让人产生圣人、君子等道德完人的情节,从而使自己具有了输出"仁、义、善、济世"的道德优势,获得恩赐者、施舍者的社会身份。

而在"医乃职业、乃营生"的观念下,医病关系更多带有契约性的特征,医师不再是道德完人,不再简单是布施"义"、恩赐"仁"的道德君子。相反,医师是注重利益的,关注自己的"营业"的,医师靠出卖自己的专门知识,获得病人的合理报酬,医师与病人之间形成一种"商品"交易关系,只不过这种交易关系更具有特殊性,但医病关系的实质转化成为了一种依托于高级知识的服务契约。因此,"医乃仁术"向"医乃职业、乃营业"的转变,就带有"从身份到契约"的社会进步意义。

正是民国时期的医师具有了这种契约意识,所以当医师在提供了医疗服务后,如果病人或病人家属拒绝支付报酬,也就是不支付诊金的话,医师就有取得医疗报酬的请求权,当这种合法权利受到侵害的时候,可以私力救济,"直接索取",也可以公力救济,正如宋国宾所说:若不付诊金,可直接索取,可诉诸法律。②

因此,在传统社会中"医乃仁术"的价值观念下,医师在服务报酬的利益争取方面,显得矜持、拘谨,羞于主动索要,更难谈得上请求权的行使。诊金的给与不给,给多还是给少,医师缺乏主动要求报酬的请求权和维权意识,造成名医李梃所说的"但当听其所酬"的被动无权局面。而在民国时期,社会处于传统与现代的变革时期,医病关系也从传统观念向现代意识转变,对待诊金的态度,可以说就是一个传统与现代

---

① 参见蒋振勋:《什么叫做医师》,《医药评论》,1929年第23期,第3-4页。
② 宋国宾:《医师之五权》,《医药评论》,1934年第6卷第2期,第1-2页。

的分水岭。李梃及其所代表的传统医病关系,对于诊金,无论是给与不给,还是给多给少,取决于病人,"但当听其所酬"。宋国宾及其所代表的现代医病关系观念,对于诊金,认为是医师的正当权利,医师履行医疗服务后,当然产生要求支付报酬的民事请求权。医病关系具有了"商品"交易的契约性质,为从而具有了市场性、商业性。

民国时期,医师属于自由职业者,医业虽有悬壶济世的社会角色和诉求,但医师医疗服务的提供却是市场化的、商业性的。例如,1933年,上海市600多名西医,3000多名中医以及其他各种杂医大多以诊所形式开展医疗业务,其构成了提供医疗服务的主体,运作方式也以商业性为主。[①] 既然是市场化的、商业性的运作,医师的诊金则根据市场来确定。早在1920年,时人观察到:

> 在医界牟利之徒,其诈利之法,可分为二种:其一,见病者有雄资,遂设法笼络,甚至有明知其病而不施以正当疗法,故意迁延,藉此得每日坐收其利,病者或因为其所愚,而病即中变,竟至不可收拾者,往往而有。呜呼,病家以信仰之心来求治病,不惜金钱但冀病愈,可恶彼医生者,竟背其天职,玩视人命,既收其利,又损其生,人之无良,至此已极。其二,以贫病之重者为经济之挟制。夫贫者平日藉十指供三餐,忧虑不足,而况后更有何以供牟利者需耶。无奈一般丧良之徒,竟以不厌其望而斥之门外,可怜之贫病人。以此而损其生者,亦往往而有。夫藉端要挟,本盗匪之为,今乃于至光明极善之医界见之,岂不可叹。[②]

民国时期,传统医病关系向现代医病关系转变,医疗行为由过去浓厚的道德行为,逐渐转化为市场商业行为,伴随着这一重要变革,也产生了社会负效应,具体来说就是医疗行为的过度商业化,甚至违法。比如医界不良的从业人员,不顾医疗行为本身的特殊性,完全把医疗行为作为牟利的工具,就会带来很大的社会危害,"见病者有雄资",就认为奇货可居,视病家为利益之源,"故意迁延,藉此得每日坐收其利",医师不再是医师,成为了赤裸裸的"商人",而且是无道德底线的商人;对于"贫病之重者",因为无利可图,竟然把他们"斥之门外",这两种情况的出现,都是医疗行为极端商业化的恶果。

由此可见,如果把医疗行为极端道德化,会损害医师的合法、合理权利;同样,如果把医疗行为极端商业化,不仅会损害病人的利益,甚至会诱发灾难性的道德风险,如何平衡医疗行为的道德性和商业性,在民国时期就遭遇到了这种社会难题。

---

① 庞京周:《上海市十年来医药鸟瞰》(连载),《申报》(上海),1933年2月27日,第15版。
② 袁文彬:《医界应速规定医费》,《同德医药》,1920年第1卷第2期,第58-59页。

但医疗行为是有价值的社会劳动,理应得到合理的劳动报酬,问题是如何从法律上来解决医师的诊金问题,既不让极端道德倾向吞噬医师的合法权益,又不能使极端商业倾向危害医界和社会?关于医师诊金问题,民国时期有过争论:

> 夫医费规定,其性质本属法律之事,然现在之法律,亦徒为国家之点缀品耳。是故,我亦不望官场之行文训令,但愿医界众人相互定章,以为约束,一旦得除陋习,则非但世道人心两有裨益,且医界之开放光明及病人之受惠,亦当不鲜。①

对于诊金即医费如何来收取?依什么样的标准来收取?如何才能避免医疗行为极端商业化带来的陋习?如何收费才能既使"医界之开放光明",又让"病人之受惠"?对于这些问题的解决,当时的人们大约有两种思路:一种思路是医费规定属于政府行为,应当由国家法律来规定;另一种思路是医界自治,通过行业自律行为来完成。鉴于当时的社会政治环境对国家出台法律规定不抱希望,进而主张可以由医界自己制定诊金医费的行业规定。很显然,民国初期,医界因为确实存在以医牟利,医业信用、民众健康受损,但是关于诊金的标准没有法律规范,故时人呼吁医界自行制定公约。

如果没有诊金医费的统一标准,不仅会出现医疗行为极端商业化的陋习,还存在正常医疗行为中的异常行为。比如时人呼吁:

> 那些大医师实在令人不敢请教,门诊若干,挂号若干;出诊则又有租界与华界之区别,穷人一生病,除临而待毙之外简直别无他法。虽然生而为人,生病在所难免,但是病家与医师之距离太远了,也就并不以他造福社会而发生好感了。这个问题已经有不少人谈起过了,若平民医院等设立,也是补救这个缺点的。现在既又提到医师问题,还是虔诚地恳求大医师们在可能范围之内,能减轻病家的担负。②

一般来讲,医疗行为属于特殊的服务行为,它需要接受专门的教育和培训,需要具备专业的知识和能力,医师不同于社会上的其他职业,就是因为这种知识上的特殊性。而"大医师",不仅具有这种专业知识,更是医师界的佼佼者,对社会而言,更是一种稀缺资源,基于这种医疗资源的稀缺性,大医师提高自己的诊金医费也是完全合

---

① 袁文彬:《医界应速规定医费》,《同德医费》,1920年第1卷第2期,第58-59页。
② 志敏:《取缔非正式医师》,《申报》(上海),1937年4月9日,第17版。

理和正常的。所以就出现了史料中所讲的"门诊、挂号、出诊、租界、华界"收费有区别,对穷人来讲,诊金医费固然偏高,但从大医师的服务质量来看,这种收费也是合理和正常的。异常表现在穷人一旦生病"除临而待毙之外,简直别无他法",穷人得不到应有的医治,就是一种社会异常现象。因此,即使没有极端商业化的医疗行为,诊金医费仍然是需要法律规范的,否则,社会就失去了基本的医疗公平和正义。

还要关注的是,在民国时期,甚至存在以诊金的高低论医师身份高低的现象。时人范守渊发现:

> 医师所订诊金的高低,便往往看作他们身份的高低。社会上一般的人士,对于医师地位身份的高低,技术的良恶、本领的优劣,一大半,便拿这诊金高低来做标准;医师自己呢,亦几乎目此毫无疑义的定则。不要说两位出身相同、技术相等的医师,因诊金的彼此不同,往往会被人视的身份地位有不同、技术本领有高低;即有某一位技术精良、本领高超的良医,会因为所订诊金的低廉,而易为一般的人们认为身份技术都不及诊金昂贵而本领低劣的庸医呢!我(?)不是时常听得一般人们的说话吗:某某医师真是有身价有声誉的大医师啊,他们的手术诊金非要几百万几千万不办。某某医师的治病本领,一定高明,一定超群的,他们的门诊挂号要三万五万,十万八万,出诊要几十万呢!某某医师的挂号金,只收几百几千,一定不会多大高明,某某医师手术诊费不到几万,还抵不上大亨医师们的号金呢,说不定是江湖一类的人物吧?①

从范守渊医师的描述中,我们可以发现,诊金问题不仅仅是医疗行为的报酬问题,在民国时期,它甚至影响到社会对整个医疗行为评价本身的合理性问题。当时的人们形成了这样的一种社会心理:医师收费高,医疗技术和医疗水平就高;医师收费低,则认为医疗技术和医疗水平就低。医疗行为脱离了专业知识的评价标准,完全受制于"市场价格机制"的影响,这不仅不符合医疗行为的自然属性,而且给社会民众带来了对医疗行业评价的误导作用。这样就形成"价格信号"对医疗行业的深度参与,埋下了医师出于经济利益考虑提高医费和诊金的自利行为。这就加剧了医疗领域的诊金乱象,结果就会出现:

> 所以这个所取诊金的多少,所订诊例的高低,便无形中成为一般的人们对于医师身份、医师技术的高低的唯一准则了。因为一般的人们把诊金的高低即

---

① 范守渊:《诊金和医师身份》,《申报》(上海),1947年3月14日,第7版。

认为医师身份的高下和本领的高低之故,于是一般"识时务"的聪明医师也便把握住了这一个民众心理来行事。用了种种方法抬高诊金来增高自己的身份和地位,不然的话,便会降低自身的身价,表示不出自己高贵的医师身份,而且会被病家目为"价廉无好货"而加以鄙视的！这诊金的一高一低,在一大部份的医师的自我观念中,也便无形中成为本身的声誉、地位和身份的或高或低的定则的样子。①

也就是说,在诊金收取没有法定标准的情况下,医疗服务市场很容易偏离医疗的性质,变成完全的市场商业现象,这就医疗本身来讲是不合适的。因为医疗行为不仅具有商业性,更具有其他商品和服务不具有的社会公益性,或者说医疗行为的社会公益性表现得更强。但市场本身的自我调节是有限度的,也不是全能的,特别是涉及不能完全市场化的领域,市场这只无形的手甚至也会面临着失灵问题。在医疗市场这种十分特殊的社会市场中,缺乏政府有形之手的宏观调控,诊金就会成为医疗评价的唯一标准,这样就会直接不恰当地激励医师采取提高诊金的方式自抬身价,就会诱发一些"聪明的医师"识时务地迎合民众心理,提高自己的市场知名度和市场占有率,会直接加剧医疗领域的乱象。

对此诊金乱象引发的道德风险,当时的人们已经意识到问题所在,并对此深感忧虑:

> 惟今之医师,于医德则反是,对于一己之诊金,习尚参差自是,好行昂值招摇,俾遂自矜身价,而病人无知,以其诊金之昂,遂谓其术之必精,争相延致(对西医亦如此),于是医师之计得售,世况如此,则虚伪愈工,不习欺诈,难谋生活,上海医风至此,直不堪问矣！②

从上述描述中可以看出,当时在上海,医疗领域的风气很不正常。据学者对二十世纪二三十年代上海医师收入情况的研究,当时医师的月收入平均在300到3000元之间。③

由于诊金没有法律规范,完全受制于市场价格规律的支配。但医疗行为从本质上来讲,具有很大特殊性,医疗具有非商品的公益性,不能完全按照市场规律来运作。

---

① 范守渊:《诊金和医师身份》,《申报》(上海),1947年3月14日,第7版。
② 无我:《中医师应规定诊金》,《申报》(上海),1944年10月21日,第3版。
③ Xu Xiaoqun(2001).Chinese Profession and the Republican State:The Rise of Professional Associations in Shanghai,1912—1937,by Cambridge University Press.p57.

在民国初期，由于处于传统社会向近现代社会的变革之中，传统的"医乃仁术"的道德规范失去效用，而"医乃职业、乃营业"的倾向脱离了国家法律的规制，走向完全商品化、市场化的道路，医疗领域从极端道德化的一极，走向极端商业化的一极，医疗行业受制于诊金的价格信号，从而诱发了医疗道德风险，甚至出现"不习欺诈，难谋生活"。这种情况的出现，再次说明了医疗行为的特殊性。

围绕着诊金问题，病家与医师之间出现了不少纠纷，甚至成为社会关注的热点问题。当时的诊金乱象，一方面表现为，医师为了自己利益的最大化，争相提高诊金，用诊金来证明自己的医疗技术和医疗水平；另一方面，病家也不是任人宰割的被动对象，病家对于诊金也有自己的应对方式同，即"屡欠诊金和故意减付诊金等种种恶习"。①

> 翻开各地的报纸和各种杂志看看，不时有关于我们做医生的新闻、文章，可以窥知病人和医生之间，除了"官司年年有"以外，不愉快的事情正多，即使不引起纠纷，也是热讽冷嘲的，挨骂得够了。你知道挨骂第一个最多的原因，是什么？是收钱！医生和医院要收钱，简直是罪过，是作孽。②

病家对于医师的诊金，要么直接不支付，"屡欠诊金"，要么减少诊金的数量，"故意减付诊金"。除此之外，医家与病家之间的纠纷很多，当时的报纸、杂志、新闻、文章有大量的报道，不仅"官司年年有"，而且"不愉快的事也很多"。更有甚者，即使没有医疗纠纷官司、没有不愉快的事情发生，社会上还是对医生普遍地冷嘲热讽，甚至骂声一片，问题的根源就是医师"收钱"问题。

医师不仅因为诊金问题挨骂，还可能直接引发刑事责任问题，这常常见于"最后病"的诊治中，比如：

> 所谓最后病者，就是人生最后一次的病，换句话说，就是送终的病。最后病，无论何人所必须经过的，也就是无论何医在诊治若干病人之中，所必然要遇到的。可是病家往往因为病人死了，就借此不付诊金，医师如加以追索，病家就加医师以过失杀人的罪名，控告医师于法院。医病纠纷的案件，十之八九是由追索最后病诊金而起的。因此，最后病的诊金，便成为现在医病双方所最要讨论的问

---

① 胡嘉言：《书"上海市医师公会诊金规定草案"后》，《申报》（上海），1934年3月12日，第13版。
② 裘景舟：《病家对医生的态度》，《申报》（上海），1948年4月30日，第7版。

题了。①

上述史料说明,当时的医师对最后病者进行救治时,会因为诊金问题出现两种倾向:一是医师自己合理的诊疗行为,得不到合理的报酬,病家往往因为最后病者的死亡而拒付报酬,而事实上,医师已经履行了自己的诊疗义务,按理应该对此医疗行为获得自己应得的劳动报酬,但病家因为最后病者的死亡认为医师未能尽到救治义务,拒绝支付报酬。也就是说,医师为最后病者提供了无偿服务,这显然不符合医师的职业利益。二是如果医师积极主张自己的报酬请求权,病家甚至会以医师过失杀人相抗辩,从而使医师处于面临承担刑事责任的风险。上述两种倾向的根源,还是缘于诊金问题没有法律规范。

宋国宾就诊金及诊病行为的法律属性分析认为:

> 诊金者,医师的一种劳务报酬也,他的授受,绝对的与疾病结果的凶吉无关。因为诊病是一种契约,医病双方各有应尽的义务,诊病者,医师所应尽之义务也。付诊金者,病家所应尽之义务也。假使有一方不履行他的义务,这就显然是破坏契约的原则,所谓诊病者,其定义又是怎样呢?就是忠诚地尽心尽力地为病人解除痛苦,尽治疗上的能事,但是遇到不治之症,发生不良的结果,那是任何人不能负责,天下决没有包医病的神医,也决没有枵腹从公的职业。②

从宋国宾的上述论述来看,说明在民国时期,有学者已经认识到医病关系的现代契约性,医师提供诊疗服务,应当得到报酬,病家接受医疗服务,应当支付医疗费用,这是典型的契约当中的权利义务关系。但在民国时期,由于社会处于从传统到现代的变革之中,少数学者的理性认识未必能成为当时社会主流认识,再加上医疗行为本身的特殊性,需要国家法律的调控,而百废待兴的民国时期政局不稳、社会传统医疗观念普遍存在,这都导致医疗行业自道德行为到商业行为的社会不适应,围绕诊金问题出现了经常性的纠纷,医家和病家都出现了极端化倾向,一方面医家因为医疗的商业性导致诊金的畸高,另一方面病家经常拒付诊金,甚至因为诊金问题控告医师。总体来讲,诊金问题的乱象恰恰说明民国社会变革时期,社会大众观念对于医疗行业未能完成从传统向现代的转变,同时国家法律对于医疗行业的特殊性即医疗行业既是公益的又是商业的,没有足够的回应,从而导致医师诊金授受的无序、混乱。

---

① 宋国宾:《最后病的诊金》,《医药评论》,1935年第7卷第7期,第2页。
② 宋国宾:《最后病的诊金》,《医药评论》,1935年第7卷第7期,第2页。

二、诊金的规制

民国时期,虽然有医师应招义务的法律规范,但由于诊金问题的存在,医师出现了"故意留难出诊、拒绝应诊"等情况。

1929年8月,为了解决上述社会问题,上海市卫生局根据市党部第十一次常会议决,经征集各医院医生的诊金数目分别考虑,取其折中,并呈请市政府核准,公布了诊金暂定标准:

（诊例）门诊:二角至一元二角;出诊:普通一元至五元（车资在内）,特诊六元至十元（随请随到深夜出诊之类）;手术费:小手术一元至五元,普通手术六元至十元,大手术十元至五百元,接生费五元至五十元（指医师医生助产士而言,旧式产婆不在此例）;住院费二角至十元。①

从上述标准的规定来看,主要涉及以下几个问题:第一,对医疗主体的调整范围,主要是针对西医师群体,对于旧式产婆、中医以及外籍医师都没有涉及,因此,调整的主体范围是较窄的,但民国时期,就医师群体的数量而言,其占绝大多数,但他们处于本标准调整范围之外。第二,对于诊金的收取种类,主要涉及门诊、出诊、特诊、手术费、接生费、住院费,但对于当时的药费、器械费用没有纳入。第三,对收费的数额,标准作出了具体的规定,比如门诊诊金最低为二角,接生费最高限额为五十元;值得注意的是,此标准没有完全僵化诊金的收费,而是赋予了医师一定的收费自主权,具体表现为每项诊金均划定了收费区间,甚至对于医师的交通费、深夜出诊也都做出了明确规定。

对于这项诊金标准,当时学者宋国宾有专门的评论:

（一）查东西各国,诊金规定是医师自身的事体,各地方医师公会按照该地方生活程度,规定一个诊金最低的额子,以便各医师有所参考,好像行政当局越俎代谋的是很少的。

（二）规定诊金存在歧等待遇,卫生局果如为政府念贫民生计限制高额之诊金,何以对于四十元出诊之旧医,十两银出诊之西医（外国医生）视而不见,听而不闻乎？有人说对于外医无法干涉,对于旧医不屑干涉,岂然岂然乎？②

---

① 《市卫生局规定诊金标准》,《申报》(上海),1929年8月31日,第15版。
② 宋国宾:《对于上海卫生局规定诊金之感想》,《医药评论》,1929年第17期,第1-3页。

在宋国宾看来,这项标准积极意义在于诊金从无规范到有初步规范,但诊金标准的缺陷也很明显,具体表现为:一是诊金标准的制定权问题。医师群体是特殊的群体,行业自治是当时世界的普遍做法,"查东西各国,诊金规定是医师自身的事体",诊金标准的制定权属于医师行业组织,这更能体现医师的职业特点,如果政府参与诊金标准制定,则是"越俎代谋",侵犯了医师行业的自治权。二是诊金标准的制定基础问题。宋国宾认为应当"按照该地方生活程度"制定诊金的下限,而不应有上限。三是诊金标准的公平性问题。诊金标准给西医师划定了收费界限,而对于中医师和外籍医师没有规范,这导致即使他们收取高额诊金也不存在违规问题。

事实上,早在1922年,《管理医士暂行规则》即规定了医士(中医)的诊金收取权,只不过该法令规定"凡医士诊治是否收费并收费若干,应先呈报该管警察厅所备查"。从文意来看,应当是为每一位医士赋予了诊金标准制定的制定权,医士只需将该标准提交警察厅备查即可,但是诊金标准的合理性是否需要警察厅核查,则不得而知。这应该就是宋国宾提出上海市卫生局诊金标准对旧医、外国医生视而不见的原因。

随后,汪企张医师则在宋国宾的基础上进一步以《论本市卫生当局之限制医师诊金令》为题发表社论,其认为:(1)医师诊金是一种学术代价,而非普通物质交换,不可以作价估价论价,东西各国关于医师有最低额的限制,以防其滥,损其同道,故政府当局不应规定诊金限额。(2)中国医师正勾萌初放,以全国而计之,上海为医师荟萃之区,但医师数量仅三数百人,而对数量众多的"杂医"迄今未闻有关限制诊金之训令公布,故事关医师全体之人格、体面、道德、身价,不应有诊金之限制。(3)诊金原无一定标准,视其地之生活状况、经济情形,富有弹力性,同时,对平民的救济职责不在医师而在政府,规定医师诊金是入旁门。(4)诸医师例各有规定的诊金数额并事先予以公布,并非针对特定病家,不存在因诊金问题留难,卫生当局以"故意留难之恶名"骤加于医师,且"故意留难"似全由诊金问题而起。①

宋国宾再发《诊金规律》一文,其为立论医师收取诊金的权利论述道:

> 医亦职业也,个人恃之以生存,家属赖之以赡养,何谓无须于酬金乎。况十年窗下,辛苦勤劳,精力金钱消耗几许,及至服务社会,不惮传染,不避酸辛,出其热诚,竭其智慧,一心以救苦为目的,幸也痛苦减轻,沉疴顿起,健康恢复,寿命延

---

① 参见汪企张:《论本市卫生当局之限制医师诊金令》,《医药评论》,1929年第18期,第3-5页。

长，论其所造于病人，岂不值相当之报酬。"①

基于权利义务平等之观念，宋国宾进一步认为："索酬者医家之权，报酬者病家之责，故邦氏所谓不付诊金是为贼者，诚哉其言乎。顾社会无情，人心不古，欠而不付者有之矣。贪便宜较锱铢，付而不清者有之矣，法律于此未曾有如何保障，舆论于此亦未能表示同情，甚矣行道难也。"②

在宋国宾看来，虽有诊金标准的规定，但是诊金的收取权利没有得到法律上的充分保障，造成"欠而不付""付而不清"的社会现象仍然存在，对于医师报酬请求权不仅没有法律的保障，甚至也没有社会舆论的同情和支持。也就是说，当时的社会大众的"医乃仁术"的传统观念仍然有重大影响，于是宋国宾感叹"行道难也"。

1929年10月，由于医界的强烈反对，上海市卫生局给出的回应是"诊例一项恐于事实上有发生困难之处，自有改正之必要"，并将门诊改为二角至二元二角（前订二角至一元二角），出诊改为一元至十元（前订一元至五元），特诊改为六元至十五元（前订六元至十元）。③

同年秋天，上海医师公会就卫生局公布诊金训令，在秋季会员大会上通过讨论作出决议：

> 医师诊费为学术报酬之一种，在今中外未闻有政府加以限制者，且全国医家施惠平民，自有正当途径，如健康保险、平民医院，先进各国均办有成效。现在上海卫生局之举动，舍本务末，应呈请卫生部行示令其取消。④

由此可见，对于1929年上海诊金标准的反应，不再是个别学者的个人行为，而是引起了医师群体的共同反应，上海医师公会代表医师群体公开发声，重申医师职业的自治权。同时，对于政府强力介入医疗市场表达不满，认为诊金标准不能解决社会的医疗公平问题，政府应该在健康保险、平民医院建设上担当起责任，而不应介入医师的自治领地，认为上海卫生局之举动不仅越俎代庖，而且是舍本务末，诊金标准不具有合法性，应呈请卫生部行令取消。

1929年11月30日，上海医师公会呈文卫生部，要求取消诊金规定：

---

① 宋国宾：《诊金规律》，《医药评论》，1929年第17期，第24-26页。
② 宋国宾：《诊金规律》，《医药评论》，1929年第17期，第24-26页。
③ 《市卫生局改正诊金标准》，《申报》（上海），1929年10月15日，第14版。
④ 《医师公会秋季大会记》，《申报》（上海），1929年9月24日，第14版。

查医师诊金除德奥二国外，殊少令定之先例，德奥虽由内政部规定诊金，亦仅备医师与病人发生争议时之一种标准，对于医师与病人间自由商定之诊金仍无限制。查上海卫生局规定诊金系根据市党部常会之议决，党部议决规定诊金之原因不外欲为贫病谋求救济，惟若为救济贫病起见应广设平民医院及施疗诊所并宜推行卫生访问、看护及筹办健康保险方为根本要图，仅行规定诊金仍非解决良策且卫生事业必须卫生局与医师公会合作方可顺利进行。先上海医师公会既反对规定医师诊金，可否酌予取消。[1]

不久，全国医师联合会也向卫生部呈文，不仅要求取消上海市对医师诊金的限制，而且通令全国地方行政机关都不得规定医师诊金。[2]民国时期，地方政府往往以救济贫病为由，要求医师减低诊金，而医界往往以救济为政府之责任为由驳斥。

当然，在民国"公医制"政策推动下，也有地方政府施行免费医疗的。例如1929年西安市政府颁行《西安市立诊治疗所诊疗规则》第1条规定：本所系施诊机关，诊费药费一概免收。同时，为遏制性病传播，第6条规定：凡患花柳病或其他病症来所请求注射六零六者得收药费三元，其它注射药品一概免收。[3]

1935年，宋国宾等为继续争取诊金的自治权，拟定了《上海市医师公会诊疗费参考表》，并规定了以下九项原则：

（一）本会视目下本市生活程度情形，制定此表以供会员业务上之参考。

（二）凡属本会会员具有征收诊疗费之权。

（三）本会会员于正当诊金外，不应征收一切不义之财。

（四）本会会员不应滥订过低诊例，效减价贱卖市侩式之竞争，但以工作繁简时间裕迫之不同，得制订诊例高出以本表以上。

（五）普通诊察外，有须理化上或特别器械之诊疗，当酌量加费。

（六）会诊费当较常诊费为高。

（七）本会会员对于贫乏之病人，得酌量减收或免收诊疗费。

（八）同道及其妻室与未成年之儿女就诊者，概免收诊金，服务之护士就诊者，亦免收诊金。

---

[1]《咨上海特别市政府咨据上海医师公会呈称卫生局规定医师诊金有碍学术请予取消等情可否酌予取消请核办文》，《卫生公报》，1929年第1卷第12期，第74页。

[2]《时闻：全国医师联合会呈请卫生部通令全国地方行政机关不得规定医师诊金文》，《医药评论》，1929年第22期，第37-38页。

[3]《西安市立诊治疗所诊疗规则》，《西安市政府公报》，1929年第835期，第7-8页。

（九）包医不合逻辑，本会会员俱当免此陋习。

（十）诊疗费是劳作的报酬，消费的代价，不以结果吉凶为准绳，故被诊者虽不幸不起，其诊疗费亦当照例征收；普通诊疗费一律付现，至多月杪结算不得折扣。①

上海地方政府对诊金标准的干预遭遇了医界的强烈反对，同样的遭遇也发生在南京。1933年4月12日，南京市政府在《南京市政府公报》中声称：

  由于中西医师往往任意高抬诊金，以致贫病裹足，亟应调查明白，以便取缔，南京市政府通告医师/国医公会于文到七日内将入会之国医/医师出诊门诊诊金及挂号费数目逐一查明，列表填报。②

1933年6月1日，南京市政府以府急字第4433号公布《规定中西医士诊金标准案》，其具体标准如下：

  门诊诊金：（甲）普通不得超过一元；（乙）拔号不得超过二元。

  出诊诊金：（甲）城内医师在城内出诊，下关、浦口医师在下关、浦口出诊，一律不得超过五元；（乙）城内医士赴下关、浦口出诊，下关、浦口医士赴城内出诊，一律不得超过十元；（丙）如遇急症，必须随请随到者，得酌量增加，但不得超过甲乙两项规定诊金标准数目百分之五十。

  出诊车资，及其他使费，一律在诊金之内；出诊不得拔号；挂号费无论门诊出诊，一律不得超过一角；在医院内执业务之医士，用本标准之规定。③

但《规定中西医士诊金标准案》文首称：医师虽属自由职业，实寓慈善性质，与普通营业专为牟利者不同，乃查本市中西医师，慈善为怀，取费低廉者，固不乏人，而故昂诊金，自高身价者，亦所在多有，以致贫病无力就医，往往延误，亟应切实取缔以资救济。④《规定中西医士诊金标准案》同时要求：

  （一）本市中西医师诊金标准，仰本市中西医师一体遵照，勿得阳奉阴违，致

---

① 《上海市医师公会诊疗费参考表》，《医药评论》，1935年第7卷第1期，第55页。
② 《取缔中西医师任意高抬诊金案》，《南京市政府公报》，1933年第128期，第80页。
③ 《规定中西医士诊金标准案》，《南京市政府公报》，1933年第130期，第83-84页。
④ 《规定中西医士诊金标准案》，《南京市政府公报》，1933年第130期，第83-84页。

干查究。

（二）本市现在开业中西医，自订诊金数目，业经饬据医师公会及国医公会分别查明，造册送府；凡原定诊金数目，超过本府规定标准者，应自布告日起，自动减至本府规定标准数目，其未超过者各照原定数目，非经呈奉本府核准不得增加。①

既然有统一诊金标准，各医师按照规定执行即可，但是要求对于原来低于本次规定标准的，不得增加，南京市政府此种做法既无法律上的依据，事实上也存在制度缺陷，直接导致了对于诊金标准的不执行，因而"阳奉阴违"现象就在所难免了。

1934年11月26日，南京市政府针对"阳奉阴违"的现象，发布了府急字第11248号通告，要求：

为便于查考起见，应着各将诊金数目及门诊出诊时间，列表悬于开业处所，便众闻觉之处。②

由于诊金标准规定的执行仍多有阳遵阴违、增索诊金者，南京市党部于是致函南京市政府严加取缔。③

上海医师诊费高涨，接产费更有达百万元者，市民实有不胜负担之苦，记者访晤全国医师公会常务理事长朱企洛时询及此项问题，朱企洛称：

医师诊费，常为纷扰之争论，但最理想之办法，宜由当地医师公会协商社会及卫生当局，照当地生活之实际状况定一标准使得其平，并由医师公会另订义诊条例，通知全体会员履行，以彰医德。公立医院由市政府设立，以惠市民，所有医师薪给及一切设施，均由公币拨给，所以取之于民用之于民也云。④

也许是由于医界的努力、政府的妥协，1943年施行的《医师法》规定"医师不得违背法令或医师公会公约，收受超过额定之诊疗费"。根据该法规定，诊金制定权由立法者或医师公会行使，但二者之间的关系则未明确。1947年3月，由于地方政府单方

---

① 《规定中西医士诊金标准案》，《南京市政府公报》，1933年第130期，第83-84页。
② 《诊金数目及门诊出诊时间列表悬于开业处所案》，《南京市政府公报》，1934年第147期，第135页。
③ 《京市党部请取缔医生增索诊费》，《申报》（上海），1935年7月21日，第9版。
④ 《医师诊费问题朱企洛谈意见》，《申报》（上海），1944年10月24日，第5版。

制定的诊金标准难以真正落到实处,为取得医师公会的认同和支持,南京市卫生局邀请社会局与中西医师公会开会共同讨论,重新制定了南京市诊金标准:

  一、中西医师门诊诊金不得超过五千元,出诊五华里以内不得超过三万元,五华里以外不得超过五万元。

  二、如遇有贫苦疾民无力缴纳诊金者,应予免费施诊,不得拒绝应诊。①

虽有地方政府与医师职业组织共同制定了新的诊金标准,但实际执行效果不得而知。仅从该项诊金标准而言,南京市政府仍然没有摆脱诊金标准制定权归属问题,对于医疗领域的诊金规范是自律还是他律,无论是上海市政府还是南京市政府都没有给社会提供满意的答案。

三、诊金的反思

民国时期,社会处于传统与现代的巨大转型阶段,医业行为从传统的"医乃仁术"道德行为,转向"医乃营业,乃职业"的市场交易行为。期间,围绕诊金问题引发了广泛的社会争议。

围绕着医师诊金问题,虽有公立医院的设立,但医疗行业仍以商业化运行为主,商业化运行导致诊金按照市场化模式制定,实际上医师各行其是,甚至出现以诊金高低论医师身份高低的恶性竞争。针对医师诊金的高涨,中央政府未能制定全国性的诊金标准,而地方政府出台的诊金标准,往往因为没有医界的参与,未能得到切实执行。实际上,当时制定诊金标准的不仅仅是上海、南京,还有广东。例如,1934年,广东政治研究会会员何雪、李怀霜提议取缔各中西医滥增诊金并规定价目一律嘉惠平民一案,经呈西南政务委员会第126次会议通过并交广东省政府执行,省政府于7月16日令各卫生局着各中西医公会知照。②

医界对于地方政府的诊金规定通过职业团体做出了强烈的反驳,尤其以政府救济贫病的倡导为标靶,认为救济贫病是政府的责任,政府应当广设平民医院及施疗诊所并宜推行卫生访问、看护及筹办健康保险方为根本要图,并声称卫生事业必须卫生局与医师公会合作方可顺利进行,甚至要求卫生部通令全国地方行政机关都不得规定医师诊金。政府又以医师"故意留难"为由规定诊金,更是激起了医界的逆反,大有与地方政府对抗之势。

---

① 《规定医师诊金数额》,《南京市政府公报》,1947年第2卷第6期,第161页。
② 参见《执行限制医生诊金》,《杏林医学报》,1934年第67期,第38页。

医界反驳地方政府诊金规定的目的无非是维护医界自身的权利,但民国政府仅要求医界减低诊金标准,却不授予医界及医师任何权益,医界尤其是私人开业医师自然是不会遵从。正如时人所言"医术是由代价造就的,医者也是一个要吃饭的生物呀!"①。

实际上,对于诊金问题的解决,时人谢筼寿的建议不失为当时国民政府努力的方向。谢筼寿为反对上海卫生局诊金暂定标准规定,发表《读日本的医师暴利论,更觉到规定诊金之不当》,称"盖吾人定章立法,终要两方面照顾到才好,倘仅顾全了医生一方,将价值抬高,对于富人虽无影响,对于中下阶级必发生反对;倘顾全了患者一方,将价值特别低下,医师亦难为枵腹从公"。如果按照上海卫生局的诊金标准规定或者照日本医师会的办法,"其结果都是使贫病者受累"。谢筼寿为此建议"医师之诊例,听其自定,一面以医师自己以同情于贫病之心,一面卫生局和发规定诊金议论之人,努力于公众平民医院之设立",而这样"则贫病者受惠,而医师亦无损,岂非两全之道"②。然而,时人也注意到当时"国家财政拮据,百废待举,关于人民健康的救济,当然无暇顾及。那么,我们在整个问题没有解决之前,应该有个治标问题,那就是医生诊金的限制"③。

---

① 石解人:《唉!作医者之难》,《医药评论》,1936年第133期,第7页。
② 参见谢筼寿:《读日本的医师暴利论,更觉到规定诊金之不当》,《医药评论》,1930年第39期,第1页。
③ 象恭:《医生收受诊金的检讨》,《人言周刊》,1934年第1卷第15期,第301页。

结 语

一般来讲，人们普遍认为医学问题就是科学问题，但随着西方后现代主义思潮的兴起，科学走下了神坛，以理性为标志的科学作为新的神话，被纳入到后现代哲学的反思视野。随着福柯《临床医学诞生》的出版，发端于希波克拉底的古老西方医学遭遇到了新时代知识考古学的挑战。

作为发展中国家，我们还不能在知识层次上与后现代医学进行哲学对话。但这并不意味着不需要对医生、医学、医业、医师制度、医疗保障体系等等进行现实性反思，尤其是处于社会巨大转型时期的当下中国，因"医"而起的问题层出不穷，甚至有的成为社会关注的焦点，比如看病难、看病贵、过度医疗、医患纠纷、医闹、医疗鉴定等等问题，不仅成为国家层面讨论的制度性话题，而且也是普通大众街头巷议的日常谈资。

如何构建更加科学、合理、公平、正义的医疗体系？如何公平分配稀缺的社会医疗资源？如何保障每个公民合法的医疗权利？如何实现医疗领域的正义分配？这些事关每个人切身利益的宏大问题，它的解决都需要科学、合理、公平、正义的制度性安排。在制度设计时，除了要借鉴发达国家先进的医疗法律体制外，从本土出发、从民族出发、从中国国情出发，更是不能回避的问题，特别是如何吸收借鉴历史上的医疗制度建设的经验和教训，就不仅仅是一个单纯的学术问题，还是一个关系到利益分配的现实问题。

中国现代医学、医疗制度、医师法律体制，发端于清末，奠基于民国，特别是民国时期，围绕着医师、医学、医业、医师法律等重大问题展开了激烈的学术讨论和有益的实践探索，既有惨痛的历史教训，也有宝贵的经验积累。研究民国时期的医师法律制度，我们可以得出以下几点历史启示：

第一，从历史上看，我国长期以来实行的是医师"自由执业"，既没有系统的医学教育机构，也没有规范的医师执业法律许可制度，医疗从业人员要么靠师徒相授，要么靠世代相传，要么自学成医。民国时期，从根本上改变了这种传统习惯，实现了制度上的"医学国家化"，奠定了医师法制化的基础。国家参与到医学领域，促进了医疗行业的规范化和专业化，这一历史事实生动表明，医疗是特殊行业，并不完全属于个人的私事,它需要国家的适度参与。

第二,民国时期,从医师绝对数量上看,民间医师和中医师占绝大多数,但真正享有国家医师立法话语权的,恰恰是为数不多的西医师。在他们的主导下,出台的系列医师法律规范,带有浓厚的西化色彩,从而导致医师立法脱离中国国情,遭到民间医师和中医师群体的广泛抵制。同时,在这些为数不多的西医立法者中,医疗一线的医师并不多,主导者是脱离医疗一线的医政官僚。再加上,当时社会动荡、政局不稳,医师立法的权威性和效率都大打折扣。由此可见,发达的医师法律制度建设,既需要稳健统一的政权,更需要立法的民主化和专业化(科学化)。

第三,民国时期,对于医师职业法律责任规定,从历史上来看,比《大明律》《大清律》等封建社会的法律规范有明显的历史进步,医师职业责任立法更加科学合理。但同时,作为专门职业人员业务过失犯罪,其刑事责任较普通过失犯罪的刑事责任为重,且民国时期的不同时段立法上也有反复,医师职业法律责任的承担时轻时重。在刑事责任追究程序上,自诉、公诉并存,导致针对医师的滥诉案件时有发生,这也是医师立法值得汲取的历史教训。

第四,民国时期,医疗鉴定经历了法医鉴定医师、西医鉴定中医等曲折过程,随着当时人们对医疗鉴定及医疗行为本身的认识水平的提高,相应的医疗鉴定立法逐步展开,并基本形成了相对完善的医疗鉴定法律制度,这与当下现行的医疗鉴定制度有着密切的历史传承。但是,民国时期经历的鉴定制度设计误区,在今天仍在重演,给现行鉴定制度带来一定混乱,法医鉴定医师的医疗行为饱受行业争议,"外行鉴定内行"的历史教训,值得我们深刻反思。

第五,民国时期,医师职业团体较多,医师群体自治程度很高,医师群体的社会影响力较大,他们积极参与了国家医师立法活动,在民国时期医师法律制度的形成过程中扮演了重要的历史角色。这一历史事实告诉我们,"上帝的归上帝,凯撒的归凯撒",行业自治和行业自律,对于医师行业的法制化建设有积极意义。虽然,医疗领域是社会特殊领域,国家可以适度参与,但作为"他律"主体的国家,不宜过度干预医师行业的自治领域,否则,"外行管理内行"的流弊,将会在当下死灰复起。

"医,乃仁术也",医学、医师、医业可以说是关系到个体幸福的"小仁术",而医疗法律制度、医疗保障体系、医疗资源公平配置,才是事关国家和民族的"大仁术",回顾和反思民国医师法律制度,可以为我们完善当下医师法律制度,制定《中华人民共和国医师法》的"大仁术",提供学术资源和制度借鉴。

附录：民国医师法令

（一）管理医师暂行规则

（1922年3月9日内务部公布）

第一条 在医师法未颁布以前，关于医师之认许，暂行适用本规则。

第二条 凡具有医师资格者，应由内务部发给医师执照；其未经核准给照者，不得执行医师之业务。

第三条 凡年在二十岁以上，具有左列资格之一者，方准发给医师执照：

（一）在国内官、公、私立医科大学及医学专门学校医科毕业，领有毕业文凭，经教育部核准注册或给予证书者。

（二）在外国官、公、私立医科大学及医学专门学校医科毕业，领有毕业文凭，或领有医术开业证书，经教育部核准注册或给予证书者。

（三）在本规则未颁布前，在外国人私立之医学堂肄业三年以上，领有毕业文凭者。

（四）外国人曾在各该国政府领有医术开业证书，经外交部证明，认为适于执行医业者。

第四条 犯左列各项之一者，不得发给医师开业执照：

（一）曾判处三等以上有期徒刑者，但国事犯之业经复权者，不在此限。

（二）在停止公权中者。

（三）聋者、哑者、盲者、精神病者、禁治产者、准禁治产者。

第五条 凡具领医师执照，应备执照费二十元、印花税二元、半身相片一张、履历书一纸，连同毕业文凭、资格证明文件，呈请内务部或由该管警察厅所汇报警务处，转呈内务部核发。

第六条 所领执照，如有损毁、遗失等情呈请补领时，应遵照本规则第五条之规定，缴费二元、印花税二元，呈请内务部或由该管警察厅所，呈由警务处转请补发。

第七条 在本规则未公布前,业经领有部颁执照,并与第三条各项资格相符者,准其缴纳印花税二元,呈请换领,不再缴费;其在警察厅注册领照,未经领有部照者,仍须将原件呈验,并遵照本规则第五条之规定,缴纳照费,补领部颁执照。

第八条 本规则公布后,凡现在开业之医师,未经领有部照者,应由各该管警察厅所限期呈领。

第九条 凡医师欲在某处开业,须连同部颁执照,向该管警察厅所请求注册。

第十条 医师如有开业、歇业、复业或转移、死亡等事,应于十日内,向该管警察厅所报告。

第十一条 医师如犯第四条第一项及第三项之一时,应将开业执照取消。但第三项所列之原因,如业经消失或确有改悔情事时,得再发给此项执照。

第十二条 凡医师关于其业务如有不正当之行为与精神有异状不能执行医业时,应由该管官厅交由地方医师会审议后,暂令停止营业。但如欲追缴执照时,应经中央卫生会之审议。

第十三条 医师非亲自诊察,不得施行治疗或开给处方及交付诊断书;其非亲自检验尸体者,亦不得交付检案书或死产证书。

第十四条 医师宜各备诊疗簿,记载病人姓名、年龄、病名及治法等类,以十年为保存期限。

第十五条 医师对于诊治之病人交付药剂时,应于容器或纸包上,将用法、病人姓名及诊治所或自己姓名,逐一注明。

第十六条 医师如诊断传染病人或检验传染病之死体时,应指示消毒方法,并应向该管官厅据实报告。

第十七条 医师当检查死体或妊娠四个月以上之死产儿,如认为有犯罪之嫌疑时,应于二十四小时内向该管官厅报告。

第十八条 医师如无法令所规定之正当理由,不得拒绝诊断书、检案书及死产证书之交付。

第十九条 医师不得因请托、贿赂伪造证书,或因药物及其他方法堕胎,违者,照现行刑律治罪。

第二十条 医师关于其业务不得登载及散布虚伪夸张之广告。

第二十一条 医师除关于正当治疗外,不得滥用鸦片、吗啡等毒剧药品。

第二十二条 医师关于审判上、警察上及预防等事有应遵从该管官厅指挥之义务。

第二十三条 本规则自颁行后,凡未领部颁开业执照及执照取消与停止营业者,概不得擅自执行医务,违者,处两百元以下之罚金。

第二十四条　医师如受取消之处分时,应于三日内将执照向该管警察厅缴销;其受停止处分者,应将执照送由该管警察厅所,将停止理由及期限记载于该照里面后,再交由本人收执。

第二十五条　医师如触犯刑律时,应按照刑律之规定送由司法机关办理。如违反本规则之规定时,得由该管警察厅所分别重轻予以罚金及禁止营业或停止营业之处分。

第二十六条　本规则颁布后,应由各地方医师组织医师会,其章程另行规定公布之。

第二十七条　本规则俟教育部颁布医师、药剂师考试章程后,另行修改之。

第二十八条　本规则自公布日施行。

（二）管理医士暂行规则

（1922年3月9日内务部公布）

第一条　凡依本规则之规定,经内务部核准,发给医士开业执照者,均称为医士。

第二条　凡具有医士资格者,应由内务部发给医士开业执照,其未经核准给照者,不得执行医士之业务。

第三条　凡年在二十五岁以上,具有左列资格之一者,方准发给医士开业执照:

（一）曾经各该地方警官厅考试及格,领有证明文件者。

（二）在中医学校或中医传习所肄业三年以上,领有毕业文凭者。

（三）曾任官、公立医院医员三年以上,确有成绩及证明文件,并取具给照医师或医士三人以上之保证者。

（四）有医术智识经验,在本规则施行前行医五年以上,有确实证明,并取具给照医师或医士三人以上之保证者。

第四条　犯左列各项之一者,不得发给医士开业执照:

（一）曾判处三等以上有期徒刑者,但国事犯之业经复权者,不在此限。

（二）在停止公权中者。

（三）聋者、哑者、盲者、精神病者、禁治产者、准禁治产者。

第五条　凡具领医士执照,应备执照费十元、印花税二元、半身相片一张、履历书一纸,连同毕业文凭、资格证明文件及保证书等,呈由内务部或由该管警察厅所汇报警务处,转请内务部核发。

第六条　所领执照如有毁损、遗失等情,呈请补领时,应遵照本规则第五条之规定,缴费一元并印花税二元,呈请内务部或由该管警察厅所呈由警务处转请补发。

第七条　在本规则未公布前,业经领有部颁执照,并与第三条各项资格相符者,准其缴纳印花税二元,呈请换照,不再缴费;其在警察厅注册领照,未经领有部照者,仍须将原件呈验并遵照本规则第五条之规定,缴纳照费,补领部颁执照。

第八条　本规则公布后,凡现在开业之医士未经领有部照者,应由各该管警察厅所限期呈领。

第九条　凡医士欲在某处开业,须连同部颁执照,向各该管警察厅所请求注册。

第十条　医士如有开业、歇业、复业或转移、死亡等事,应于十日内向该管警察厅所报告。

第十一条　医士如犯第四条第一项及第三项之一时,应将开业执照取消。但第三项所列之原因,如业经消失或确有改悔情事时,得再发给此项执照。

第十二条　凡医士关于其业务如有不正当之行为与精神有异状不能执行医业时,得由该管官厅取具给照医士三人以上之证明,暂令停止营业或追缴执照。

第十三条　凡医士诊治是否收费并收费若干,应先呈报该管警察厅所备查,并应遵照官厅所定之式样,自备两联单。当诊治时,即将年月日、医士姓名、病人姓名、年龄、药名、分量、用法等项,编号填记,并自盖名戳。一联给与病人,一联汇存备查。如有药、方不符,或医治错误,经该管官厅查实时,即分别轻重予以相当之处分。

第十四条　外诊时,亦应携带两联单按照前条办理。

第十五条　医士非亲自诊察,不得施行治疗或开给处方及交付诊断书。

第十六条　医士每月应将诊治人数,分别治愈、转治、死亡三项,列表汇报该管警察厅所,遇有传染病或疑似传染病及中毒者时,应即据实向该管官厅呈报。

第十七条　医士如无法令所规定之正当理由,不得拒绝诊断书。

第十八条　医士不得因请托、贿赂,伪造证书,或用药物及其他方法堕胎,违者,照现行刑律治罪。

第十九条　医士关于其业务不得登载及散布夸张虚伪之广告。

第二十条　医士关于公务上有应遵从该管官厅指挥之义务。

第二十一条　本规则自公布后,凡未领部颁医士开业执照及执照取消与停止营业者,概不准擅自执行医务,违者处二百元以下之罚金。

第二十二条　医士如受取消之处分时,应于三日内,将执照向该管警察厅所缴销;其受停止处分者,应将执照送由该管警察厅所,将停止理由及限期记载于该照里面后,再交由本人收执。

第二十三条　医士如触犯刑律时,应按刑律之规定,送由司法机关办理。如违反本规则之规定时,得由该管警察厅所分别轻重予以罚金及禁止营业或停止营业之处分。

第二十四条 凡采用西法之医士,得适用医师规则第十二条、第十三条、第十四条、第十五条、第十六条、第十七条、第十八条、第二十一条之规定,至本规则第十二条、第十三条及第十四条,不适用之。

第二十五条 本规则公布满二年后,凡非合于本规则第三条一、二两项资格者,不发给医士开业执照。

第二十六条 本规则俟教育部颁布医师、药剂师考试章程后,另行修改之。

第二十七条 本规则自公布日施行。

（三）医师暂行条例

（1929年1月15日卫生部公布）

第一章 总纲

第一条 在医师法未颁布以前,关于医师之认许,依本条例之规定行之。

第二条 凡具有医师资格者,由卫生部审查后给予医师证书;其未经核准给证者,不得执行医师之业务。

卫生部审查医师资格,得组织审查委员会,其章程另定之。

第二章 资格

第三条 凡年在二十岁以上,具有左列资格之一者,得呈请给予医师证书:

（一）在国立或政府有案之公立、私立医学专门学校以上毕业,领有毕业证书者。

（二）在外国官立或政府有案之私立医学专门学校以上毕业,领有毕业证书,或在外国政府领有医师证书者。

（三）外国人曾在各该国政府领有医师证书,经外交部证明者。

（四）经医师考试及格,领有证书者。

第四条 有左列各款情事之一者,虽具有前条资格,仍不得给予医师证书:

（一）非因从事国民革命而曾判处三年以上之徒刑者。

（二）禁治产者。

（三）心神丧失者。

其给证在前、事发在后者,应随时将证书撤销,但二、三两款之原因消灭时,得再发给此项证书。

第三章 领证程序

第五条 凡请领医师证书者,应备证书费五元、印花税二元、半身二寸相片两张、履历书一纸,连同毕业证书、证明资格文件,缴由所在地该管官署,转报卫生部验收后核给证书。

前项转报程序,设有卫生局地方,由卫生局呈由主管机关;未设卫生局地方,由公安局呈由主管机关;未设卫生局及公安局地方,由其他行政官署呈由主管机关按月汇报卫生部。

第六条 已领之证书如有损坏、遗失等情,呈请补领时,应补缴证书费二元、印花税二元。

第七条 在本条例施行前,已领有部颁执照并与第三条所定资格相符者,准其缴纳换证费二元、印花税二元,呈请换领新证。其仅在地方官署注册领照,未经领有部照者,仍须依照本条例第五条之规定,补领部颁证书。

第八条 本条例施行后,凡现在开业之医师,未经领有部证者,应由该管官署限期令其呈领。

前项开业之医师已遵令请领部证,未奉颁给前,该管官署得酌量情形,发给临时证书,准其继续执行业务。

第四章 义务

第九条 凡医师欲在某处开业,须向该管官署呈验部颁证书请求注册。

第十条 医师之开业、歇业、复业或移转、死亡等事,应于十日内,由本人或其关系人向该管官署报告。

第十一条 医师非亲自诊察,不得施行治疗或开给方剂及交付诊断书;其非亲自检验尸体者,亦不得交付死亡诊断书或死产证书。

死亡诊断书、死产证书之程式另定之。

第十二条 医师执行业务时,应备治疗簿,记载病人姓名、年龄、性别、职业、病名和医法。

前项治疗簿应保存五年。

第十三条 医师处方时,应记明下列事项:

(一)自己姓名、证书及注册号数,并加盖私章。

(二)病人姓名、年龄、药名、药量、用法、年月日。

第十四条 医师对于诊治之病人交付药剂时,应于容器或纸包上将用法、病人姓名及自己姓名或诊治所,逐一注明。

第十五条 医师如诊断传染病人或检验传染病之死体时,应指示消毒方法,并应向该管官署据实报告。

第十六条 医师当检查死体或妊娠之死产儿,如认为有犯罪之嫌疑时,应于二十四小时内向该管官署报告。

第十七条　医师如无法令所规定之正当理由,不得拒绝诊断书、检案书或死产证书之交付。

第十八条　医师关于其业务不得登载及散布虚伪夸张之广告。

第十九条　医师除关于正当治疗外,不得滥用鸦片、吗啡等毒剧药品。

第二十条　医师关于审判上、公安上及预防等事,有遵从该管法院、公安局(所)或行政官署指挥之义务。

第五章　惩戒

第二十一条　医师于业务上如有不正当行为或精神有异状不能执行业务时,应由该管官署交由地方医师会审议后,暂令停止营业。

第二十二条　本条例施行后,凡未领部颁证书或证书撤销与停止营业者,概不得擅自执行业务,违者,得由该管行政官署处三百元以下之罚金。

第二十三条　医师受撤销之处分时,应于三日内,将证书向该管官署缴销;其受停业之处分者,应将证书送由该管官署,将停业理由及期限记载于该证书里面后,仍交由本人收执。

第二十四条　医师违反本条例之规定时,除他条已定有制裁者外,得由该管行政官署处五十元以下之罚金;其因业务触犯刑法时,应依刑事法规之规定送由法院办理。

附则

第二十五条　本条例自呈经国民政府核准之日施行。

(四)医师会规则

(1929年10月25日行政院核准备案)

第一条　凡领有卫生部医师证书执行业务之医师,应依本规则设立医师会。

第二条　各市县之医师人数达十人以上时,依其执行业务之市县,设立市县医师会。市县医师会,依其市县所属之省,设立省医师会。

非依本规则组织之医师团体,不得用某地域医师会之名称。

第三条　设立市县医师会时,应以五人以上之医师为设立委员;拟订会章,经设立大会之议决。设立大会之召集及议事之整理,由设立委员行之。

设立大会,非得该市县具有医师会会员资格者之过半数出席不得开,会议出席者三分之二以上之多数不得为议决。但不能出席大会者,得预以书面委托其他之出席人代行表决权,认为本人已出席于设立大会。

第四条 设立省医师会时,应以该省内三个以上之市县医师会会长为设立委员,拟订会章,经设立大会之议决。

设立大会之召集及议事之整理,由设立委员行之。

设立大会,非有由市县医师会选出之委员半数以上出席不得开,会议出席委员三分之二以上之多数不得为议决。

前条第三项但书之规定,于前项之会议及议决准用之。

第五条 前条第三项之委员人数,在有会员二十人以内之市县医师会为一人;其超过共十人者,每满三十人加一人。

第六条 特别市市内之医师,得斟酌各区情形分区设立医师会。关于县医师会各规定,区医师会准用之。

第七条 特别市市内各区医师会,应设立特别市医师会。关于省医师会各规定,特别市医师会准用之。

第八条 医师会之设立大会议决、设立医师会时设立委员,应缮具会员名册,呈请该管官署立案,奉到核准后,方为正式成立。

第九条 医师会成立时,该管官署应将其会之名称、区域事务所所在地及成立年、月、日公告之。各该事项有变更时亦同。

第十条 应行设立之医师会,在六个月内尚无设立之议决时,该管官署得指定设立委员设立会章及为其他关于设立之必要处分。

第十一条 医师会之会章应载明下列各事项:

(一)名称、区域及事务所所在地。

(二)职员之种类、额数、职务、权限及关于选任、改选、任期之规定。

(三)大会及其他会议之方法。

(四)经费之分任、征收及一切财产之管理。

(五)庶务、会计之处理。

第十二条 医师会变更会章时,应经大会之议决,呈请该管官署核准备案。

第十三条 医师会置会长一人、副会长一人或二人,依会章之所定,并得置其他之必要职员。

第十四条 市县医师会之职员,由其会员中选任。省医师会之职员,由组织该公会之市县医师会所选出之代表中选任之。

第十五条 职员选出以后,应随时将姓名、履历呈报该管官署备案。

第十六条 会长总理会务,对外代表医师会。副会长辅助会长处理会务。会长有事故时,并代理其职务。

会长、副会长有事故时,该管官署,得于会员中指定一人为临时代理处理会务。

第十七条　医师会得议决或施行之事项如下：

（一）规定于法令或会章之事项。

（二）关于管辖官署之医事、卫生咨询事项。

（三）关于医事、卫生建议于管辖官署事项。

（四）关于医事、卫生研究事项。

（五）关于医疗救济事项。

第十八条　管辖官署关于医事、卫生，得命医师会施行调查及为必要之报告。

第十九条　医师会之经费及设立费，由会员负担之。

第二十条　医师会之会章及议决，会员不得违背之。

第二十一条　市县医师会，其会员中如有触犯《医师暂行条例》第二十一条规定之情事时，应依大会之议决，具呈其意见于该管官署。

第二十二条　市县医师会对于其会员，得依会章及大会之议决，施行下列各项之惩戒：

（一）申诫。

（二）停止半年以下之出席。

（三）停止一年以下之选举权及被选举权。

停止被选举权者，如系现任职员或出席省医师会之代表，其任务应即解除。

第二十三条　医师会之议决或选举及其施行事项，该管官署认为违反法令、会章或妨害公益时，得取消其议决或选举及停废或变更其所施行之事项。

医师会职员之行为，该管官署认为违反法令、会章或妨害公益时，得解除其任务。

依前项规定解除任务者，在三年内不得复任医师会之职员。

第二十四条　被停止营业之医师，在停止期间中，不得出席于医师会及为医师会之职员。

第二十五条　医师会不服该管官署之处分时，经大会之议决，得诉愿于卫生部。被解除任务之职员有不服时，亦得诉愿于卫生部。

第二十六条　医师会应将每年度之预算、决算及会务状况，具报该管官署备查。

第二十七条　本规则自公布之日施行。

（五）西医条例

（1930年5月27日国民政府公布）

第一条　凡年在二十五岁以上，具有左列资格之一者，经考试或检定合格给予证

书后,得执行西医业务:

(一)国立或经立案之公、私立医学专门学校以上毕业,得有证书者。

(二)教育部承认之国外医学专门学校以上毕业,得有证书者。

(三)外国人在各该国政府得有医生证书,经外交部证明者。

第二条 凡现在执行业务之西医合于第一条各款之一者,在考试或检定未举行时,得继续执行业务。

第三条 在考试或检定举行后,凡西医欲在某处执行业务,应向该管官署呈验证书,请求登记。

第四条 西医之开业、歇业、复业或移转、死亡等事,应于十日内由本人或其关系人向该管官署报告。

第五条 西医非亲自诊察,不得施行治疗、开给方剂或交付诊断书。非亲自检验尸体,不得交付死亡诊断书或死产证明书。

前项死亡诊断书及死产证明书之程式,由卫生部定之。

第六条 西医执行业务时,应备治疗记录,记载病人姓名、年龄、性别、职业、病名、病历或医法。

前项治疗记录,应保存三年。

第七条 西医处方时,应记明下列事项:

(一)自己姓名、地址并盖章或签字。

(二)病人姓名、年龄、药名、药量、用法及年月日。

第八条 西医交付药剂时,应于容器或纸包上,将用法、病人姓名及自己姓名或诊治所,逐一注明。

第九条 西医如诊断传染病人或检验传染病之死体时,应指示消毒方法,并应向主管官署据实报告。

应报告之传染病种类,依传染病预防条例之规定。

第十条 西医当检查死体或死产,认为有犯罪嫌疑之情形时,应于四十八小时内,向该管官署报告。

第十一条 西医应负填具诊断书、检案书或死产证明书之义务,但有正当理由得拒绝之。

第十二条 西医关于其业务不得登载或散布虚伪夸张之广告。

第十三条 西医除关于正当治疗外,不得滥用鸦片、吗啡等毒质药品。

第十四条 西医关于审判上、公安上及预防疾病等事,有接受该管法院、公安局(所)或行政官署委托负责协助之义务。

第十五条 西医于业务上行为不正当或精神有异状时,该管官署得停止其执行业务。

第十六条　本条例施行后，凡未领证书或停止执行业务者，概不得擅自执行业务，违者，得由该管官署处以三百元以下之罚金。

第十七条　西医受停止执行业务之处分者，应将证书送由该管官署记载停止理由及期限于该证书背面。

该管官署于前项记载完毕后，仍将证书交还。

第十八条　西医违反本条例之规定时，除已定有制裁者外，得由该管官署处以五十元以下之罚金；其因业务触犯刑法时，应交法院办理。

第十九条　凡毕业如不合第一条第一、第二两款规定之学校，或由医院出身在同一地方执行业务三年以上，经卫生部查核其学术经验认为足胜西医之任，给予证明书者，得应西医考试或检定。在考试或检定未举行时，准用第二条之规定。

第二十条　本条例施行日期以命令定之。

（六）中医条例

（1936年1月22日国民政府公布）

第一条　在考试院举行中医考试以前，凡年满二十五岁，具有下列资格之一者，经内政部审查合格，给予证书后，得执行中医业务：

（一）曾经中央或省市政府中医考试或甄别合格，得有证书者。

（二）曾经中央或省市政府发给行医执照者。

（三）在中医学校毕业，得有证书者。

（四）曾执行中医业务五年以上者。

前项审查规则，由内政部订之。

第二条　凡现在执行业务之中医，在未经内政部审查前得暂行继续执行业务。

第三条　凡经审查合格之中医欲在某处执行业务，应向该管当地官署呈验证书，请求登记。

第四条　中医非亲自诊察，不得施行治疗、开给方剂，或交付诊断书；非亲自检验尸体，不得交付死亡诊断书或死产证明书。前项死亡诊断书及死产证明书之程式，由内政部定之。

第五条　中医如诊断传染病人或检验传染病之死体时，应指示消毒方法，并应向该管当地官署或自治机关据实报告。

第六条　中医关于审判上、公安上及预防疾病等事，有接受该管法院、公安局

(所)及其他行政官署或自治机关委托负责协助之义务。

第七条 西医条例第四条、第六条、第七条、第十条、第十一条、第十三条、第十五条及第十七条之规定于中医准用之。

第八条 受停止执行业务处分之中医擅自执行业务者,该管当地官署得处以一百元以下之罚锾。

第九条 中医违反本条例之规定时,除已定有制裁者外,该管当地官署得处以五十元以下之罚锾;其因业务触犯刑法时,应交法院办理。

第十条 本条例自公布日施行。

(七)管理中医暂行规则

(1940年8月6日内政部公布)

第一条 凡开业之中医均有遵守本规则之义务。本规则所称之中医,系指根据中国传统相沿之医学书籍为人治病者而言。其毫无学理根据或涉及迷信者,及并无固定住址沿街治病之江湖术士等,均应绝对取缔。

第二条 中医于开业之前,应先呈请内政部登记,经审查核准颁给中医证书后,方得执行其业务。

第三条 凡中国国籍,年在二十五岁以上,有下列资格之一者,得呈请本部审查、核发中医证书:

(一)前经中央或省市政府中医考试或甄别合格,得有证书者。

(二)前经中央政府发给中医执照者。

(三)在内政部认可之中医学校毕业,得有证书者。

(四)曾执行中医业务五年以上,并由所在地官署或中医学术团体负责证明,确有执行中医业务之能力,经内政部审查合格者。

第四条 有下列情事之一者,虽其有前条资格,仍不得给予中医证书:

(一)曾受三年以上有期徒刑之执行者。

(二)禁治产者。

(三)心神丧失者。

(四)凡年在六十岁以上,耳聋目昏不堪执业者。

其给证在前,事发在后者,应随时将证书撤销,但二、三两款之原因消灭时,得再发给此项证书。

第五条 中医请领部证,应备证书费四元、印花税二元、半身二寸相片二张、履历书一纸、科目诊例一份,连同各项证明文件,缮具申请书,缴由所在地该管官署转报内政部审核后发给证书。

前项转报程序,设有卫生局地方,由卫生局呈由主管机关;未设卫生局地方,由警察局呈由主管机关;未设卫生局及警察局地方,由其他行政官署呈由主管机关,按月汇报内政部。

第六条　中医证书须悬挂于诊病处以便查阅,并不得涂改转让。倘或遗失,应即声叙原由,呈请补领,并登报声明将原证作废。补领证书之手续与第五条同,但证书费减为二元。

第七条　在本规则施行前,已开业之中医,应限于六个月内申请登记给证,否则应予取缔。

第八条　凡以照章申请本部审查,在证书尚未领到时,该管地方官署得酌量情形发给临时执照暂准行医。但仍遵照本部审查结果,以凭发给开业执照。

第九条　凡中医欲在某处开业,须向该管地方官署呈验本部中医证书请求注册,方得开业。

第十条　中医之开业、休业、复业或迁移地址等事,应于十日内由本人向该管官署报告。如系死亡,则该中医之关系人应即检同原领部证,呈缴该管官署转报本部。

第十一条　中医非亲自诊察,不得施行治疗或开给方剂。

第十二条　中医执行业务时,应备记录簿,详载病人姓名、性别、年龄、职业、住址、病历、脉案及其医法,或所用药剂名称、分量、服法等。

前项记录簿,应保存五年,以备主管机关查阅。

第十三条　中医应照下列之规定处方:

(一)自己姓名、住址、部证号数、所在地注册号数并签名盖章。

(二)病人姓名、年龄、住址、药名、药量、用法、年月日等。

第十四条　中医如诊断传染病时,应于二十四小时内报告该管官署。

第十五条　开业中医除有正当理由外不得拒绝诊察。

第十六条　中医关于其业务上不得登载及散布虚伪夸张之广告。

第十七条　中医不得擅行适用科学医之器械、药品或注射法。

第十八条　中医于精神上有异状时,该管官署得交由当地中医公会审议后,暂令停止营业。

第十九条　中医于业务上有不正当行为时,该管官署得予以停业处分,或呈报内政部撤销其证书;倘触犯刑者,并应移送法院依法处分。

第二十条　本规则施行后,凡未领本部中医证书或受撤销与停止执业处分者,概不得擅自执行业务,违者,处以五十元以上三百元以下之罚锾。

第二十一条 中医受撤销证书处分时,应于三日内将证书呈缴该管地方官署转报本部注销之;其仅受停业处分者,应将证书送请该管官署,将停业理由及期限记载于该证书之背面后,仍交由本人收执。

第二十二条 中医违犯本规则时,除已定有制裁者外,得由该管官署处以五十元以下之罚锾。

第二十三条 关于中医资格之审查,得由本部组织中医资格审查委员会执行之。

第二十四条 中医资格审查委员会之组织及办事细则另定之。

第二十五条 本规则如有未尽事宜,得随时修正之。

第二十六条 本规则之施行日期,以部令定之。

(八)医师法

(1943年9月22日国民政府公布施行,中医条例及西医条例同日废止)

第一章 资格

第一条 中华民国人民经医师考试及格者,得充医师。

第二条 对于具有下列资格之一者,前条考试得以检核行之:

(一)公立或经教育部立案或承认之国内、外专科以上学校修习医学,并经实习成绩优良,得有毕业证书者。

(二)在外国政府领有医师证书,经卫生署认可者。

前项检核办法,由考试院会同行政院定之。

第三条 中医具有下列资格之一者,亦得应医师检核:

(一)曾向中央主管官署或省市政府领有合格证书或行医执照者。

(二)在中医学校修习医学,并经实习成绩优良,得有毕业证书者。

(三)曾执行中医业务五年以上,卓著声望者。

第四条 有下列各款情事之一者,不得充医师;其已充医师者,撤销其资格:

(一)背叛中华民国证据确实者。

(二)曾受本法所定除名处分者。

第五条 经医师考试及格者,得请领医师证书。

第六条 请领医师证书,应具申请书及证明资格文件,呈请卫生署核明后发给之。

第二章 开业

第七条 医师开业,应向所在地县市政府呈验医师证书,请求登录,发给开业执照。

第八条　医师歇业、复业或移转时，应于十日内向该管官署报告；死亡者，由其最近亲属报告。

第九条　医师非加入所在地医师公会不得开业。

第三章　义务

第十条　医师非亲自诊察，不得施行治疗、开给方剂或交付诊断书；其非亲自检验尸体者，不得交付死亡诊断书及死产证书。

第十一条　医师执行业务时应备治疗簿，记载病人姓名、年龄、性别、职业、病名、病历、医法。前项治疗簿应保持十年。

第十二条　医师处方时应记明下列事项：

（一）自己姓名、证书及执照号数，并签名或盖章。

（二）病人姓名、年龄、药名、药量、用法、年月日。

第十三条　医师对于诊治之人交付药剂时，应于容器或纸包上将用法、病人姓名及自己姓名或诊疗所逐一注明。

第十四条　医师如诊断传染病人或检查传染病之尸体时，应指示消毒方法，并于四十八小时内向该管官署报告。

第十五条　医师检查尸体或死产儿，如认为有犯罪嫌疑者，应于二十四小时内，向该管官署报告。

第十六条　医师如无法令所规定之理由，不得拒绝诊断书、检案书或死产证书之交付。

第十七条　医师关于其业务，不得登载或散布虚伪夸张之广告。

第十八条　医师除正当治疗外，不得乱用鸦片、吗啡等毒剧药品。

第十九条　医师不得违背法令或医师公会公约，收受超过定额之诊疗费；开设医院者，亦同。

第二十条　医师对于危急之病症，不得无故不应招请或无故迟延。

第二十一条　医师受公署讯问或委托鉴定时，不得为虚伪之陈述或报告。

第二十二条　医师对于因业务知悉之他人秘密，不得无故泄漏。

第二十三条　医师关于传染病预防等事项，有遵从该管行政官署指挥之义务。

第四章　惩处

第二十四条　医师于业务上如有不正当行为，或精神有异状不能执行业务时，卫生主管官署得令缴销其开业执照，或予以停业处分。

第二十五条　医师受缴销开业执照之处分时，应于三日内，将执照缴销；其受停业之处分者，应将执照送由卫生主管官署，将停业理由及期限记载于该执照背面后，仍交由本人收执,期满后方准复业。

第二十六条 医师未经领有医师证书,或未加入医师公会,擅自开业者,由卫生主管官署科以百元以下罚锾。

第二十七条 医师违反本法第十条至第二十三条之规定者,由卫生主管官署科以三百元以下之罚援;其触犯刑法者,除应送司法机关依法办理外,并得由卫生署撤销其医师资格。

第五章 公会

第二十八条 医师公会分市县公会及省公会,并得设全国公会联合会于国民政府所在地。

第二十九条 医师公会之区域,依现有之行政区域,在同一之区域内同级之公会以一个为限,但中医得另组织医师公会。

第三十条 市县医师公会以在该管区域内开业医师九人以上之发起组织之,其不满九人者,得加入邻近区域之公会或共同组织之。

第三十一条 省医师公会之设立,应由该省内县市医师公会五个以上之发起,及全体过半数之同意组织之;其县市公会不满五单位者,得联合二以上之省共同组织之。

第三十二条 全国医师公会联合会之设立,应由省或院辖市医师公会七个以上之发起,及全体过半数之同意组织之。

第三十三条 各级医师公会之主管官署为主管社会行政机关,但其目的、事业,应受卫生主管官署之指挥监督。

第三十四条 各级医师公会依其级别设理事、监事,其名额如下:

(一)理事三人至三十一人。

(二)监事一人至九人。

前项理监事之任期,不得逾三年,连选得连任一次。

第三十五条 医师公会应订立章程,造具会员简表及职员名册,呈请所在地社会行政主管官署立案,并应分呈卫生署备查。

第三十六条 各级医师公会之章程应载明下列各项:

(一)名称、区域及会所所在地。

(二)宗旨、组织、任务或事业。

(三)会员之入会及出会。

(四)理监事名额、权限、任期及其选任、解任。

(五)会员大会及理监事会议之规定。

(六)会员应遵守之公约。

（七）贫民医药扶助之实施办法。

（八）经费及会计。

（九）章程之修改。

（十）其他处理会务之必要事项。

第三十七条　各级医师公会会员大会或理监事会之决议有违反法令者,得由主管官署撤销之。

第三十八条　医师公会之会员有违反法令或章程之行为者,公会得依理监事会或会员大会之决议,将其实事证据报经卫生署核准,予以除名,并应分呈社会行政主管官署备查。

第六章　附则

第三十九条　本法施行细则由卫生署会同社会部拟订,呈请行政院定之。

第四十条　本法自公布日施行。

参考文献

(一)著作

1. 李延安:《中国乡村卫生问题》,商务印书馆,1935年。
2. 胡定安:《胡定安医事言论集》,中国医事改进社,1935年。
3. 宋国宾:《医讼案件汇抄》第1集,中华医学会业务保障委员会编印,1936年9月。
4. 中华医学会业务保障委员会编:《医讼案件汇抄》第2集,1937年。
5. 陈邦贤:《中国医学史》,商务印书馆,1937年。
6. 王子玕:《现代的中国医学教育应采公医制度》,国立中正医学院筹备处印行,1937年。
7. 俞松筠:《卫生行政概要》,正中书局,1947年。
8. 丁福保:《畴隐居士自传》,中华书局,1948年。
9. 夏东元:《郑观应集》上册,上海人民出版社,1982年。
10. 冯彩章、李葆定:《贺诚传》,解放军出版社,1984年。
11. 姚雨芗原纂,胡仰山增辑:《大清律例会通新纂》卷1-3,沈云龙:《近代中国史料丛刊三编第二十二辑》,文海出版社,1987年。
12. 傅崇矩:《成都通览》上册,巴蜀书社,1987年。
13. 武衡:《东北区科学技术发展史资料——解放战争时期和建国初期》,中国学术出版社,1988年。
14. 孔健民:《中国医学史纲》,人民卫生出版社,1988年。
15. 赵洪钧:《近代中西医论争史》,安徽科学技术出版社,1989年。
16. 《金宝善文集》,北京医科大学公共卫生学院印,1991年11月。
17. 甄志亚:《中国医学史》,人民卫生出版社,1991年。
18. 胡珠生:《宋恕集》上册,中华书局,1993年。
19. 《当代中国卫生事业大事记(1949—1990年)》,人民卫生出版社,1993年。
20. 陈志潜:《中国农村的医学——我的回忆》,四川人民出版社,1998年。

21. 陈存仁:《银元时代生活史》,上海人民出版社,2000年。

22. 谢振民:《中华民国立法史》,中国政法大学出版社,2002年。

23. 谢观:《中国医学源流论》,余永燕点校,福建科技出版社,2003年。

24. [德]卡尔·拉伦茨:《法学方法论》,陈爱娥译,商务印书馆,2003年。

25. 余新忠:《瘟疫下的社会拯救——中国近世重大疫情与社会反应》,中国书店,2004年。

26. 李贞德、梁其姿:《妇女与社会》,中国大百科全书出版社,2005年。

27. 张大庆:《中国近代疾病社会史(1912—1937)》,山东教育出版社,2006年。

28. 张仁善:《法律社会史的视野》,法律出版社,2007年。

29. 龙伟:《民国医事纠纷研究(1927—1949)》,人民出版社,2011年。

(二)民国期刊

1.《论中国前途与医学之关系》,《东方杂志》,1905年第2卷第6期。

2.《走方医》,《中西医学报》,1910年第3期。

3. 丁福保:《论医师之资格》,《中西医学报》,1910年第2期。

4. 王继高:《巫觋为医界之障翳说》,《南京医学报》,1912年第2期。

5.《卫生司严禁神方》,《中西医学报》,1912年3月第1期。

6.《医事新闻:取缔医生之文告》,《中西医学报》,1912年3月第1期。

7. 蔡文森:《江苏省立医学专门学校执行尸体解剖开始式序言》,《江苏教育行政月报》,1913年年第7期。

8.《解剖规则施行细则》,《医药观》,1914年第2期。

9. 伍连德:《医学现在之取缔及将来之挽救商榷书》,《中华医学杂志》(上海),1915年第1卷第1期。

10. 生痴:《吾人医事行政管见》,《民铎杂志》,1916年第1卷第2期。

11. 汤尔和:《呈教育部请整顿医师预备开业试验由》,《中华民国医药学会会报》,1917年第3期。

12. 子震:《死亡数》,《通俗医事月刊》,1920年第4期。

13.《本埠医界联席会议记》,《中医杂志》,1922年第3期。

14.《本会反规运动进行记》,《中医杂志》,1922年第3期。

15.《警厅第一次录取女医士》,《医事月刊》,1924年第11期。

16.《浙省请设法医专习班》,《法律评论》,1925年第87号。

17. 金善宝:《北京之公共卫生》,《中华医学杂志》(上海),1926年第12卷第3期。

18. 上海医师公会:《上海医师公会致中华医学会书》,《中华医学杂志》(上海),1926年第1期。

19. 黄子方:《中国卫生刍议》,《社会学界》,1927年第1卷。

20. 颜福庆:《国民政府应设中央卫生部之建议》,《中华医学杂志》(上海),1927年第30卷第4期。

21. 蒋振勋:《论医师之权利与义务》,《新医与社会汇刊》,1928年第1集。

22. 陇西布衣:《上海七个中医校的教程及兴亡》,《医界春秋》,1928年第21期。

23. 汪于冈:《上海卫生委员会呈请国民政府重组卫生部文》,《新医与社会汇刊》,1928年第1集。

24. 蒋振勋:《什么叫做医师》,《医药评论》,1929年第23期。

25. 宋国宾:《立法之四弊》,《医药评论》,1929年第18期。

26. 宋国宾:《医师会规则案评议》,《医药评论》,1929年第19期。

27. 王幼豪:《江湖医生》,《生活》,1929年第5卷第41期。

28. 吴迈:《整顿新医与取缔旧医》,《医药学》,1929年第6卷第11期。

29. 谢筠寿:《南京旧医出身之形形色色》,《医药评论》,1929年创刊号。

30. 张阶平:《为写在全国中医药界一致反抗中央卫生会议决议废止中医药案之呼声之后》,《杏林医学月报》,1929年第3期。

31. 《附法院检察官起诉书》,《中医新刊》,1929年第12期。

32. 《教育部令中医学校改称传习所布告》,《杏林学医月报》,1929年第5期。

33. 《为西医鉴定中医方药上卫生部转司法部请予纠正呈文》,《中医新刊》,1929年第12期。

34. 《卫生部医师暂行条例之不当》,《中华医学杂志》(上海),1929年第15卷第5期。

35. 《薛部长对于中医存废问题之谈话》,《医界春秋》,1929年第34卷第4期。

36. 《余岩请教育部废除中医学校呈文》,《广东医药月报》,1929年第1卷第5期。

37. 《褚民谊致刘瑞恒书(附刘瑞恒复函)》,《医药评论》,1929年第21期。

38. 《褚民谊致薛笃弼书为医师登记事》,《医药评论》,1929年第16期。

39. 陈闻达:《统一医权》,《社会医报》,1930年第123期。

40. 宋国宾:《最近立法院通过之医师暂行条例(即西医条例)》,《医事汇刊》,1930年第3期。

41. 汪企张:《释教育部改旧医校为传习所之本意》,《医药学》,1930年第7卷第1期。

42. 真霉:《二年来卫生部工作的回顾》,《医药评论》,1930年第47期。

43.《第五次执行委员会议》《第三次常务委员会议》《第七次执行委员会议》,《医事汇刊》,1930年第3期。

44.《第一次执监委员联席会议》,《医事汇刊》,1930年第3期。

45.《法医事业之推行》,《中华法学杂志》,1930年第1卷第2期。

46.《蒋主席批谕维持中国医药及撤销布告及命令》,《医界春秋》,1930年第43卷第1期。

47.《教卫两部会呈限制中医案经过》,《医界春秋》,1930年第53卷第11期。

48.《牛徐余俞诸委员复卫生部医政司函为再请修正草案内各点由》,《医事汇刊》,1930年第2期。

49.《全国医师联合会第一次全国代表大会记录》,《医事汇刊》,1930年第2期。

50.《全字第四十五号议案》,《医事汇刊》,1930年第2期。

51.汪企张:《新医资格上的几个疑点》,《医事汇刊》,1930年第13期。

52.《变通医师给证办法行政院及内政部往来文件》,《医事汇刊》,1932年第12期。

53.济计霖:《值得注意的一封信》,《医药评论》,1933年第98期。

54.许世瑾:《全国医师登记统计》,《中华医学杂志》(上海),1933年第19卷。

55.姚致强:《近年来我国法医之鸟瞰》,《社会医报》,1933年第190期。

56.《北平卫生处请医师医士签定死亡证书》,《中华医学杂志》(上海),1933年第19卷。

57.《内政部批医师变通给证期限不能展期》,《医药导报》,1933年第1卷第1期。

58.培青:《对我国卫生行政组织之管见》,《医药评论》,1934年第6卷第3期。

59.宋国宾:《本刊今后言论之方针》,《医药评论》,1934年第6卷第3期。

60.宋国宾:《请政府管理外籍开业医师案》,《医药评论》,1934年第6卷第2期。

61.宋国宾:《医师之五权》,《医药评论》,1934年第6卷第2期。

62.宋国宾:《医事建设方略》,《中华医学杂志》(上海),1934年第20卷。

63.威仑:《造成外籍医在华发展之因素》,《医事公论》,1934年第23期。

64.中华医学会业务保障委员会:《为写在医病纠纷案件呈请令饬采取专家鉴定由》,《中华医学杂志》(上海),1934年第20卷第12期。

65.《邓祼和医师为变通给证医师发行医学补充讲义启事》,《社会医药报》,1934年第2卷3期。

66.《第三次全国医师代表大会提案》,《医事汇刊》,1934年第18期。

67.《呈为呈请明令各地法院关于医病诉讼案应请正式法医剖验尸体以明真相事》,《中华医学杂志》(上海),1935年第21卷第3期。

68. 宋国宾:《三民主义与医学》,《医药评论》,1935年第7卷第1期。

69. 宋国宾:《医讼之面面观》,《医药评论》,1935年第7卷第9期。

70. 谭夏黎(J. Tandler):《中国医学保障与医学教育之我见》,朱席儒译,《中华医学杂志》(上海),1935年第21卷第3期。

71. 王宇高:《保障从事医业之人以资医学进化而免病人枉死案》,《医林一谔》,1935年第5卷第2期。

72. 夏美驯:《农民对于巫医迷信之思想应如何铲除》,《医事公论》,1935年第3卷第3期。

73. 愚人:《一个乡村医师的自述》,《医药评论》,1935年第7卷第2期。

74. 朱席儒、赖斗岩:《吾国西医人才分布之概观》,《中华医学杂志》(上海),1935年第21卷第2期。

75. 默:《释江湖医药》,《医药评论》,1936年第8卷第12期。

76. 宋大仁:《中国法医学简史》,《中华医学杂志》(上海),1936年第1-12期。

77.《甄别医师考试之宽严问题》,《医药评论》,1936年第135期。

78.《短讯》,《国医砥柱》,1937年第5期。

79. 名彦:《我国西医分布情形略谈》,《健康知识》,1937年第1卷第1期。

80. 真金如:《卫生署中医委员会之性质及权限》,《国医正言》,1937年第36期。

81.《夏志刚开了送终汤,病家已向法院起诉》,《国医砥柱月刊》,1937年第4期。

82. 汪元臣:《我国应实行公医制度》,《医育》,1939年第3卷第4期。

83. 张静霞:《论今日之中医教育》,《国医砥柱》,1939年第13卷第2期。

84. 李涛:《北平医药风俗今者谈》,《中华医学杂志》(上海),1941年第27卷第12期。

85. 林几:《二十年来法医学之进步》,《中华医学杂志》(上海),1947年第6期。

86. 孙愚公:《揭开江湖医药骗术的密幕》,《医潮》,1947年第1卷第3期。

87. 赵鸣球:《从法的观点研讨中医可称医师应领医师证书不得横加限制并呈卫生署文》,《中国医药研究月报》,1947年第1卷第6期。

88. 赵鸣球:《依现行医师法中医可称医师应领医师证书》,《国医砥柱》,1947年第5卷第8期。

89.《向司法界进一言》,《医潮》,1947年第1卷第7期。

90.《医事人员甄训声请登记须知》,《上海卫生》,1947年第1卷第2-3期。

91. 池方:《医权保障运动》,《牙科学报》,1948年第2卷第8期。

92.《考试院修订中医检核面试办法》,《国医砥柱》,1948年第6卷第10期。

93.《庸医杀人胡乱开方》,《开平华侨月刊》,1948年第2卷第8期。

(三)民国报纸

1. 雁湖居士:《医生勒索误致人命》,《申报》(上海),同治壬申十月卅日。
2. 《医不可不学论》,《申报》(上海),光绪丙子年八月十九日。
3. 《论天津增设医院并及扬州考试医生事》,《申报》(上海),1881年1月1日。
4. 《扬州考医》,《甬报》,光绪七年三月第3卷。
5. 《医士大考》,《申报》(上海),1893年10月4日。
6. 梁启超:《医学善会叙》,《时务报》,1897年第38册。
7. 《太守考医》,《申报》(上海),1902年3月20日。
8. 《中西医院考试医士》,《申报》(上海),1907年4月2日。
9. 《变通考试医生办法扬州》,《申报》(上海),1907年10月7日。
10. 《考试医士案揭晓扬州》,《申报》(上海),1908年1月28日。
11. 《考试医生揭晓江宁》,《申报》(上海),1908年7月13日。
12. 《江湖医生害人》,《申报》(上海),1916年1月22日。
13. 《禁止巫觋》,《道南报》,1920年第3卷第3期。
14. 《管理医士规则之实施》,《申报》(上海),1922年5月27日。
15. 《医界联席会议》,《申报》(上海),1922年6月4日。
16. 《孕妇堕胎殒命江湖医生之罪孽》,《申报》(上海),1922年6月12日。
17. 《上海中医学会宣言书》,《申报》(上海),1922年6月12日。
18. 《反对部管医士条例之意见》,《申报》(上海),1922年6月14日。
19. 《医学代表致内教两部之代电》,《申报》(上海),1922年7月12日。
20. 《部令缓行管理医士规则》,《申报》(上海),1922年7月17日。
21. 《控巫医骗洋》,《申报》(上海),1922年12月29日。
22. 《抄封德兴里仙人堂,巫医害人之又一幕》,《申报》(上海),1922年12月29日。
23. 《江湖医生毒毙人命押九月》,《申报》(上海),1923年4月13日。
24. 《江湖医生惑众之呈请驱逐》,《申报》(上海),1923年8月17日。
25. 《卫生委员会调查登记医师》,《申报》(上海),1927年7月2日。
26. 《医师公会会员行业执照之发给》,《申报》(上海),1928年1月31日。
27. 《上海医师公会请颁医师法规,各省县市暂停医师登记》,《申报》(上海),1928年6月6日。
28. 《内政部将颁医师条例》,《申报》(上海),1928年6月14日。

29.《医师药师领证再展期三月》,《申报》(上海),1929年8月18日。

30.《新医界反对医师登记暂行条例》,《申报》(上海),1929年8月20日。

31.《褚民谊退还医师证书,刘瑞恒将何辞以对》,《申报》(上海),1929年11月12日。

32.《中外医师一律待遇训令》,《申报》(上海),1929年12月14日。

33.昨晚成:《医师医婆命名本意考》,《申报》(上海),1930年4月30日。

34.《请缓公布医师暂行条例》,《申报》(上海),1930年6月7日。

35.《县府令饬查禁江湖医生》,《申报》(上海),1931年11月2日。

36.《内政部变通医师给证办法》,《申报》(上海),1932年8月1日。

37.《医师变通给证之限制》,《申报》(上海),1932年9月21日。

38.《公共租界拟行医师强制登记》,《申报》(上海),1933年2月7日。

39.庞京周:《上海市近十年来医药鸟瞰(连载)》,《申报》(上海),1933年6月12日。

40.《外籍医师限期领部证》,《申报》(上海),1933年6月23日。

41.《医师给证期限一年》,《申报》(上海),1933年8月3日。

42.《医师变通给证期限不再展,内政部批》,《申报》(上海),1933年9月20日。

43.《余云岫医师通告》,《申报》(上海),1934年1月22日。

44.郭培青:《在华外籍医师之质的分析》,《申报》(上海),1934年3月9日。

45.《外医招摇欺朦,市民幸勿受欺》,《申报》(上海),1934年9月30日。

46.《取缔庸医》,《申报》(上海),1935年5月6日。

47.《京市医师人数统计》,《申报》(上海),1936年2月1日。

48.《全国医师联合会呈请甄拔实用医才》,《申报》(上海),1936年6月7日。

49.《陈澄医师无罪,法医鉴定诊断无误》,《申报》(上海),1936年8月25日。

50.志敏:《取缔非正式医师》,《申报》(上海),1937年4月9日。

51.《江湖医生诊病两针枉死一命》,《申报》(上海),1947年1月8日。

52.《中医师首批五人,卫生署审查合格》,《申报》(上海),1947年2月1日。

53.《甄训无照医师办法业经拟定》,《申报》(上海),1947年3月3日。

54.《医事人员未依法取得资格规定期内应申请审查考询》,《申报》(上海),1947年4月12日。

55.《看护充医师,两针送一命》,《申报》(上海),1947年5月9日。

56.宋国宾,宋恩灏纪录:《读医师法感言》,《申报》(上海),1947年5月9日。

57.《无证医事人员一难关》,《申报》(上海),1947年5月16日。

58.《中医师公会请愿要求设中医药行政机构》,《申报》(上海),1947年5月

31日。

　　59.《医事人员甄训释疑》,《申报》(上海),1947年8月20日。

　　60.《巫医刲,活动五位,终止大仙》,《申报》(上海),1947年12月12日。

(四)民国政府公报

　　1.《护理云贵总督沈秉堃改仵作为检验吏给予出身片》,《政治官报》,1909年第780期。

　　2.《教育部部令第25号》,《政府公告》,1912年11月25日第208号。

　　3.《法部修正中华民国暂行新刑律》,《江苏省司法公报》,1912年第2期。

　　4.《司法部指令奉天高等检察厅呈请改设高等法医学校预备检查人才准予立案文》,《政府公报分类汇编》,1915年第15期。

　　5.《奉天高等法医学校章程》,《政府公报分类汇编》,1915年第15期。

　　6.《传染病预防条例》,《司法公报》,1916年第56期。

　　7.《内务部咨教育部为发给医士药剂师开业执照诸多疑难请派员会同本部酌订考试章程以资办理文》,《政府公报》,1917年第496期。

　　8.《省政府组织法》,《广东省政府周报》,1927年第1期。

　　9.《福建省政府民政厅组织条例》,《福建省政府公报》,1927年第1期。

　　10.《修正省政府组织法》,《交通公报》,1928年第1卷第1期。

　　11.《县组织法》,《中央周刊》,1928年第16期。

　　12.《废除卜筮星象巫觋堪舆办法》,《北平市政府公报》,1928年第5期。

　　13.《刑法十七年三月十日公布》,《最高法院公报》,1928年创刊号。

　　14.《批上海西医公会呈请于医师暂行条例或施行细则中加入面试资格一条应毋庸议文(二月二日)》,《卫生公报》,1929年第1卷第3期。

　　15.《批宁波中医协会据呈西医妄行鉴定中医方药请转详司法部迅即纠正着毋庸议文(二月十二日)》,《卫生公报》,1929年第1卷第3期。

　　16.《批宁波中医协会呈为西医妄行鉴定中西药方请更行审议转详司法部讯予纠正一案本部依法不能过问(二月十八日)》,《卫生公报》,1929年第1卷第3期。

　　17.《代电浙江省中医协会鄞县地方法院令西医鉴定中医药方请予纠正一节属司法范围,本部未便过问(三月七日)》,《卫生公报》,1929年第1卷第4期。

　　18.《呈行政院呈请转呈国府通令各普通市限期成立卫生局文(四月十三日)》,《卫生公报》,1929年第1卷第5期。

　　19.《指令(四月十八日)》,《卫生公报》,1929年第1卷第5期。

　　20.《令各省民政厅令仰饬属发禁庙宇中以仙丹签神方扶乩等法治病文》,《卫生公报》,1929年第1卷第5期。

21.《令江苏民政厅据呈请示医药师条例是否适用于中医仰俟中医条例颁布后再行核办文》,《卫生公报》,1929年第1卷第6期。

22.《令福建民政厅据呈请核发林恣珍医师证书仰俟中医士条例公布后再行核办文（五月十五日）》,《卫生公报》,1929年第1卷第6期。

23.《咨教育部咨复中医学校改传习所不列入学制系统听归地方官署管理请查照文（五月十六日）》,《卫生公报》,1929年第1卷第6期。

24.《训令本部为安徽省政府呈复普通市限期成立卫生局情由（六月六日）》,《卫生公报》,1929年第1卷第7期。

25.《令福建民政厅据呈请解释医师考试条例等情令仰知照文（六月七日）》,《卫生公报》,1929年第1卷第7期。

26.《批广东中医药专门学校等据电请转咨教育部收回中医学校改称中医传习所成命等情应听俟教育部核示文（六月十二日）》,《卫生公报》,1929年第1卷第7期。

27.《训令本部为湖南省政府呈复普通市限期成立卫生局情由（六月二十五日）》,《卫生公报》,1929年第1卷第7期。

28.《呈行政院呈报助产士医师药师展期领证缘由请鉴核备案文（八月十三日）》,《卫生公报》,1929年第1卷第9期。

29.《呈行政院为医师药师不敷社会需要拟请暂行变更给证办法藉救济文（八月十九日）》,《卫生公报》,1929年第1卷第9期。

30.《令各省民政厅特别市卫生局令饬查禁未领部证之医师用听诊器即注射器为人诊病注射文（九月二十五日）》,《卫生公报》,1929年第1卷第11期。

31.《批宁波中医学会据呈请解释第三三五号训令特于分别解释仰即知照文（十一月三十日）》,《卫生公报》,1929年第1卷第12期。

32.《饬令严禁庙宇施给仙丹神方案》,《首都市政公报》,1929年第35期。

33. 剑萍：《医师药师助产士登记之意义》,《首都市政公报》,1929年第41期。

34.《令杭市长转饬中医学校改称传习所并取缔招生仰遵办由》,《浙江省建设月刊》,1929年第23期。

35.《取缔外医》,《首都政府公报》,1929年第49期。

36. 剑萍：《医师药师助产士登记之意义》,《首都市政公报》,1929年第41期。

37.《省政府组织法》,《立法专刊》,1930年第3期。

38.《梧市府禁绝道巫》,《广东民政公报》,1930年第68期。

39.《会呈行政院呈报遵令会议中医传习所事项办法请核示由》,《卫生公报》,1930年第2卷第1期。

40.《呈为呈请解释西医条例并请示未经核准给证之医师等将如何办理祈鉴核示遵由》,《卫生公报》,1930年第2卷第8期。

41.《函外交部函外籍医师Victor M.Yang证明影片请查核证明由》,《卫生公报》,1930年第2卷第17期。

42.《批汕头西医师公会执行委员会蔡坦然等据呈请明白解释西医条例以便遵守由》,《卫生公报》,1930年第3卷第9期。

43.《令各省高等法院院长为将法医专修班克期筹办并将办理情形具报由(十九年七月十八日)》,《司法公报》,1930年第82期。

44.《内政部卫生署组织法》,《法令周刊》,1931年第41期。

45.《广西省政府民政厅组织条例》,《广西教育行政月刊》,1931年第1卷第1期。

46.《饬台山切实查禁巫觋》,《广东省政府公报》,1931年第138期。

47.《知令司法行政部法医研究所所长就职日期》,《广东省政府公报》,1932年第200期。

48.《再饬严禁卜卦相命巫觋药婆堪舆》,《广东省政府公报》,1932年第209期。

49.《取缔女巫医及沿途兜售成药》,《杭州市政季刊》,1933年第1卷第4期。

50.《据报中医士孔尉廷假神惑人一案业经照章罚办并缴销开业执照仰将会员证书缴销以符定章》,《湖北省政府公报》,1933年第33期。

51.《为医士李性初刘汉臣叶华松等甘作伪证已追缴原领执照仰转知注册医士再毋违反》,《湖北省政府公报》,1933年第35期。

52.《转饬限令外籍医师请领部证》,《广东省政府公报》,1933年第229期。

53.《准行政院卫生署咨告本年七月一日改隶行政院请查照饬知等由令仰知照》,《江西省政府公报》,1935年第255期。

54.《卫生署组织法》,《立法院公报》,1935年第73期。

55. 张正仁:《以巫术治病致人于死之适用法律问题》,《法令周刊》,1935年第245期。

56.《取缔无照西医及牙医案》,《南京市政府公报》,1935年第151期。

57.《中华民国刑法》,《司法公报》,1935年第15期。

58.《转知废止医师变通给证办法案》,《南京市政府公报》,1936年第171期。

59.《司法行政部法医研究所办事细则》,《司法行政公报》,1936年第16期。

60.《司法行政部法医学审议会组织大纲》,《司法公报》,1936年第113期。

61.《云南省会警察局取缔巫觋邪术》,《警务旬刊》,1937年第10期。

62.《内政部卫生署组织条例》,《立法院公报》,1938年第96期。

63.《奉令前卫生署所定法规均由卫生部继续主管继续有效等因令仰知照》,《江西省政府公报》,1947年第1516期。

(五)法令汇编

1. 王宠惠:《中华民国刑法》,中华印书局,1928年。

2. 司法行政部刑事司:《各国刑法汇编》上册,司法通讯社,1940年。

3. 中央人民政府卫生部:《卫生法令汇编,》第1辑,1951年。

4. 宪政编查馆辑录:《大清法规大全》,考正出版社,1972年。

5. 中国法规刊行社编审委员会编:《六法全书》,上海书店,1991年据春明书店1948年影印。

6. 陈明光:《中国卫生法规史料选编(1912—1949.9)》,上海医科大学出版社,1996年。

7. 高汉成:《〈大清新刑律〉立法资料汇编》,社会科学文献出版社,2013年。

(六)其他文献

1. 贺诚:《中西医团结与中医的进修问题——五月三十日政务院卫生部副部长贺诚在北京中医学会成立时的讲词》,《人民日报》,1950年6月13日。

2. 马力:《医巫同源与分离》,《贵州大学学报》(社会科学版),1998年第6期。

3. 于赓哲:《从古人求医心态看古代民间医人水平》,《学术研究》,2005年第9期。

4. 余新忠:《另类的医疗史书写——评杨念群著〈再造"病人"〉》,《近代史研究》,2007年第6期。

5. 高汉成:《签注视野下的大清刑律草案研究》,中国政法大学博士论文,2005年。

6. 尹倩:《民国时期的医师群体研究(1912—1937)—以上海为中心》,华中师范大学博士学位论文,2008年。

7. 彭浩晟:《民国医事法与医事诉讼研究(1927—1937)》,西南政法大学博士学位论文,2012年。

8. 国务院发展研究中心课题组:《对中国医疗卫生体制改革的意见和建议》,中国新闻网http://news.sina.com.cn/c/2005-07-29/12246561593s.shtml。

9. 毕博:《世卫组织公布:中国医疗公平性位居倒数第四》,搜狐网http://business.sohu.com/20060320/n242366002.shtml。

10. 文懿铎:《中国面临的危险是什么?》,中国宏观经济信息网http://www.macrochina.com.cn/news_speed/hgjj/20070403084702.shtml。

11. 高斯斯:《岛内病医关系的十字路口》,http://www.chinataiwan.org/plzhx/hx-

shp/201111/t20111110_2147946.htm。

12. Shao Jing(2004).Between Talk and Action: The Critical Predicament of Medical Anthropology,Horizons.Vol13.

13. Xu Xiaoqun(2001).Chinese Profession and the Republican State: The Rise of Professional Associations in Shanghai,1912—1937,by Cambridge University Press.

后 记

自2004年从事医疗法务工作以来，有这样一个问题，令我万分不解：为何在当下如此"健全"的医疗法律制度下，医疗纠纷案件层出不穷，整个医疗行业乃至政府都难以应对？为了能够回答这样的现象性追问，在师兄吴宏、季义流的鼓励下，我成功考入了南京大学法学院，跟随恩师张仁善教授研究医疗法律史。本书即是在博士论文的基础上修改而成的。

由于既往学术积累以民法总论、侵权责任法为主，于我而言，医疗法律史的研究是一个新的开始。记得入学后，我就着手研究的选题，导师根据我学习和工作经历，反复讨论，将研究题目确定为"民国时期医师法研究"，之后是已有研究成果的梳理和史料搜集，这使我对医疗法律史产生了浓厚的兴趣。博士在读期间，利用夜晚和周末的空闲时间，阅读了大量民国医疗法律史料和法学理论书籍，才完成了博士论文的写作。知往鉴今，对当前医疗法治的建议是：一、医疗法律的立法首先应立足、遵循医疗的属性和发展规律，而不能走向反面。二、立法参与者应当摈弃唯部门利益、唯行业利益。三、域外法的借鉴应当充分考虑本国实际，法律移植唯有使其本土化，才能良好运行。四、医疗卫生资源的可持续性、可及性和均等化是医疗法治的终极目标。由于理论基础和资料不足，本书还有很多问题没有得到很好的解决，只能寄待今后。

博士在读期间，导师张仁善教授不但在学习上给予了耐心、细致的教导，而且一直关照我的生活、家庭、事业，学生铭感五内。论文写作过程中，得到了师兄李银笙、程国宾、万旭的很大帮助，尤其是李银笙师兄多次利用宝贵的时间，帮助我推敲论文。他们在学术上的睿智见解，给我启发良多。

本书得以出版，要感谢青海省人民医院院长吴世政教授的鼓励，东南大学法学院刘艳红院长、陈玉玲老师、人文学院徐嘉老师的关心，离不开东南大学出版社刘庆楚老师认真负责的审阅和纠误。同学丁久阳、同事陈浪帮助我认真校对了全书，在此一并谢过。

家永远是最温馨的港湾。本书的出版还要感谢父母、岳父母的关心，还有内子张俏的支持，小女毛豆则带给我艰苦写作过程中难得的喜悦。

王启辉

2018年8月15日